Ulrich Kössler

Skitouren

Unteres Pustertal und Tauferer Ahrntal

Vals, Pfunders, Terenten, Tesselberg, Weißenbach, Ahrntal, Rein

99 Touren

TAPPEINER.

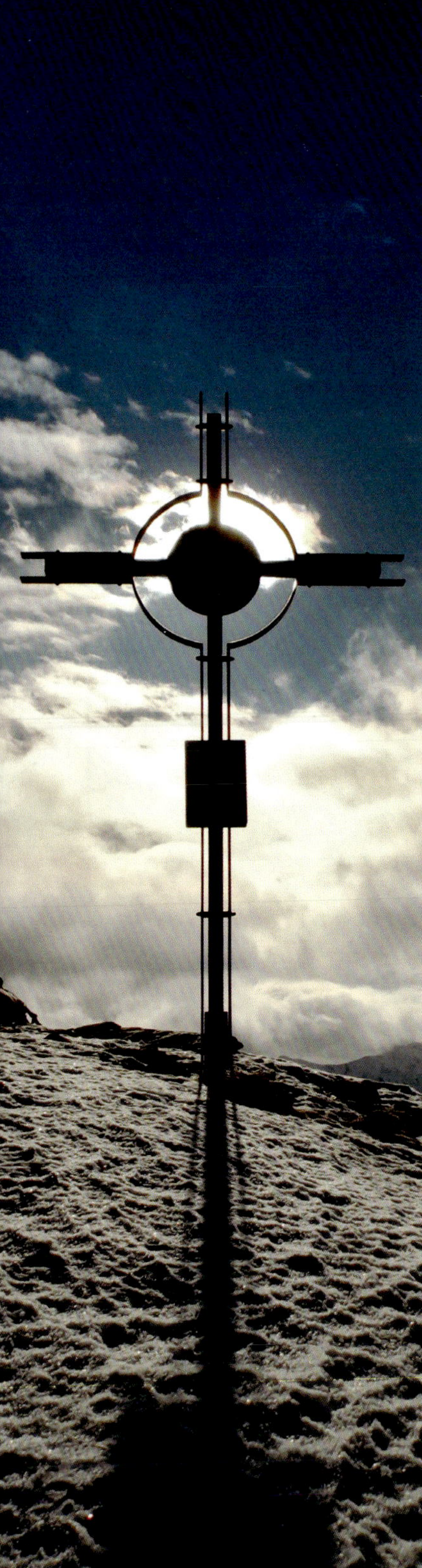

Terenten

Tauferer Tal

Lappach

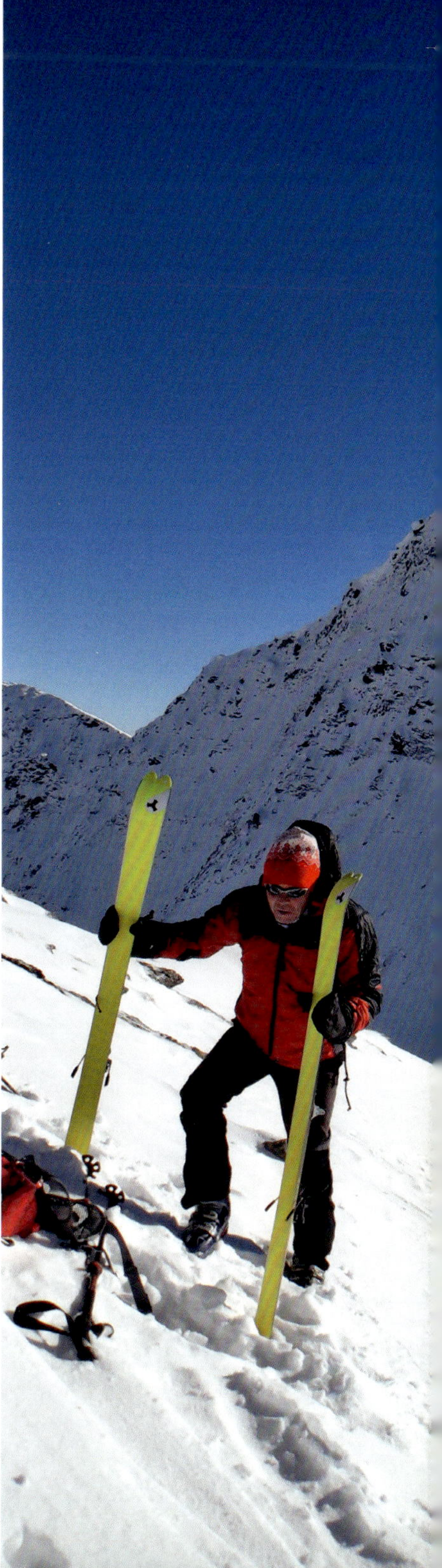

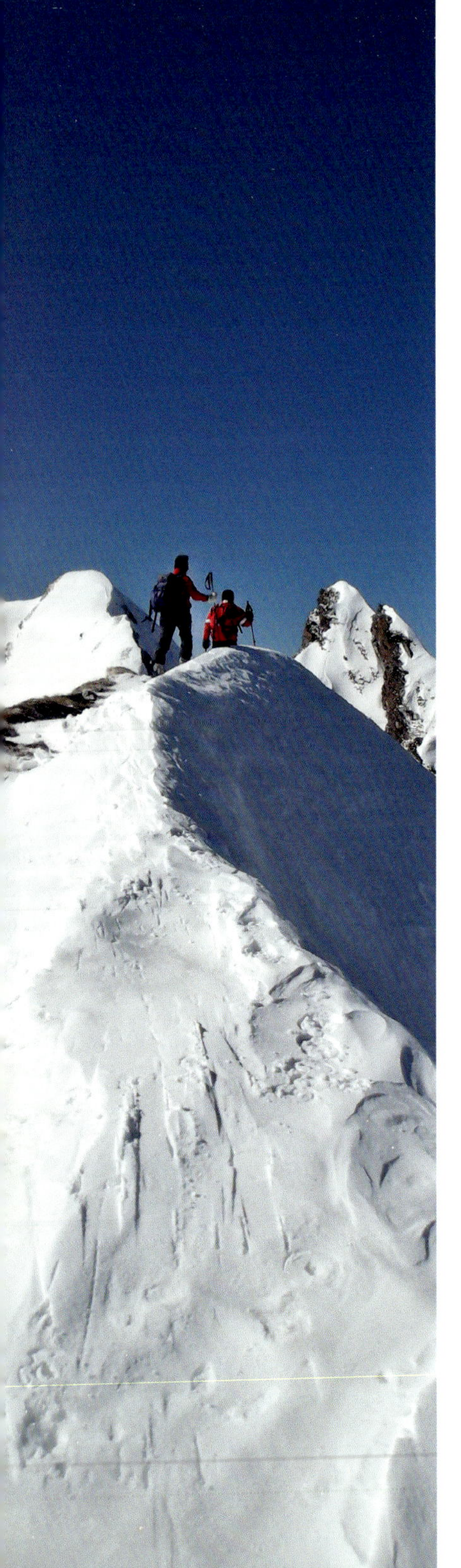

Weißenbach

Ahrntal – Prettau

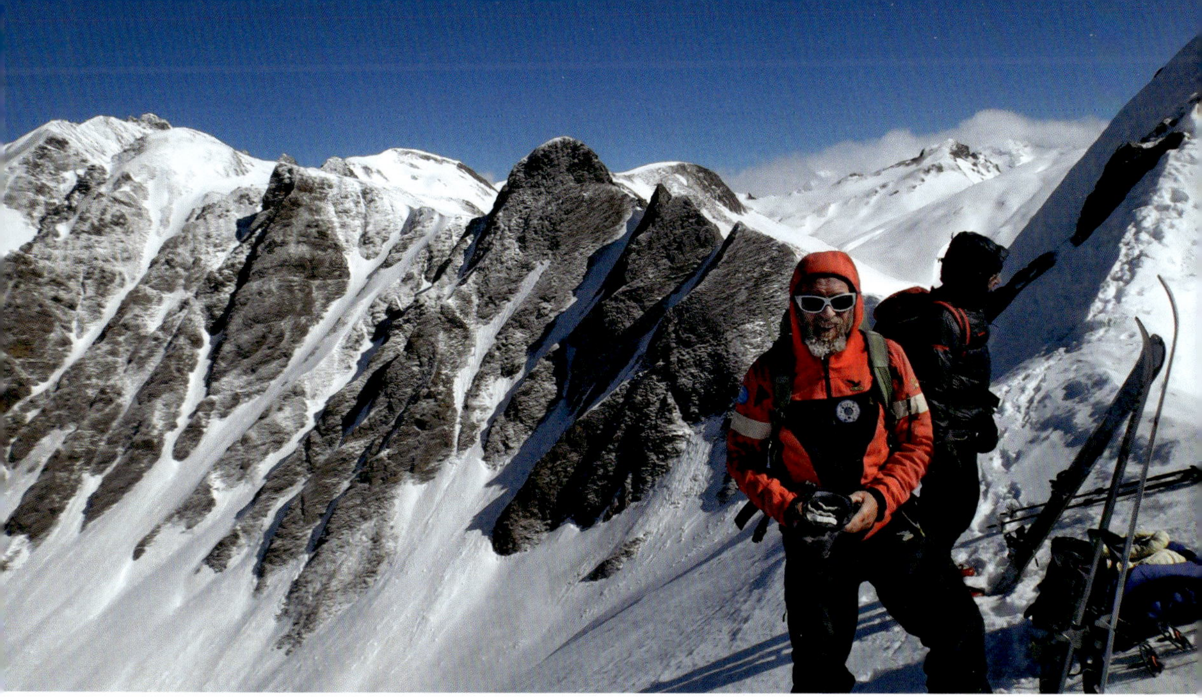

Reintal

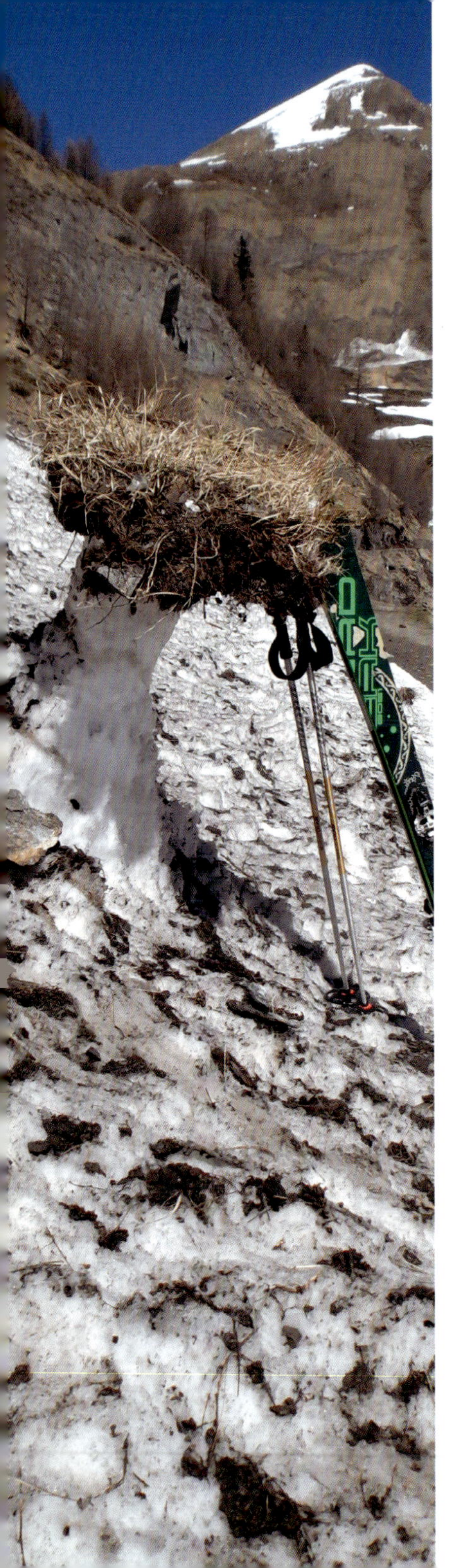

Einleitung

Dieser Führer beschreibt 99 Skitouren in den steilen Pfunderer Bergen und Hochwintertouren im Gebiet von Weißenbach und Terenten. Die Touren im Ahrntal und in Rein sind aufgrund der großen Höhenunterschiede und ihrer Länge anspruchsvoller. Alle beschriebenen Touren wurden von mir mehrmals begangen und persönlich verfasst.

Zeit und Höhenunterschiede: Als Aufstiegszeit wurde ein Mittelwert genommen (ca. 300 Höhenmeter pro Stunde). Die Höhenunterschiede geben bei Touren mit Gegenanstiegen den gesamten Aufstieg an.

Beschreibung: Die Routenbeschreibungen sind trotz der aussagekräftigen Luftbilder sehr detailliert gehalten, sodass man sich auch bei weniger guter Sicht noch zurechtfinden kann. Die Richtungsangaben werden immer in Aufstiegsrichtung bzw. in der Abfahrtsrichtung angegeben. Die Himmelsrichtung der Tourenabschnitte ist ebenfalls angegeben.

Kartografie: Als Kartengrundlage wurden, soweit vom jeweiligen Gebiet vorhanden, Tabacco-Karten verwendet. Sämtliche Ortsangaben und Gipfelbezeichnungen orientieren sich an diese Karten, ebenso die Höhenangaben. Markante und für die Orientierung notwendige Höhenquoten wurden vom Autor Ulrich Kössler an Ort und Stelle bestimmt. Ein Höhenmesser ist somit auf den Touren äußerst hilfreich. Manche Routen können auf den Karten anders dargestellt sein, da es verschiedene Aufstiegsmöglichkeiten gibt.

Schwierigkeiten: Es wird in diesem Führer unterschieden zwischen ski- und alpintechnischen Schwierigkeiten. Eine Tourenübersicht in tabellarischer Form mit den verschiedenen Schwierigkeitsgraden befindet sich auf der hinteren Umschlagseite.

Gefahren und Verhaltensregeln: Das Abwägen und Einschätzen der Lawinengefahr hat zusätzlich zur Berücksichtigung der allgemeinen Lage (Lawinenlagebericht) immer an Ort und Stelle zu erfolgen. Wetter, Wind und Temperatur sind Faktoren, die unbedingt zu berücksichtigen sind. Die sicherste Routenwahl und lawinenbewusstes Verhalten sollen immer im Mittelpunkt der Tourenplanung stehen. Die mögliche Lawinengefahr der jeweiligen Tour wird ganz grob angegeben und soll eine Hilfe sein, ob man diese Tour bei den momentanen Verhältnissen machen kann.

An dieser Stelle nur so viel:

- Handeln Sie verantwortungsvoll!
- Nehmen Sie die mögliche Problematik des Tourengehens ernst!
- Lernen Sie unter fachkundiger Anleitung ein angemessenes Verhalten im Tourenumfeld.
- Haben Sie den Mut, auch mal auf eine Tour zu verzichten!

Ausrüstung: Sie sollte so komplett sein, dass man immer gegen Nebel, Sturm und Kälte gewappnet ist. Unbedingt erforderlich: Ein Lawinenverschüttetensuchgerät, Schaufel, Sonde, Biwaksack, Erste-Hilfe-Set, Mobiltelefon, Höhenmesser, Kompass und Karte.

Lawinenlageberichte: Südtirol (+39) 0471 270555 oder 271177

Notruf: Südtirol 118 (ab 2016 die Notrufnummer 112!)

Allgemeine Empfehlungen

- im Winter wird ein früher Start empfohlen, denn die Tage sind kürzer und im Frühjahr kann sich der Schnee im Tagesverlauf verschlechtern;
- erkundigen Sie sich vor Beginn der Tour, ob die Hütten geöffnet sind;
- Kontrolle der Ausrüstung vor Beginn der Tour;
- Abstand beim Aufstieg – jeder hat sein eigenes Tempo;
- bei der Abfahrt Abstand zum Vorausfahrenden halten;
- zur Anfahrt sollte man Fahrgemeinschaften bilden und die zum Teil oft eingeschränkten Parkmöglichkeiten respektieren, vor allem nicht die Höfezufahrten zuparken;
- Jungwälder nicht mit Skiern befahren, sondern Forstwege benutzen;
- bekannte und ausgewiesene Wildschutzgebiete sollten respektiert werden.

Danken möchte ich meinen Freunden Kurt, Moidl und Rudi. Sie haben keine noch so lange Anreise gescheut und mich oft auf meinen Touren begleitet, wir haben viele schöne Tage zusammen erlebt!

In diesem Sinne wünsche ich allen Bergfreunden und Nutzern dieses Führers viele erlebnisreiche Touren in unserer schönen Bergwelt.

Ulrich Kössler

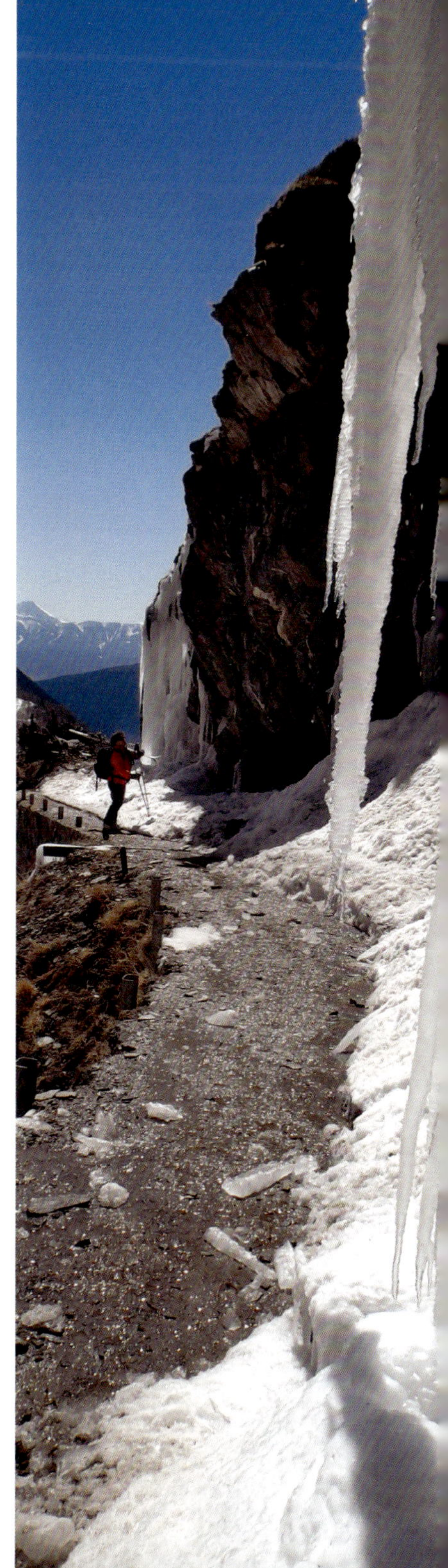

1 **Rensenspitz**, 2473 m 2 **Plattspitz**, 2669 m

	1 Rensenspitz	2 Plattspitz
Hangrichtung	Süd	Süd
Skitechnisch	leicht	mäßig
Alpintechnisch	–	–
Lawinengefahr	mäßig	häufig
Höhenunterschied	1102 m	1358 m (mit Gegenanstieg)
Aufstiegszeit	ca. 3½ Std.	ca. 4½ Std.
Ausgangspunkt	Talstation Jochtalbahn (1371 m)	
Kartografie	Tabacco Nr. 037, Hochfeiler – Pfunderer Berge	

Anfahrt: Pustertal – Mühlbach – Vals

Gemeinsamer Aufstieg: Über die Piste (während der Betriebszeit verboten!) bis zur Nockalm (1730 m). Knapp vor der Alm beginnt bei einem Gitter ein Weg, der rechts aufwärts zur Almhütte und dann links ins Tal hineinführt. Rechts haltend über eine offene Wiesenfläche, dann über einen Rücken zur Rotensteinalm (2107 m). Oberhalb der Alm wieder über einen Rücken und durch kleine Mulden in einen Kessel hinauf und links vor den Felsblöcken ins linke Tal hinein (2350 m).

1 Zum Rensenspitz

Bis zum Talschluss und links den kurzen, steilen Hang hinauf in eine flache Mulde. Durch diese gerade zu einem Sattel und rechts zum höchsten Punkt mit kleinem Steinmann.
Abfahrt wie Aufstieg.

2 Zum Plattspitz (von Süden)

Ein Stück dieses Tal hinein und dann rechts einen steiler werdenden Hang hinauf. Bei 2430 m rechts auf eine Schulter und den nächsten Hang bis ganz hinauf zu einer Graterhebung (2582 m). Über den schmalen Rücken Richtung Nordosten und ca. 30 Höhenmeter abwärts in eine Mulde. Durch diese Mulde bis knapp links unter den Plattspitz und schräg rechts zum Gipfel mit Kreuz.
Abfahrt wie Aufstieg.

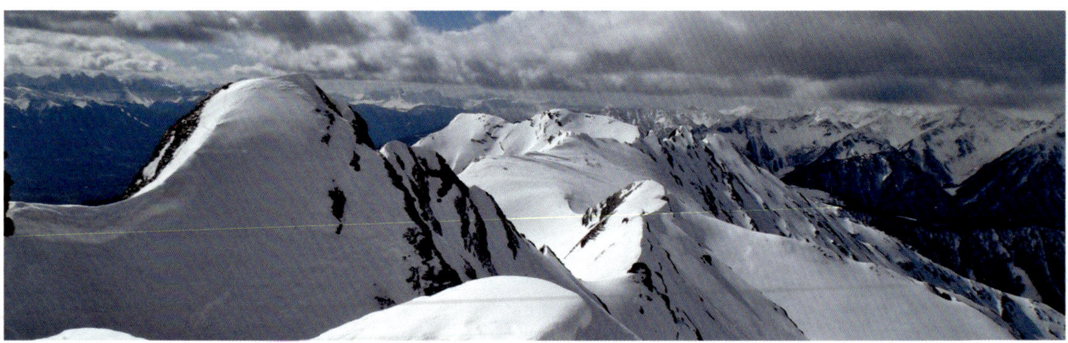

1
3½ Std.
S
1102 m
2
4½ Std.
S
1358 m

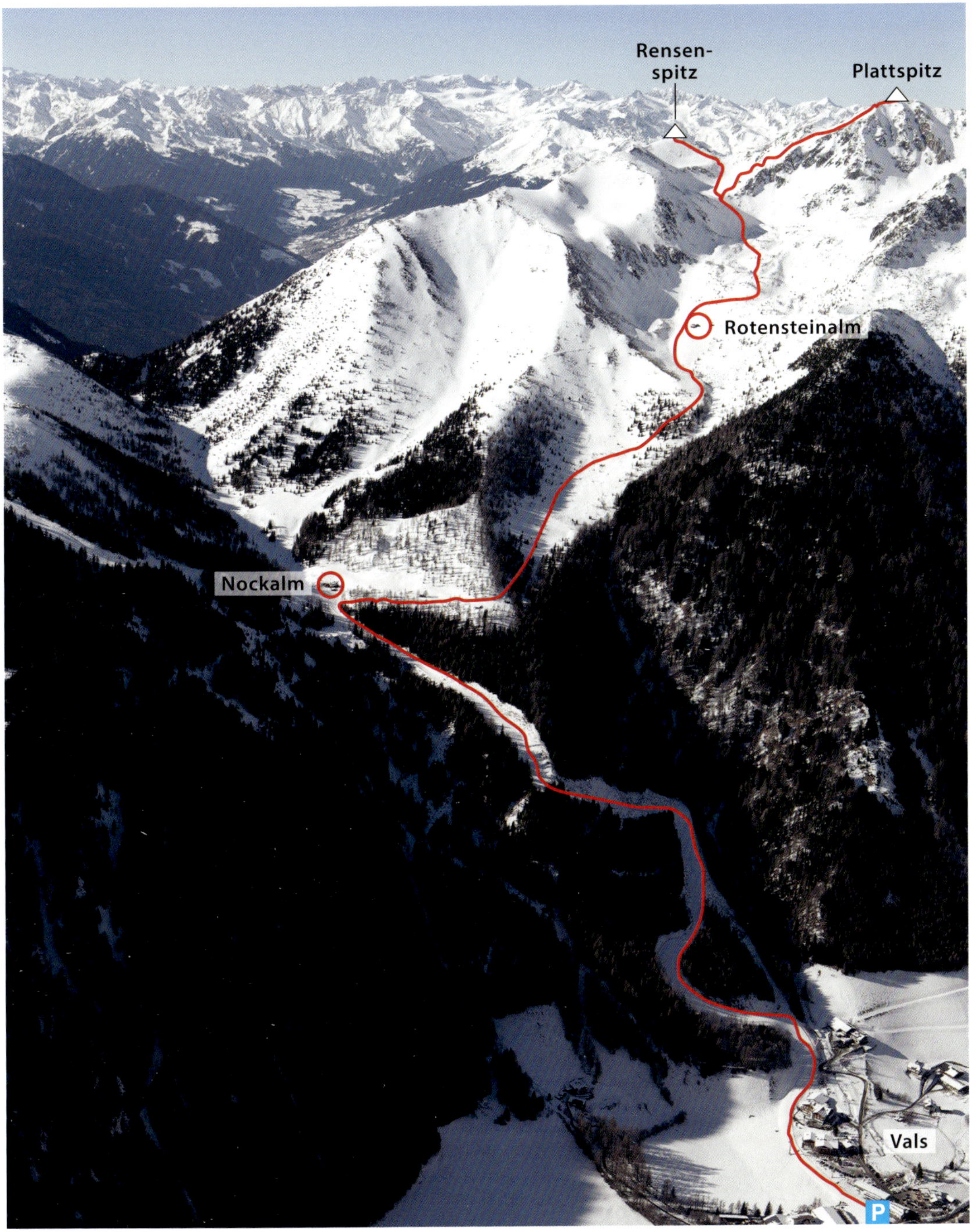

Rensen-
spitz
Plattspitz
Rotensteinalm
Nockalm
Vals
P

3 **Plattspitz**, 2669 m (von Osten)

Hangrichtung	Süd – Ost
Skitechnisch	mäßig
Alpintechnisch	–
Lawinengefahr	häufig
Höhenunterschied	1273 m | 972 m
Aufstiegszeit	ca. 4 Std. | ca. 3 Std.
Ausgangspunkt	a) Parkplatz am Talende von Vals (1396 m) b) oberer Parkplatz (1697 m) – im Frühjahr
Kartografie	Tabacco Nr. 037, Hochfeiler – Pfunderer Berge

Anfahrt: Pustertal – Mühlbach – Vals

Aufstieg: Der Straße 15 Minuten bis zur Kurzkofelhütte folgen. Dann über die Rodelbahn bis kurz vor die Fanealm, 1739 m. Vor dem Almdorf links über die Brücke. Über die Wiese und durch lichten Wald bis zu einem Weg, der von rechts kommt. Diesem Weg bis zu einer Mulde folgen (2020 m). Achtung! Dieses Stück ist von rechts lawinengefährdet. Durch diese steile Mulde, rechts von einem Rücken gerade aufwärts bis in eine Ebene (2150 m). Immer gerade weiter über mäßig geneigtes Gelände bis in den Kessel unter dem steilen Gipfelhang (2500 m). Sollten die rechten Hänge lawinengefährlich sein, macht man einen Linksbogen in eine versteckte Mulde und gelangt ebenfalls in den Kessel unter den Gipfelhang. Diesen Hang in den kleinen Sattel rechts vom Gipfel hinauf und in Kürze flach links zum Gipfel mit Kreuz.

Abfahrt wie Aufstieg.

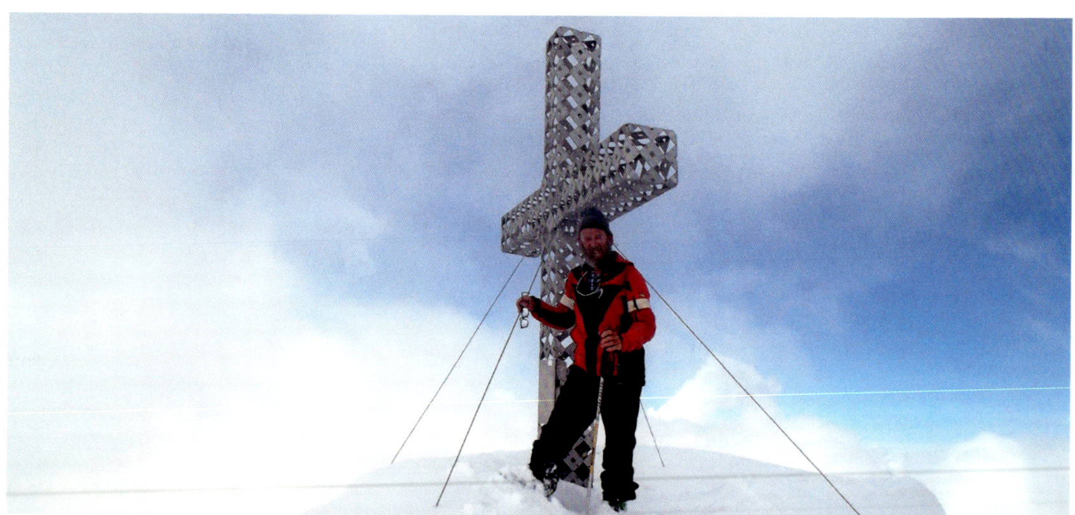

4 Std. | 3 Std.

S–O
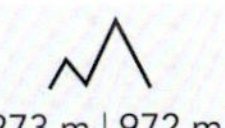
1273 m | 972 m

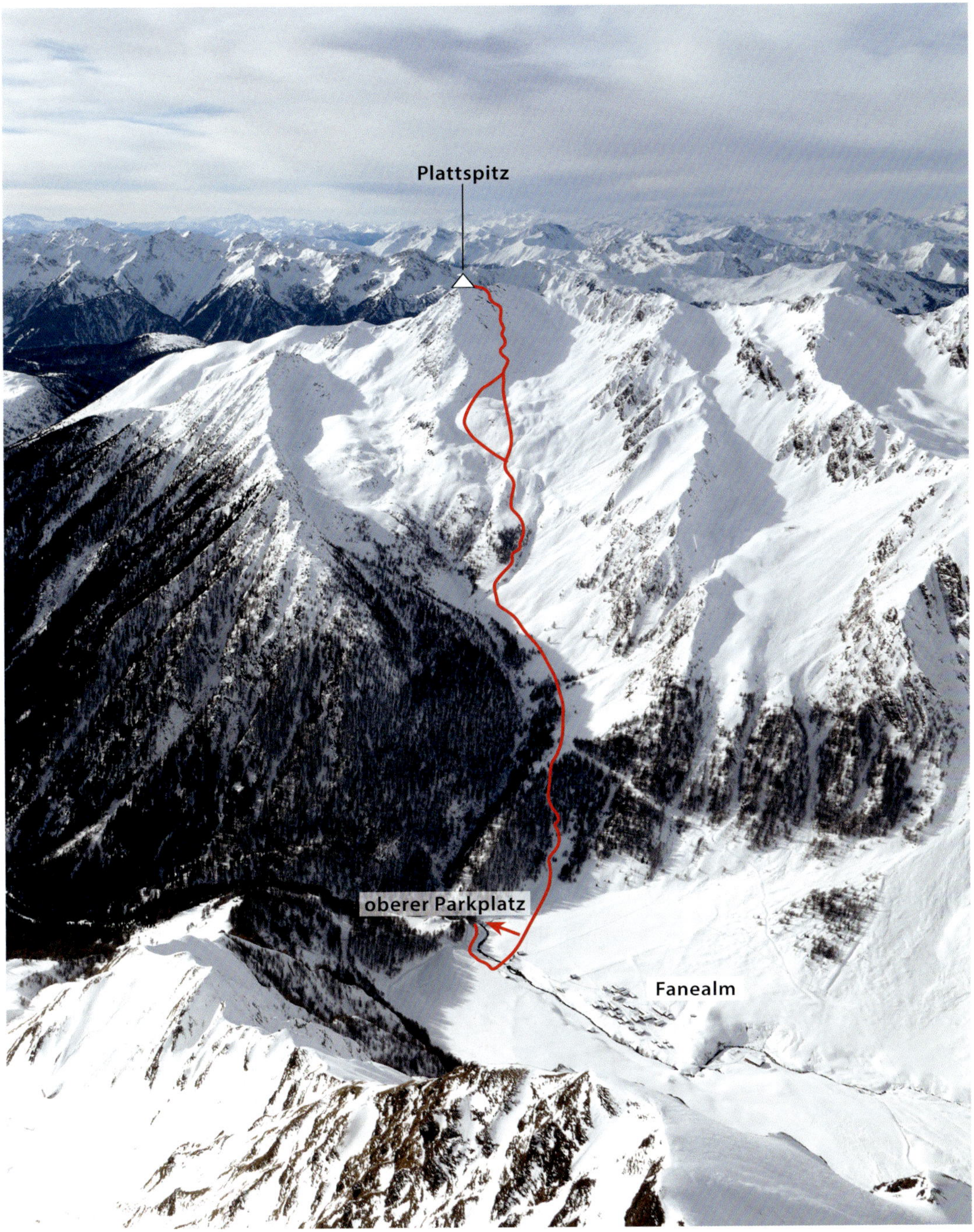

4 Schwarzer Stoan, 2696 m | 5 Nornspitz (Domenar), 2718 m

	4 Schwarzer Stoan	5 Nornspitz (Domenar)
Hangrichtung	Süd – Ost – Nordost	Süd – Ost – Nord
Skitechnisch	schwierig	schwierig
Alpintechnisch	–	–
Lawinengefahr	häufig	mäßig
Höhenunterschied	1300 m | 972 m	1322 m | 1121 m
Aufstiegszeit	ca. 4 ½ Std. | ca. 3 ½ Std.	ca. 4 ½ Std. | ca. 3 ½ Std.
Ausgangspunkt	a) Parkplatz am Talende von Vals (1396 m) b) oberer Parkplatz (1697 m) – im Frühjahr	
Kartografie	Tabacco Nr. 037, Hochfeiler – Pfunderer Berge	

Anfahrt: Pustertal – Mühlbach – Vals

Gemeinsamer Aufstieg: Der Straße 15 Minuten bis zur Kurzkofelhütte folgen. Dann über die Rodelbahn bis kurz vor die Fanealm (1739 m). Dem Weg an der linken Talseite bis zum Beginn der Schlucht „die Schramme" folgen. Oberhalb der Schlucht – unter Umständen etwas heikel wegen Eis und Lawinen – bis zu ihrem Ende (1980 m). Beim Wegweiser ins linke Tal hinein. Bis vor der Labesebenalm (2138 m) bleibt man immer links und oberhalb der Bachmulde.

4 Zum Schwarzen Stoan

Den linken Hang in einem langen Schräganstieg in Richtung eines gut sichtbaren kleinen Hügels aufwärts. Links von diesem, auf 2370 m durch flache Mulden in den Kessel unter dem steilen Gipfelhang (2470 m). Links von diesem bis in den Sattel zwischen dem Doppelgipfel hinauf. Am rechten Gipfel befindet sich ein kleines Holzkreuz, während am linken, etwas höheren Gipfel ein kleiner Steinmann steht.
Abfahrt wie Aufstieg.
Hinweis: Der Weg durch „die Schramme" ist erst im Frühjahr möglich und kann vereist sein; Steigeisen sind unter Umständen empfehlenswert.

5 Zum Nornspitz (Domenar)

Die Ebene bis zur Bachschlucht hinein. Rechts vom Bach über einen kleinen Sattel links von einer großen Felsformation ins obere Tal hinein. Bei 2190 m beginnt eine große Mulde, die links hinaufzieht. Vor der Mulde links und dann schräg rechts in die obere Mulde (2320 m). Diese flach hinein, dann links in Richtung einer dreieckigen Felsformation. An dieser rechts vorbei (2460 m). Dahinter über den großen Hang, zuerst gerade, dann etwas links und später rechts zum Kamm hinauf. Über diesen links zum Gipfel mit Kreuz.
Abfahrt wie Aufstieg.

4 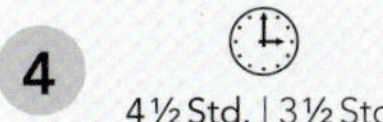 4½ Std. | 3½ Std. 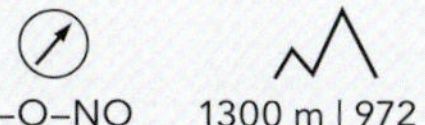 S–O–NO  1300 m | 972 m

5 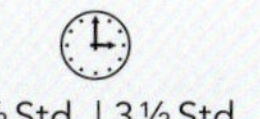 4½ Std. | 3½ Std. 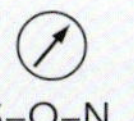 S–O–N 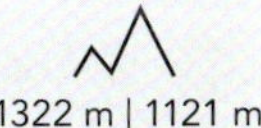 1322 m | 1121 m

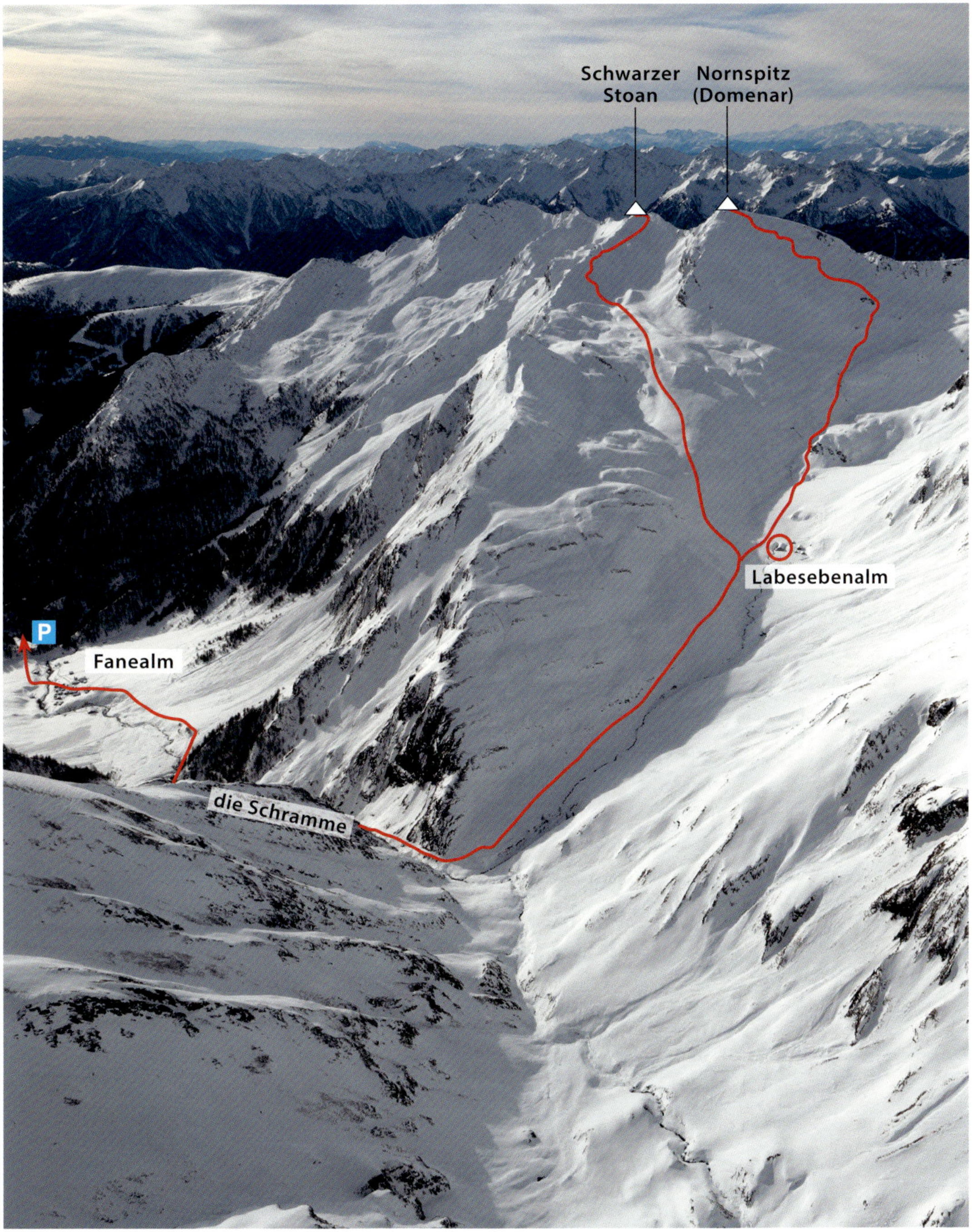

Schwarzer Stoan

Nornspitz (Domenar)

Labesebenalm

P

Fanealm

die Schramme

6 **Wilde Kreuzspitze**, 3132 m

Hangrichtung	Süd – Ost – Süd
Skitechnisch	schwierig
Alpintechnisch	–
Lawinengefahr	häufig
Höhenunterschied	1736 m | 1435 m
Aufstiegszeit	ca. 6 Std. | ca. 5 Std.
Ausgangspunkt	a) Parkplatz am Talende von Vals (1396 m) b) oberer Parkplatz (1697 m) – im Frühjahr
Kartografie	Tabacco Nr. 037, Hochfeiler – Pfunderer Berge

Anfahrt: Pustertal – Mühlbach – Vals

Aufstieg: Der Straße 15 Minuten bis zur Kurzkofelhütte folgen. Dann über die Rodelbahn bis kurz vor die Fanealm (1739 m). An der linken Talseite dem Weg bis zum Beginn der Schlucht „die Schramme" folgen. Oberhalb der Schlucht – unter Umständen etwas heikel wegen Eis und Lawinen – bis zu ihrem Ende (1980 m). Dort gerade durch das Tal links vom Bach Richtung Brixner Hütte (2344 m). Die Hütte bleibt rechts liegen. Hinter der Hütte links einen Hang schräg aufwärts bis in einen Sattel (2500 m). Dahinter durch das flache Tal hinein und links durch Mulden ins Rauhtaljoch (2808 m) hinauf. Vor dem Joch besteht die Möglichkeit durch die steile Nordrinne auf den Blickenspitz hinauf zu steigen. Hinterm Joch rechts hinauf und um eine Ecke nach links unter den großen Gipfelhang. Über diesen aufwärts und oben dann rechts auf einen Rücken (3070 m). Links über den letzten Hang direkt zum Gipfel mit Kreuz.

Abfahrt wie Aufstieg.

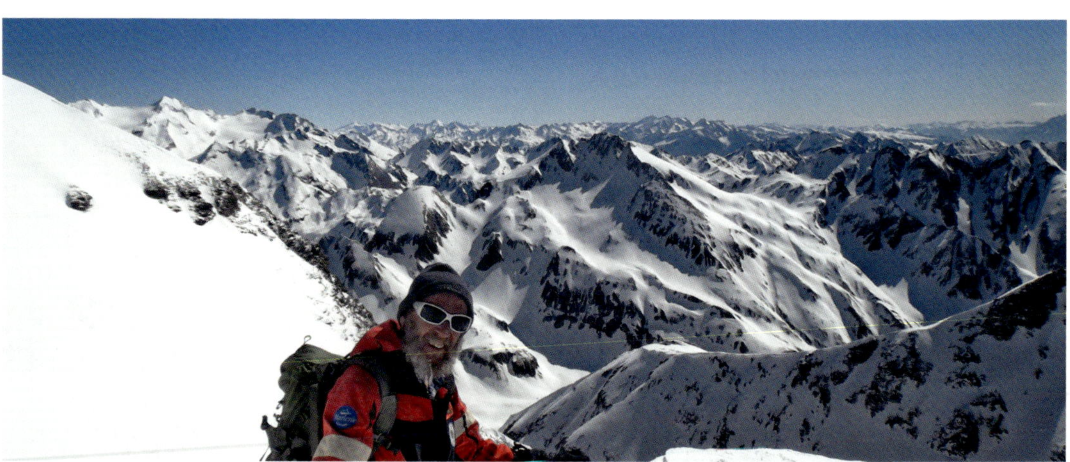

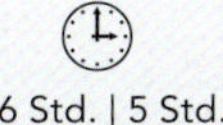
6 Std. | 5 Std.

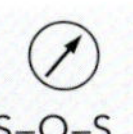
S–O–S

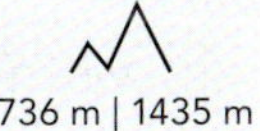
1736 m | 1435 m

Vals – Meransen

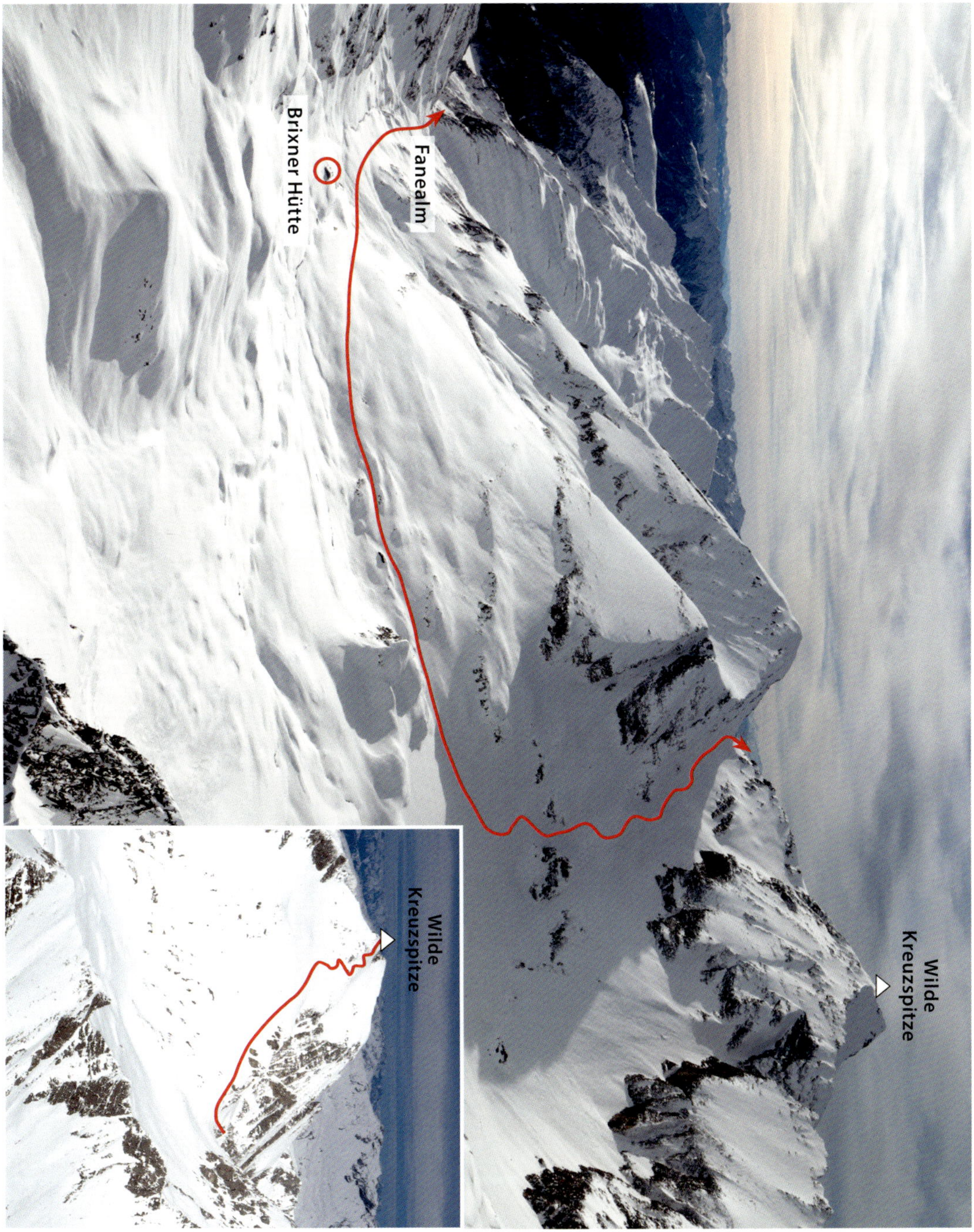

Fanealm

Brixner Hütte

Wilde Kreuzspitze

Wilde Kreuzspitze

7 **Eselskopf**, 2839 m — 8 **Wurmaul-Nordgipfel**, 2993 m

	7 Eselskopf	8 Wurmaul-Nordgipfel
Hangrichtung	Süd – West	Nord – West
Skitechnisch	schwierig	schwierig
Alpintechnisch	mäßig	–
Lawinengefahr	häufig	häufig
Höhenunterschied	1443 m | 1142 m	1597 m | 1296 m
Aufstiegszeit	ca. 5 Std. | ca. 4 Std.	ca. 5½ Std. | ca. 4½ Std.
Ausgangspunkt	a) Parkplatz am Talende von Vals (1396 m) b) oberer Parkplatz (1697 m) – im Frühjahr	
Kartografie	Tabacco Nr. 037, Hochfeiler – Pfunderer Berge	

Anfahrt: Pustertal – Mühlbach – Vals

Gemeinsamer Aufstieg: Der Straße 15 Minuten bis zur Kurzkofelhütte folgen. Dann über die Rodelbahn bis kurz vor die Fanealm (1739 m). Dem Weg an der linken Talseite bis zum Beginn der Schlucht „die Schramme" folgen. Oberhalb der Schlucht – unter Umständen etwas heikel wegen Eis und Lawinen – bis zu ihrem Ende (1980 m). Gerade weiter, dann rechts durch Mulden und über kurze Flachstücke bis zur Pfannalm (2141 m). Weiter, immer rechts haltend durch Mulden (die Brixner Hütte bleibt links liegen), bis vor die Felsen unter dem Eselskopf (2500 m).

7 Zum Eselskopf

Links die Mulde zur Steinkarscharte (2608 m) hinauf. Auf der hinteren Seite der Scharte beginnt eine steile, schmale Rinne, die nach rechts zum Gipfelhang hinaufführt. Durch diese Rinne (40° steil, ca. 80 Höhenmeter – Ski tragen) hinauf und rechts auf den Hang hinaus (2700 m). Immer gerade aufwärts – durchgehend 35° steil – bis zum höchsten Punkt mit kleinem Kreuz und Gipfelbuch.
Abfahrt wie Aufstieg.
Hinweis: Pickel empfehlenswert.

8 Zum Wurmaul-Nordgipfel (von Nordwesten)

Die rechte Mulde steil hinauf bis knapp unter die rechte von zwei Scharten. Rechts auf einen Sattel (2780 m). Links kurz über einen Rücken und schräg links auf eine Schulter (2830 m). Gut sichtbar ist jetzt der weiter oben immer steiler und schmäler werdende Gipfelhang. Über diesen gerade aufwärts bis in eine kleine Scharte zwischen zwei Felszacken. Dort Skidepot. Die letzten Meter hinauf auf den rechten Zacken mit kleinem Kreuz und Gipfelbuch.
Abfahrt wie Aufstieg.

Achtung! Von einer Abfahrt über die schönen Hänge vom Sattel (2770 m) Richtung Südwesten ist wegen der Felsabbrüche abzuraten.
Hinweis: Der Weg durch „die Schramme" ist erst im Frühjahr möglich und kann vereist sein, deshalb sind Steigeisen unter Umständen empfehlenswert.

7 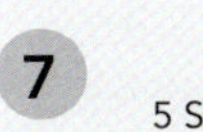 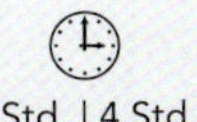 5 Std. | 4 Std. 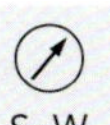 S–W 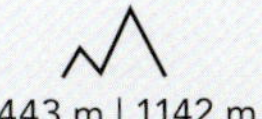 1443 m | 1142 m

8  5 ½ Std. | 4 ½ Std. 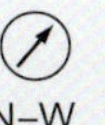 N–W 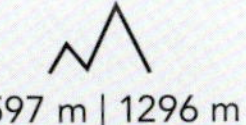 1597 m | 1296 m

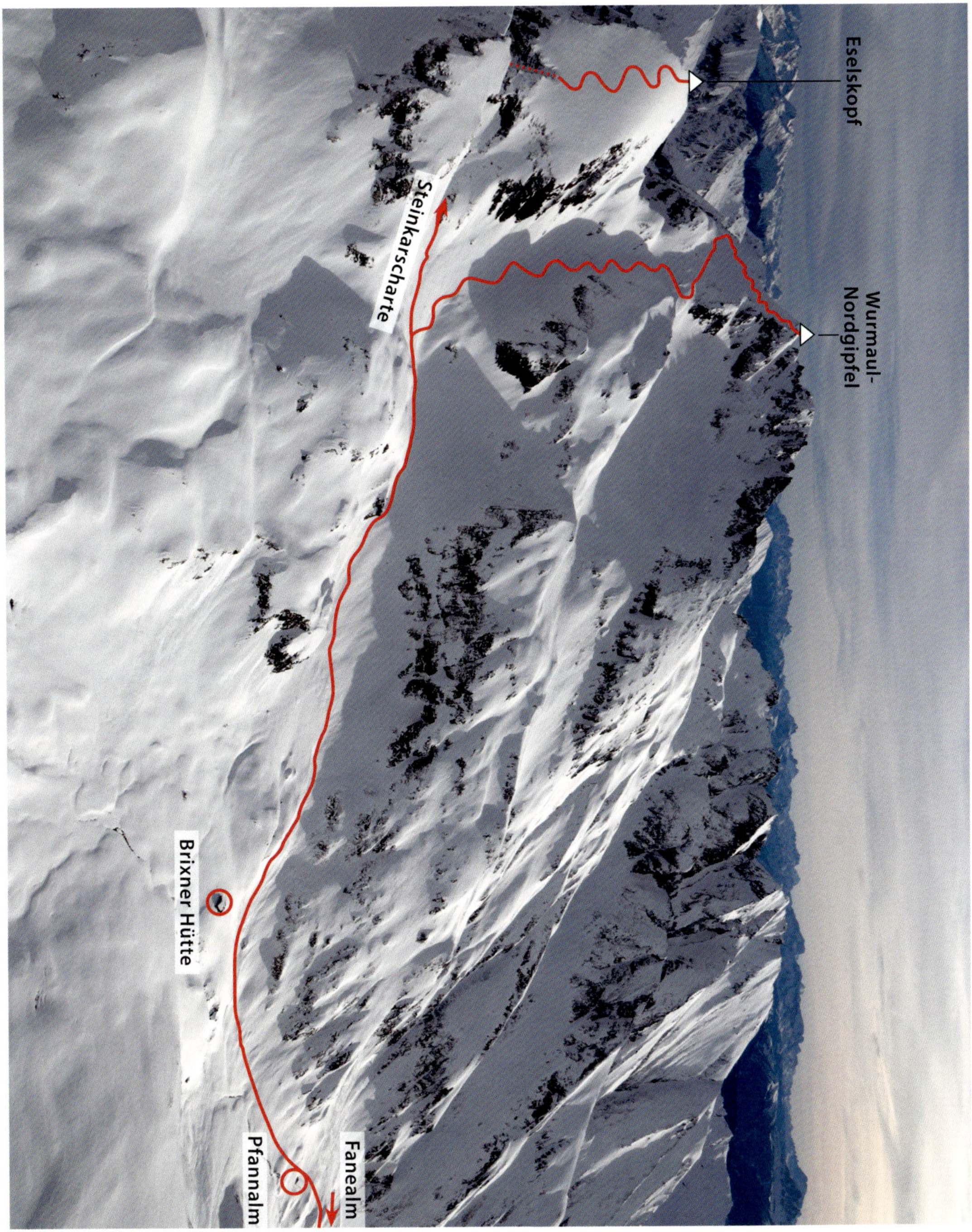

Eselskopf
Steinkarscharte
Wurmaul-Nordgipfel
Brixner Hütte
Fanealm
Pfannalm

9 **Wurmaulspitz**, 3022 m — 10 **Wurmaulspitz**, 3022 m

	9	10
Hangrichtung	Süd – West – Süd	Süd – Südwest – Süd
Skitechnisch	schwierig	schwierig
Alpintechnisch	mäßig	mäßig
Lawinengefahr	häufig	häufig
Höhenunterschied	1626 m | 1325 m	1726 m | 1425 m
Aufstiegszeit	ca. 5½ Std. | ca. 4½ Std.	ca. 5½ Std. | ca. 4½ Std.
Ausgangspunkt	a) Parkplatz am Talende von Vals (1396 m) b) oberer Parkplatz (1697 m) – im Frühjahr	
Kartografie	Tabacco Nr. 037, Hochfeiler – Pfunderer Berge	

Anfahrt: Pustertal – Mühlbach – Vals

Gemeinsamer Aufstieg: Der Straße 15 Minuten bis zur Kurzkofelhütte folgen. Dann über die Rodelbahn bis kurz vor die Fanealm (1739 m).

9 Zum Wurmaulspitz (Westanstieg)

An der linken Talseite dem Weg bis zum Beginn der Schlucht „die Schramme" folgen. Oberhalb der Schlucht, unter Umständen etwas heikel wegen Eis und Lawinen, bis zu ihrem Ende (1980 m). Durch die rechte Talmulde hinein. Bei der ersten Möglichkeit die sich bietet, durch eine breitere Rinne rechts aufwärts. Der Einstieg befindet sich auf 2100 m. Es geht sehr steil, bis zu 40°, hinauf. Man gelangt auf einen weniger steilen Rücken und folgt diesem bis auf 2240 m. Dann links hinein in die große Mulde. In mäßiger Steigung durch diese bis zu ihrem Ende aufwärts. Vor den Felsen bei 2530 m links steil auf einen Rücken hinauf und durch die nächste Mulde bis auf 2680 m. Hier schräg rechts weiter bis unter den Südhang. Diesen Hang bis auf 2990 m folgen. Dort Skidepot. Über den Grat und zum Schluss links durch Felsen (kurzes Stahlseil) und über einen Felsen zum nahen Gipfelkreuz.
Abfahrt wie Aufstieg.

10 Zum Wurmaulspitz (durch die Stillonrinne)

Vor der Fanealm immer rechts vom Bach flach talein bis zum Beginn der Stillonrinne (1850 m). Durch die enge Rinne hinauf. Weiter oben wird sie wieder breiter, bis sie bei 2280 m sehr eng und steil wird. Oberhalb der Engstelle führen schöne, weniger steile Mulden Richtung eines Sattels hinauf (2790 m). Das letzte Stück dorthin ist wieder steil. Jetzt sieht man gut den Gipfelaufbau des Wurmaulspitz. Nun muss man auf der linken Seite ca. 60 Höhenmeter unter einen Felsen in das „Joch-in-der-Enge" (2732 m) hinab. Auf der anderen Seite den steilen Südhang bis auf 2990 m hinauf. Dort Skidepot. Über den Grat und zum Schluss links durch Felsen (kurzes Stahlseil) und über einen Felsen zum nahen Gipfelkreuz.
Abfahrt wie Aufstieg.

Hinweis: Der Weg durch „die Schramme" ist erst im Frühjahr möglich und kann vereist sein, deshalb sind Steigeisen unter Umständen empfehlenswert.

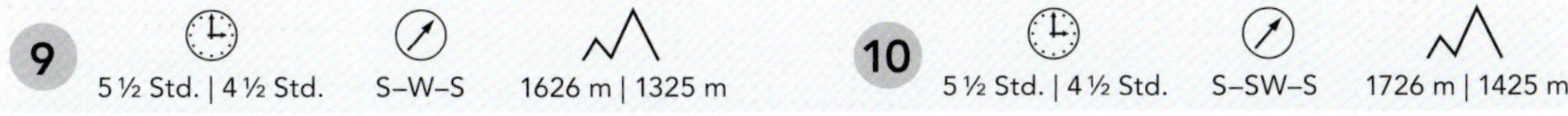

Wurmaulspitz

Brixner Hütte

Fanealm

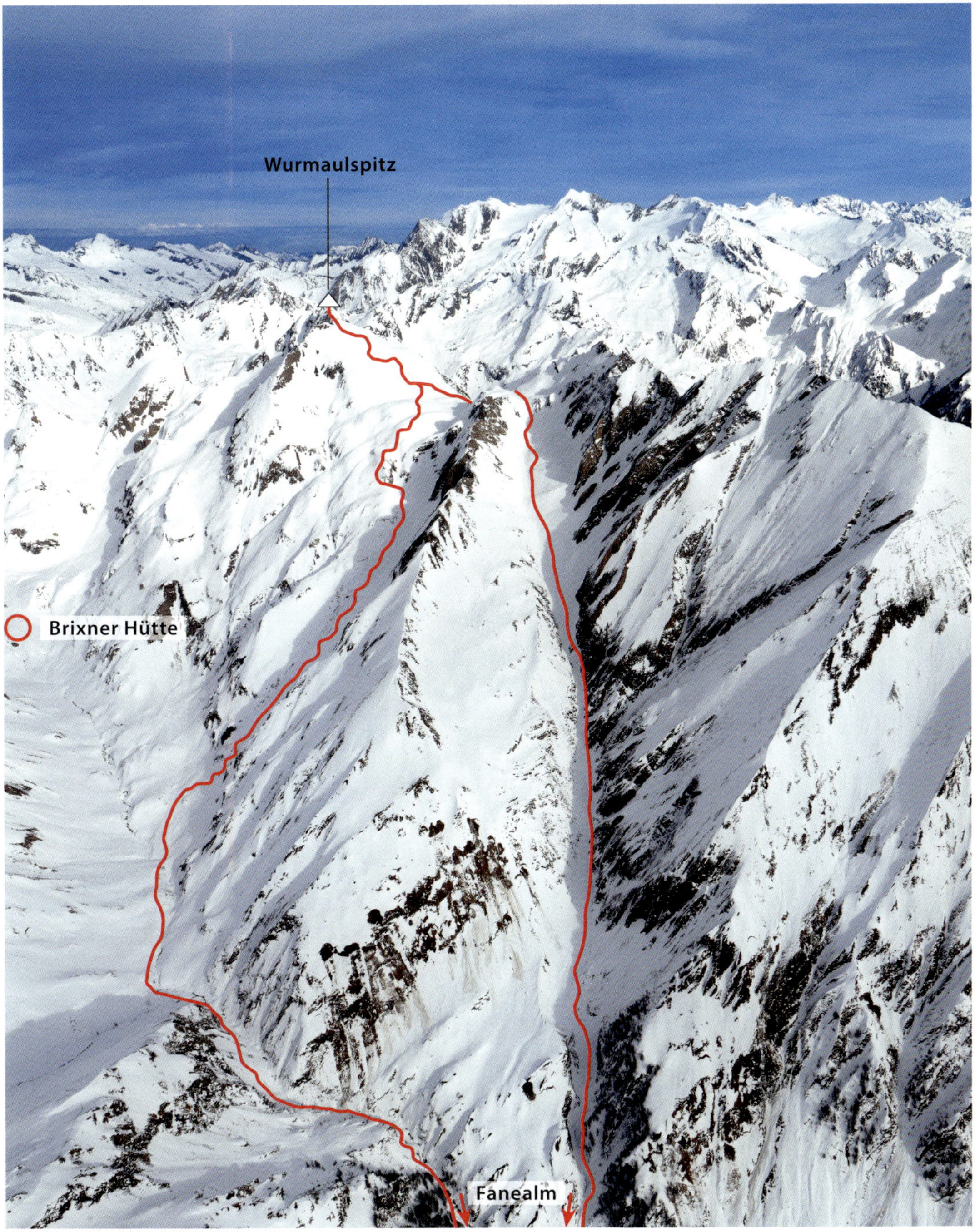

11 **Seefeldspitze**, 2715 m

12 **Tschiffernaunspitz**, 2698 m

	11	12
Hangrichtung	Südwest – Nord – Ost	Südwest – Nord – Ost
Skitechnisch	schwierig	schwierig
Alpintechnisch	–	–
Lawinengefahr	häufig	häufig
Höhenunterschied	1319 m | 1018 m	1302 m | 1001 m
Aufstiegszeit	ca. 4 Std. | ca. 3 Std.	ca. 4 Std. | ca. 3 Std.
Ausgangspunkt	a) Parkplatz am Talende von Vals (1396 m) b) oberer Parkplatz (1697 m) – im Frühjahr	
Kartografie	Tabacco Nr. 037, Hochfeiler – Pfunderer Berge	

Anfahrt: Pustertal – Mühlbach – Vals

Gemeinsamer Aufstieg: Der Straße 15 Minuten bis zur Kurzkofelhütte folgen. Dann über die Rodelbahn bis zum oberen Parkplatz (1697 m). Rechts durch lichten Wald zum Forstweg hinauf. Diesem Weg rechts bis zur 4. Rechtskehre (1980 m) folgen. Nach links in offenes Gelände. Links vom Bachgraben schräg links zu einem Zaun hinauf. Rechts von diesem und später links in die große Mulde, die unter die Steinbergscharte hinaufführt. Unter dieser bei 2500 m zieht rechts ein Hang steil in eine markante Scharte (2650 m) hinauf.

11 Zur Seefeldspitze (von Westen)

Von dieser Scharte schräg links über einen steilen Hang auf einen Geländeabsatz. Jetzt links auf die Westschulter der Seefeldspitze und über den schmalen Grat zum Gipfelkreuz.
Abfahrt wie Aufstieg.

12 Zum Tschiffernaunspitz

Rechts über einen sanften Rücken zum höchsten Punkt.
Abfahrt wie Aufstieg.

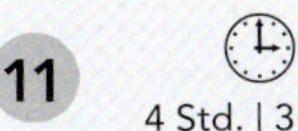
11
4 Std. | 3 Std.
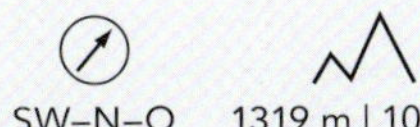
SW–N–O

1319 m | 1018 m
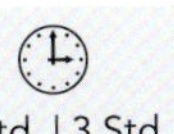
12
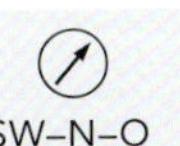
4 Std. | 3 Std.
SW–N–O
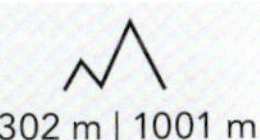
1302 m | 1001 m

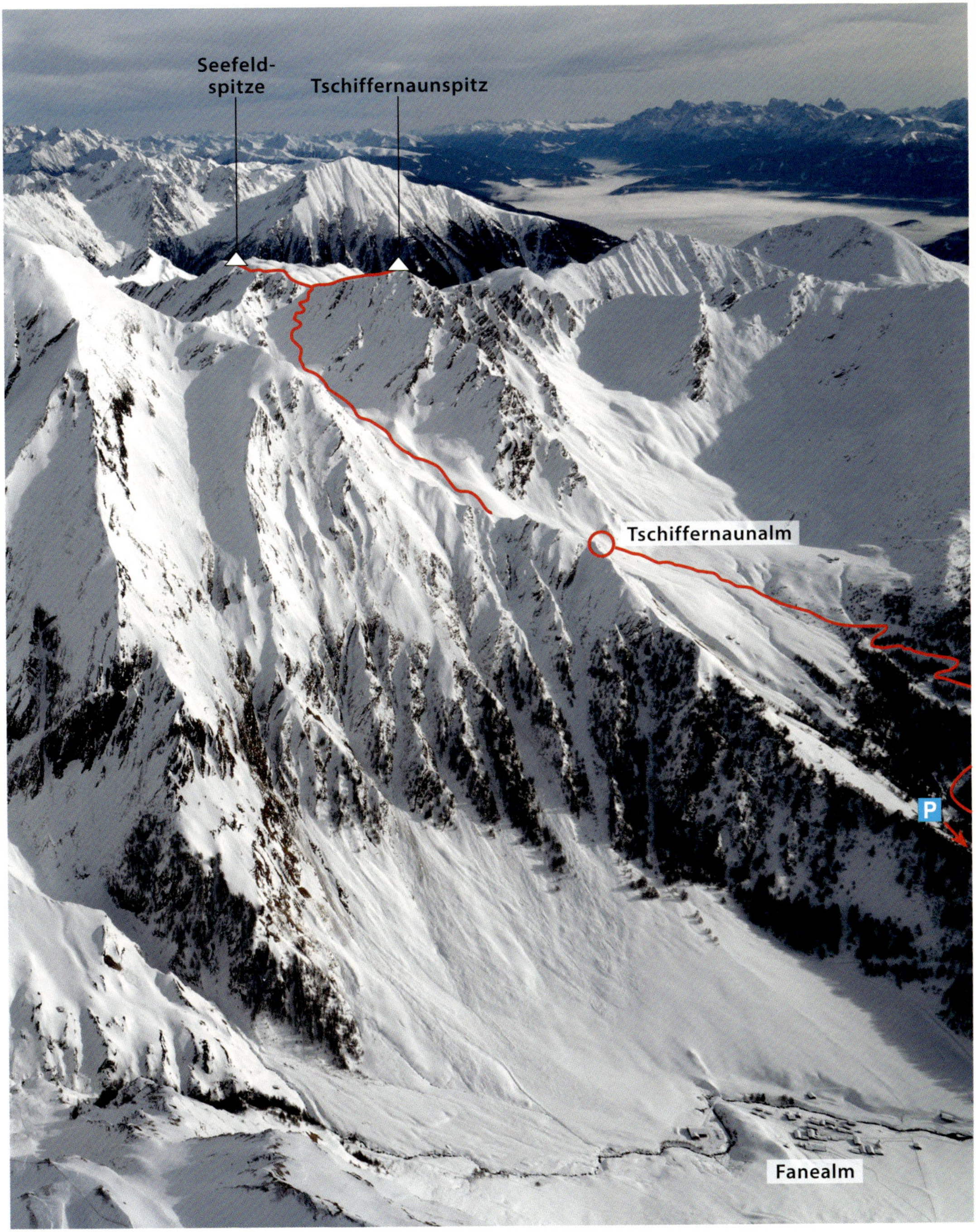

13 **Fallmetzer**, 2568 m | 14 **Kleine Gitsch**, 2262 m

	13 Fallmetzer	14 Kleine Gitsch
Hangrichtung	Süd	Süd
Skitechnisch	mäßig	leicht
Alpintechnisch	leicht	–
Lawinengefahr	häufig	gering
Höhenunterschied	968 m	626 m
Aufstiegszeit	ca. 3½ Std.	ca. 2 Std.
Ausgangspunkt	Parkplatz Altfasstal (1600 m) gebührenpflichtig	
Kartografie	Tabacco Nr. 037, Hochfeiler – Pfunderer Berge	

Anfahrt: Pustertal – Mühlbach – Meransen – an der Kirche vorbei Richtung Altfasstal

13 Zum Fallmetzer (von Süden)

Aufstieg: Über den Wirtschaftsweg bis zur Großberghütte (1630 m, am besten erst hier die Felle aufziehen. Dann durch das Tal bis zur Asmolalm (1771 m, ca. 4 km vom Parkplatz) hinein. Durch ein Zaungatter und links vom Bach jetzt das Tal steil, am besten links vom Bach hinauf. Weiter oben dann über einen steilen Rücken weiter und bei einer Almhütte vorbei. In mäßiger Steigung Richtung Falzarer Joch (2259 m). Knapp davor links über einen steilen Hang und dann durch Mulden bis unter den Gipfelhang. Rechts auf einen Sattel (2480 m, Skidepot) hinauf, über einen steilen Rücken auf den Vorgipfel und von dort ca. 5 m in eine kleine Scharte hinab. Dann steil über kleine Felsen zum Gipfelkreuz.
Abfahrt wie Aufstieg.
Hinweis: Pickel empfehlenswert.

14 Zur Kleinen Gitsch

Vom Parkplatz kurz zurück zum Weg ins Altfasstal. Beim Wegweiser über den Forstweg (Rodelbahn) zur Moserhütte (1936 m) 3 km hinauf. Gerade weiter über den Rücken zu einem Stall und einem kleinen Kreuz. Über den Rücken neben einem Zaun weiter bis zum höchsten Punkt am Kamm.
Abfahrt wie Aufstieg.

3 ½ Std.

S
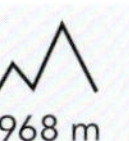
968 m

2 Std.
S
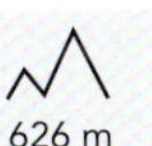
626 m

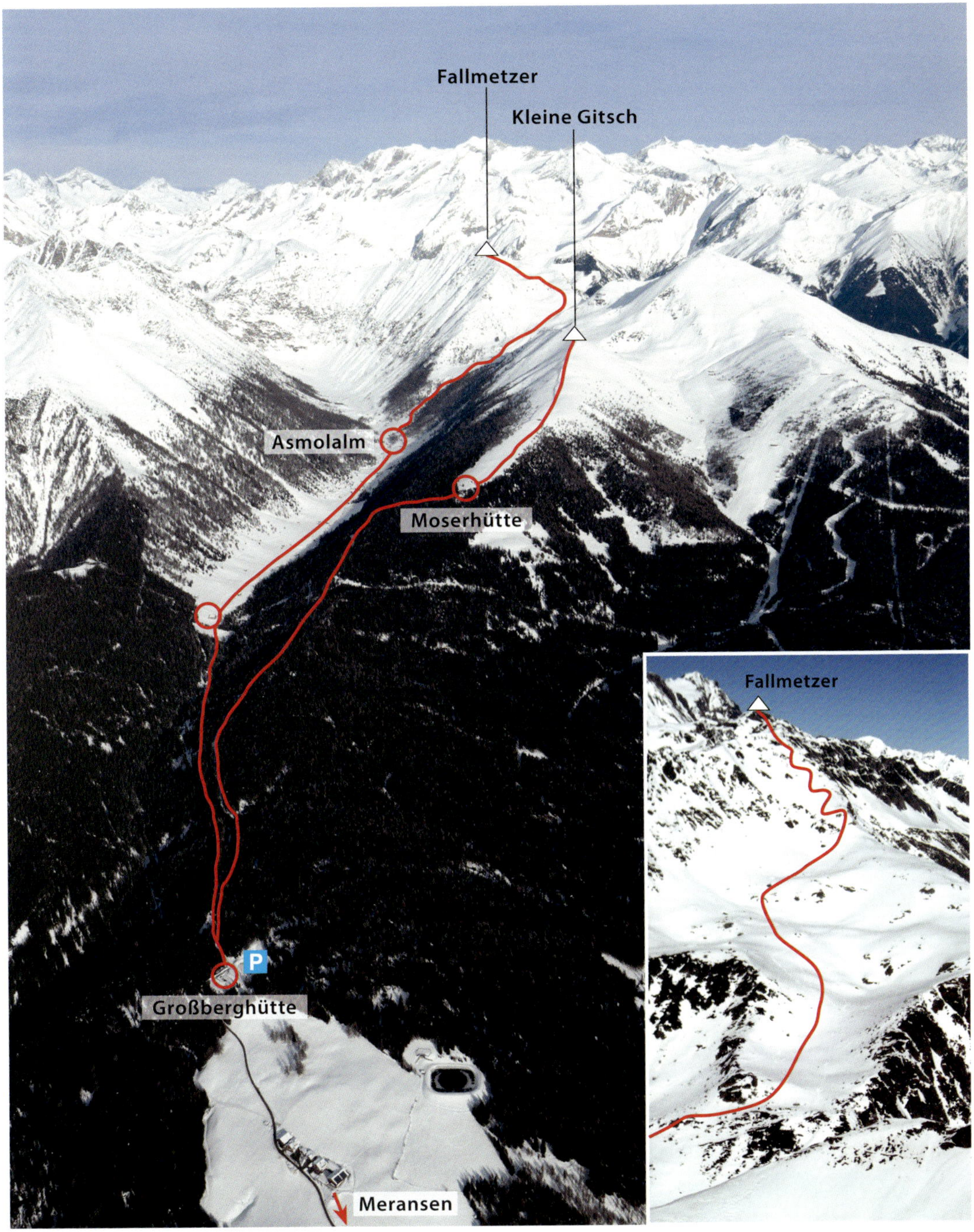

15 **Fallmetzer**, 2568 m (von Osten)

Hangrichtung	Nordost – Süd
Skitechnisch	mäßig
Alpintechnisch	leicht
Lawinengefahr	mäßig
Höhenunterschied	1418 m
Aufstiegszeit	ca. 4 ½ Std.
Ausgangspunkt	Pfunders-Dorf, Sportplatz (1150 m) oder Beginn Rodelbahn
Kartografie	Tabacco Nr. 037, Hochfeiler – Pfunderer Berge

Anfahrt: Pustertal – Niedervintl – Pfunders-Dorf

Aufstieg: Über die Wiesen schräg nach links an einem Hof vorbei zum Waldrand, wo ein Forstweg (Rodelbahn) beginnt. Diesem Weg ca. 1300 m bis zur 2. Rechtskehre folgen. Hier zweigt links bei einem Wegweiser ein Weg ab. Diesem bis ins Tal hinein (1500 m) folgen. Jetzt rechts hinauf bis die Talmulde zu eng und zu steil wird. Links durch den lichten Wald hinauf und dann wieder rechts in die Mulde. Durch diese bis 1950 m. Links weiter durch den lichten Wald bis zur Waldgrenze. Über eine kleine Ebene bis rechts unter die Felsen in einer Mulde und durch diese zum Falzarer Joch (2259 m) hinauf. Rechts über einen Rücken in eine Mulde, 2300 m. Durch diese gerade bis unter den Gipfelhang. Rechts bis auf einen Sattel (2480 m). Hier Skidepot. Über den steilen Rücken auf einen kleinen Vorgipfel. Dort 5 m in eine kleine Scharte absteigen und über einige Felsen steil zum Gipfel mit Kreuz.

Abfahrt wie Aufstieg.

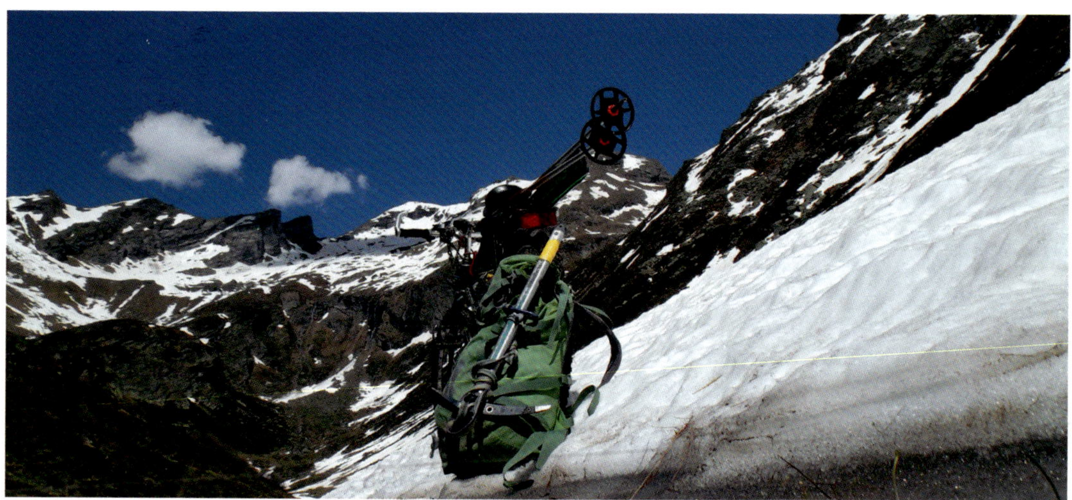

4 ½ Std.

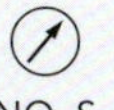
NO–S

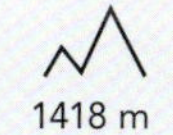
1418 m

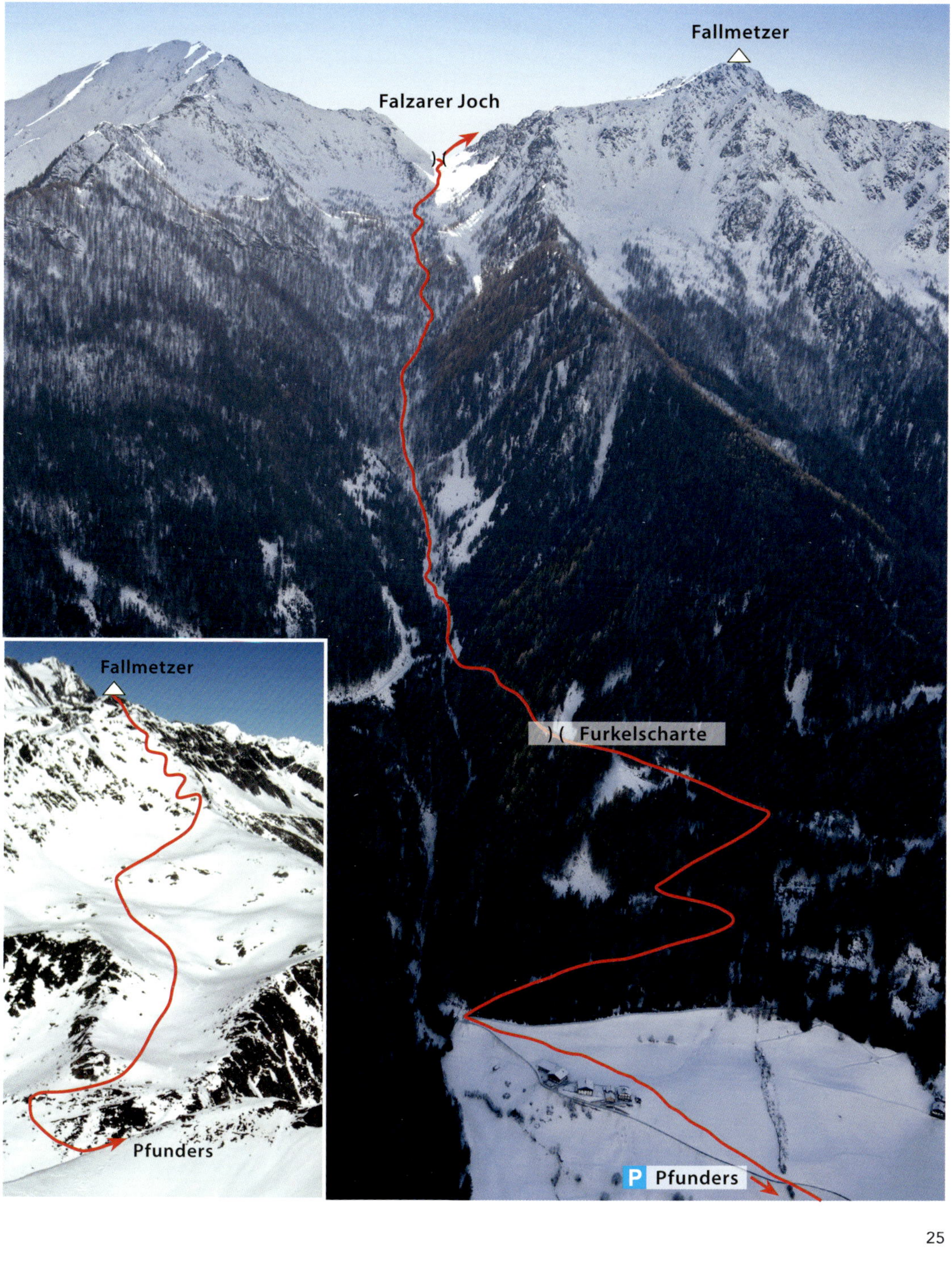

Fallmetzer

Falzarer Joch

Furkelscharte

Pfunders

Fallmetzer

Pfunders

16 Nock, 2531 m | 17 Korspitz, 2645 m

	16 Nock, 2531 m	17 Korspitz, 2645 m
Hangrichtung	Ost – Nord	Ost – Südwest
Skitechnisch	leicht	leicht
Alpintechnisch	–	–
Lawinengefahr	häufig	häufig
Höhenunterschied	1381 m	1615 m (mit Gegenanstieg)
Aufstiegszeit	ca. 4 ½ Std.	ca. 5 ½ Std.
Ausgangspunkt	Dorf Pfunders, Sportplatz (1150 m) oder Beginn Rodelbahn	
Kartografie	Tabacco Nr. 037, Hochfeiler – Pfunderer Berge	

Anfahrt: Pustertal – Niedervintl – Pfunders-Dorf

Gemeinsamer Aufstieg: Über die Wiesen schräg nach links an einem Hof vorbei zum Waldrand, wo ein Forstweg (Rodelbahn) beginnt. Diesem Weg bis zur 2. Rechtskehre folgen. Von dort rechts weiter bis auf 1600 m zur Linkskehre unterhalb der Astlochalm. Man kann jetzt gerade zu dieser aufsteigen oder weiter dem Weg bis zur Alm folgen. Weiter über den Weg links der Astlochalm (1723 m) und bei einer Gabelung rechts zum „Moser-Seebe-Stall" (1843 m). Knapp davor nach links in eine Ebene, dann rechts auf den Rücken hinaus und zur Oberkircher Alm (1960 m). Hinter dieser ins große Tal hinein und bis unter die Furkelscharte (2445 m) hinauf. Achtung! Die letzten 100 Höhenmeter sind sehr steil.

16 Zum Nock

Von der Scharte links über einen Rücken mäßig steil in 20 Minuten zum flachen Gipfel mit schönem Tiefblick ins Altfasstal.
Abfahrt wie Aufstieg.
Direkte Abfahrtsvariante: Hinter der Oberkircher Alm links vorbei und an der „Moser Seebe" ebenfalls links vorbei; schräg links zur Astlochalm und gerade hinunter zum Forstweg.

17 Zum Korspitz

Hier 60 Höhenmeter Richtung Seefeldalm abfahren bis man eine Ebene erreicht. Gerade durch die Mulde in den oberen Talboden hinauf. Nach rechts über mäßig steile Hänge zur höchsten, flachen Erhebung.
Abfahrt wie Aufstieg, wobei man die 60 Höhenmeter zur Furkelscharte wieder aufsteigen muss.
Direkte Abfahrtsvariante: Hinter der Oberkircher Alm links vorbei und bei der „Moser Seebe" ebenfalls links vorbei; schräg links zur Astlochalm und gerade hinunter zum Forstweg.

16

4 ½ Std.

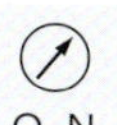

O–N

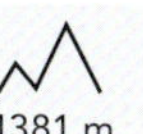

1381 m

17

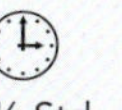

5 ½ Std.

O–SW

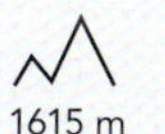

1615 m

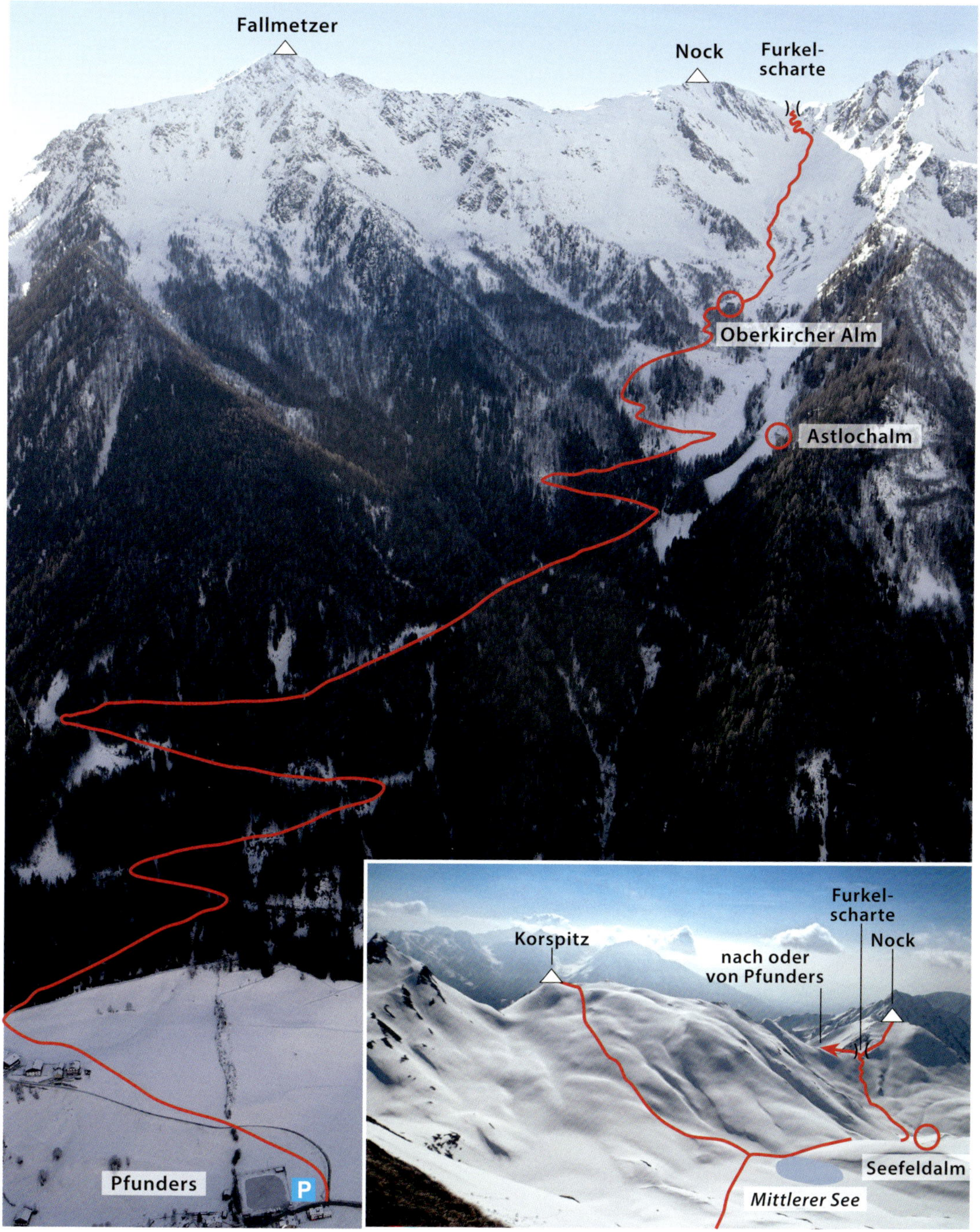

18 Seefeldspitze, 2715 m — 19 Bretterspitz, 2695 m

	18 Seefeldspitze	19 Bretterspitz
Hangrichtung	Ost – Süd	Ost – Süd
Skitechnisch	leicht	leicht
Alpintechnisch	–	–
Lawinengefahr	häufig	häufig
Höhenunterschied	1685 m (mit Gegenanstieg)	1665 m (mit Gegenanstieg)
Aufstiegszeit	ca. 6 Std.	ca. 5 ½ Std.
Ausgangspunkt	Dorf Pfunders, Sportplatz (1150 m) oder Beginn Rodelbahn	
Kartografie	Tabacco Nr. 037, Hochfeiler – Pfunderer Berge	

Anfahrt: Pustertal – Niedervintl – Pfunders-Dorf

Gemeinsamer Aufstieg: Über die Wiesen schräg nach links an einem Hof vorbei zum Waldrand, wo ein Forstweg (Rodelbahn) beginnt. Diesem Weg bis zur 2. Rechtskehre folgen; von dort rechts weiter bis zur Linkskehre auf 1600 m unterhalb der Astlochalm. Man kann jetzt gerade zu dieser aufsteigen oder weiter dem Weg bis zur Alm folgen. Weiter über den Weg links der Astlochalm (1723 m) und bei einer Gabelung rechts zum „Moser-Seebe-Stall" (1843 m). Knapp davor links in eine Ebene, dann rechts auf den Rücken hinaus und zur Oberkircher Alm (1960 m). Hinter dieser ins große Tal hinein und bis unter die Furkelscharte, 2445 m, hinauf. Achtung! Die letzten 100 Hm sind sehr steil. Es folgen 60 Hm Abfahrt Richtung Seefeldalm hinunter bis zu einer Ebene. Gerade durch die Mulde in den oberen Talboden hinauf. Gerade weiter und dann rechts vom mittleren See.

18 Zur Seefeldspitze (von Süden)

Weiter zum oberen kleinen See und gerade in die große Mulde hinauf. Links steil über einen Rücken bis auf einen Geländeabsatz. Mit einem Rechts-links-Bogen zum Beginn des Westrückens und über diesen in Kürze zum Gipfel mit Kreuz.

Abfahrt wie Aufstieg, wobei man die 60 Hm zur Furkelscharte wieder aufsteigen muss.

Direkte Abfahrtsvariante: Hinter der Oberkircher Alm links vorbei und an der „Moser Seebe" ebenfalls links vorbei; schräg links zur Astlochalm und gerade hinunter zum Forstweg.

19 Zum Bretterspitz

Rechts vom mittleren See flach bis unter den Bretterspitz hinein. Über einen Rücken hinauf und links auf eine Rampe. Über diese schräg rechts knapp unter den Gipfel. Die letzten Meter ohne Ski bis zum höchsten Punkt.

Abfahrt wie Aufstieg, wobei man die 60 HM zur Furkelscharte wieder aufsteigen muss.

Direkte Abfahrtsvariante: Hinter der Oberkircher Alm links vorbei und an der „Moser Seebe" auch links vorbei; schräg links zur Astlochalm und gerade hinunter zum Forstweg.

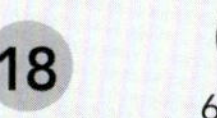
6 Std.
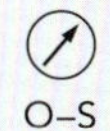
O–S
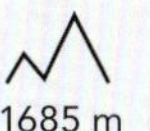
1685 m

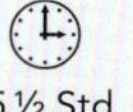
5 ½ Std.

O–S
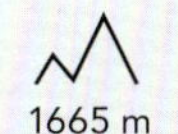
1665 m

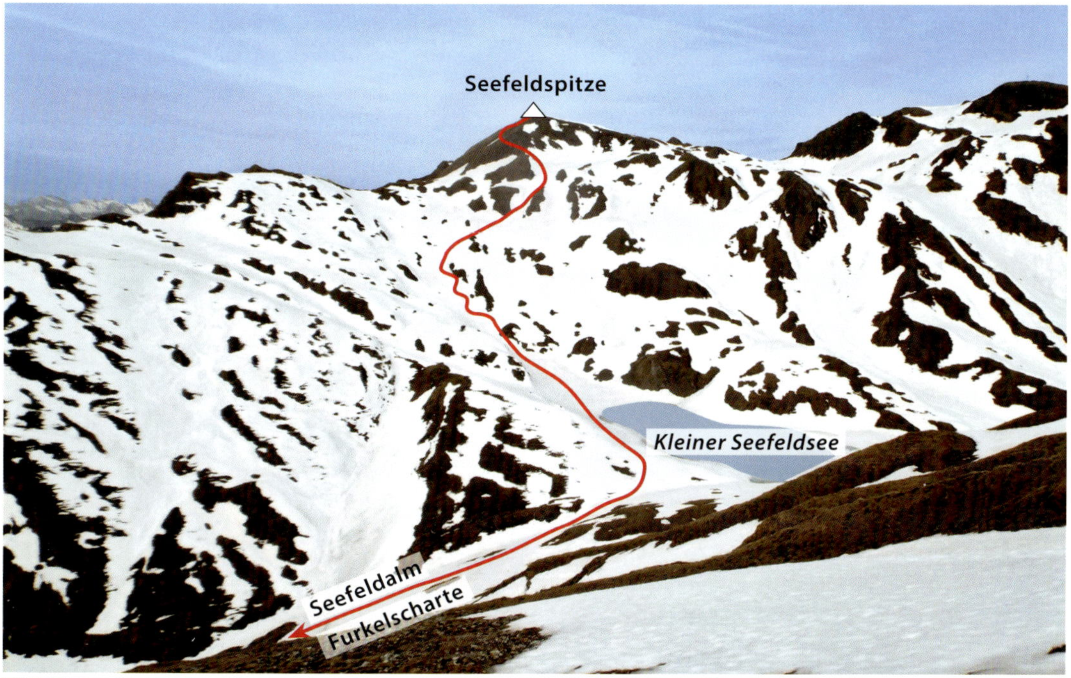

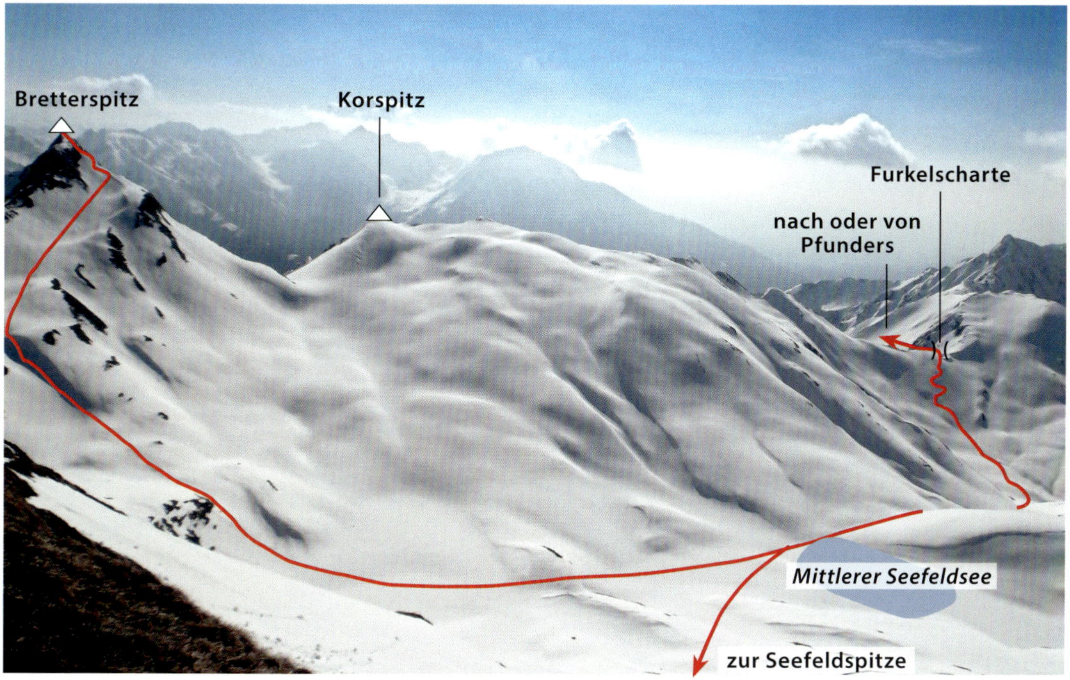

20 **Seefeldspitze**, 2715 m (von Osten)

Hangrichtung	Süd – Ost – Nordost
Skitechnisch	schwierig
Alpintechnisch	leicht
Lawinengefahr	häufig
Höhenunterschied	1185 m
Aufstiegszeit	ca. 4 ½ Std.
Ausgangspunkt	Beginn Forstweg/Schranke „Weitenbergalm" (1530 m)
Kartografie	Tabacco Nr. 037, Hochfeiler – Pfunderer Berge

Anfahrt: Pustertal – Niedervintl – Pfunders bis Dun

Aufstieg: Zur Seefeldspitze von Osten (durch die Steinbergschlucht): Dem Forstweg oberhalb der Duner-Klamm ca. 1,2 km bis zum Gitter vor der Ebene „Kasten" folgen. Ist eine Überquerung des Baches möglich, so steigt man kurz zu ihm ab und weiter zum Beginn der Schlucht. Ansonsten die Ebene hinein und beim großen Felsen links über die Brücke, dann ebenfalls zum Beginn der Schlucht. Am rechten Rand bis in den Kessel beim Wasserfall (1760 m). Rechts von diesem kurz hinauf und mit kurzer, steiler Querung (Ski tragen) oberhalb des Wasserfalls in flaches Gelände. An dieser Stelle ist die Schlucht sehr lawinengefährlich und nur bei absolut sicherer Schneelage zu begehen; meist ist sie schon mit Lawinen angefüllt. In mäßiger Steilheit das breite Tal in Richtung Steinbergscharte weiter. Im Kessel unter der Scharte bei 2450 m links steil in den Sattel rechts der Seefeldspitze und links über den Rücken zum Gipfel mit Kreuz.

Abfahrt wie Aufstieg.

Hinweis: Pickel und Steigeisen empfehlenswert.
Alle Touren hinter der Duner-Klamm sind Frühjahrstouren. Der Weg dorthin kann unter Umständen wegen Lawinengefahr und Abrutschgefahr sehr gefährlich sein. Im späten Frühjahr kann man diese Strecke eventuell gut mit dem Bergrad befahren.

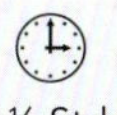
4½ Std.

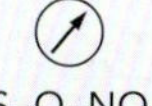
S–O–NO

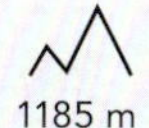
1185 m

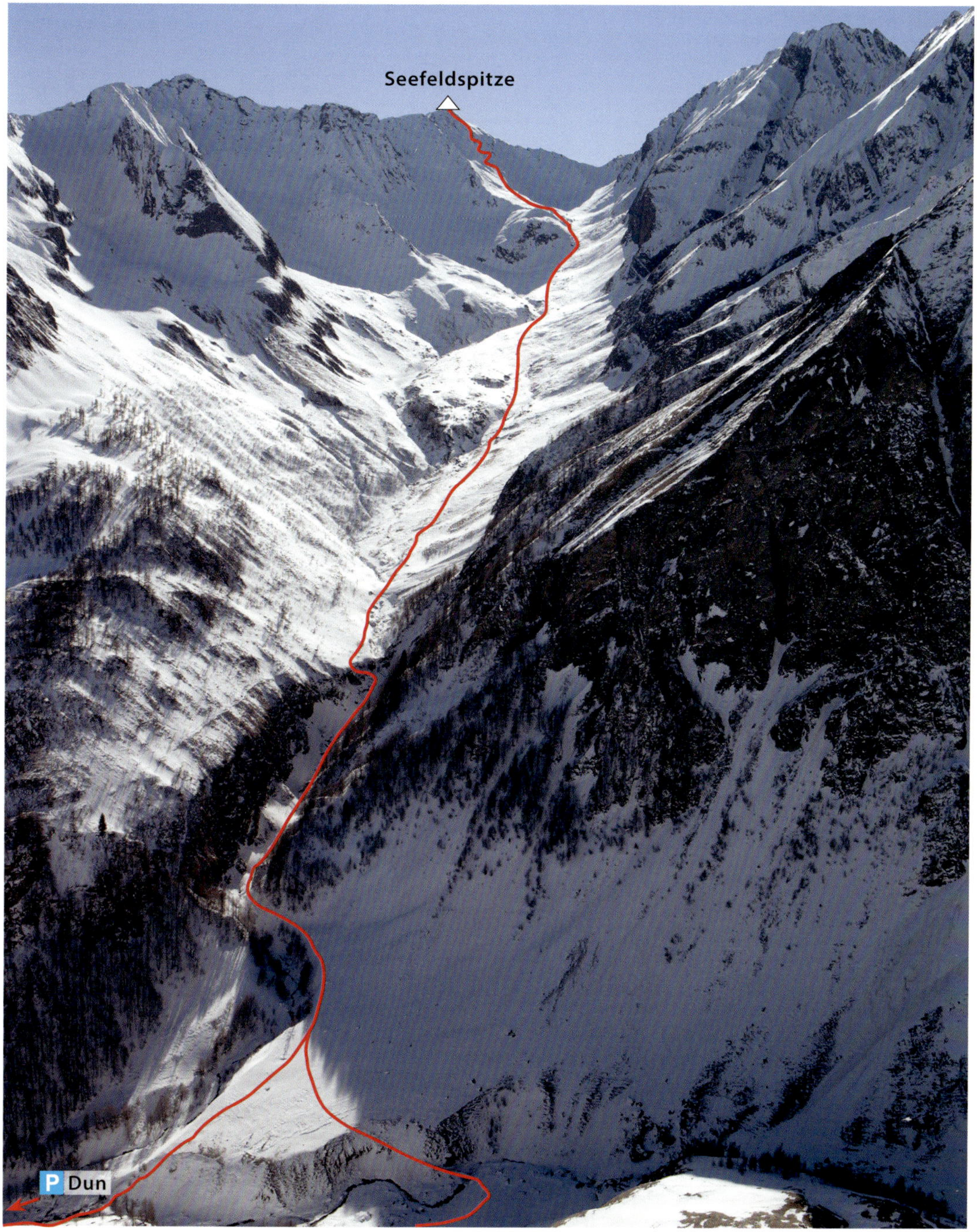

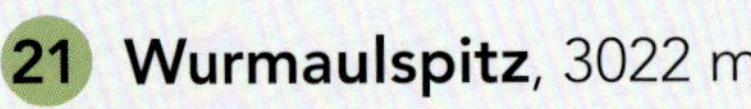

21 Wurmaulspitz, 3022 m – 22 Wurmaul-Nordgipfel, 2993 m

	21 Wurmaulspitz	22 Wurmaul-Nordgipfel
Hangrichtung	Süd – Ost – Süd	Süd – Ost – Nord
Skitechnisch	schwierig	schwierig
Alpintechnisch	leicht	leicht
Lawinengefahr	häufig	häufig
Höhenunterschied	1492 m	1463 m
Aufstiegszeit	ca. 5 ½ Std.	ca. 5 ½ Std.
Ausgangspunkt	Beginn Forstweg/Schranke „Weitenbergalm" (1530 m)	
Kartografie	Tabacco Nr. 037, Hochfeiler – Pfunderer Berge	

Anfahrt: Pustertal – Niedervintl – Pfunders bis Dun

Gemeinsamer Aufstieg: Dem Forstweg oberhalb der Duner-Klamm ca. 1,2 km bis zum Gitter bei der Brücke in der Ebene „Kasten" auf 1702 m folgen. Über die Brücke und dann auf dem Weg rechts ins Tal flach bis vor die Untere Engbergalm hinein. Die Alm bleibt rechts oben liegen. Links dem Weg weiter Richtung Weitenbergalm (1958 m) folgen.

21 Zum Wurmaulspitz (von Osten)

Bei ca. 1950 m und den letzten Bäumen nach links über einen Rücken und über Böden gehen bis in den Kessel unter die große, breite Mulde (2100 m). Durch diese immer gerade in das „Joch-In-der-Enge" (2732 m) hinauf. Über den steilen Südhang bis 2990 m aufsteigen. Dort Skidepot. Über den Grat und zum Schluss links durch Felsen (kurzes Stahlseil) und über einen Felsen zum nahen Gipfelkreuz.
Abfahrt wie Aufstieg.

22 Zum Wurmaul-Nordgipfel (von Osten)

Durch die lange, steile Ostrinne bis in die linke von zwei Scharten hinauf (2770 m). Dann den steilen Hang queren und auf einen Sattel nach links hinaus (2780 m). Links kurz über einen Rücken und schräg links auf eine Schulter (2830 m). Gut sichtbar ist jetzt der weiter oben immer steiler und schmäler werdende Gipfelhang. Über diesen gerade bis in eine kleine Scharte zwischen zwei Felszacken hinauf. Dort Skidepot. Die letzten Meter aufwärts bis auf den rechten Zacken mit kleinem Kreuz und Gipfelbuch.
Abfahrt wie Aufstieg.

Hinweis: Pickel und Steigeisen empfehlenswert.
Alle Touren hinter der Duner-Klamm sind Frühjahrstouren. Der Weg dorthin kann unter Umständen wegen Lawinengefahr und Abrutschgefahr sehr gefährlich sein. Im späten Frühjahr kann man diese Strecke eventuell gut mit dem Bergrad befahren.

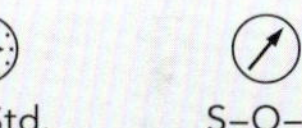
5 ½ Std.

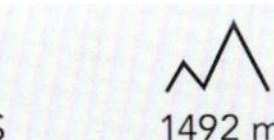
S–O–S

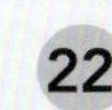
1492 m

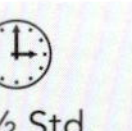

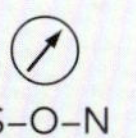
5 ½ Std.

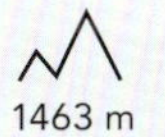
S–O–N

1463 m

Wurmaulspitz

Wurmaul-Nordgipfel

P Dun

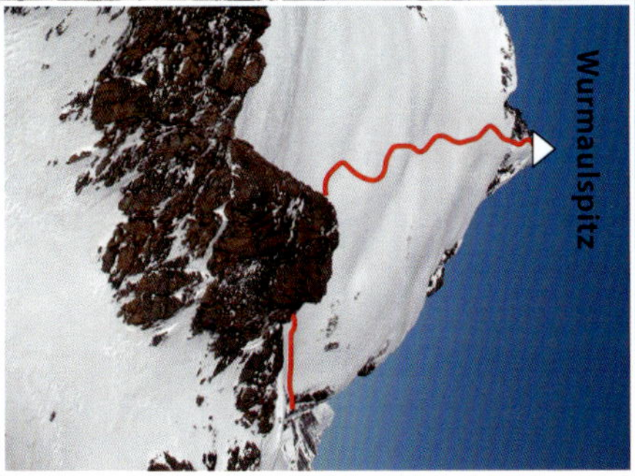

Wurmaulspitz

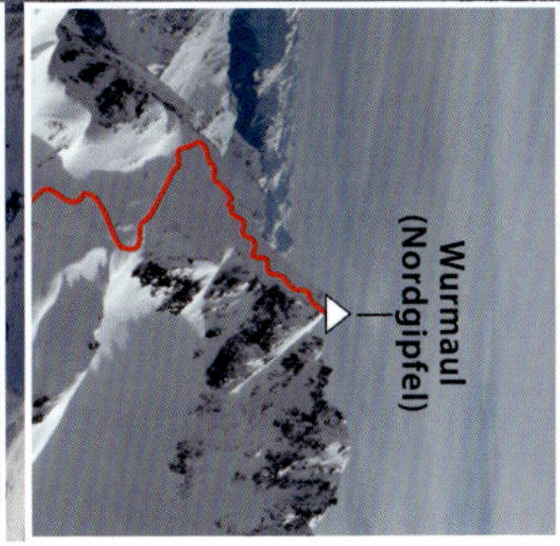

Wurmaul
(Nordgipfel)

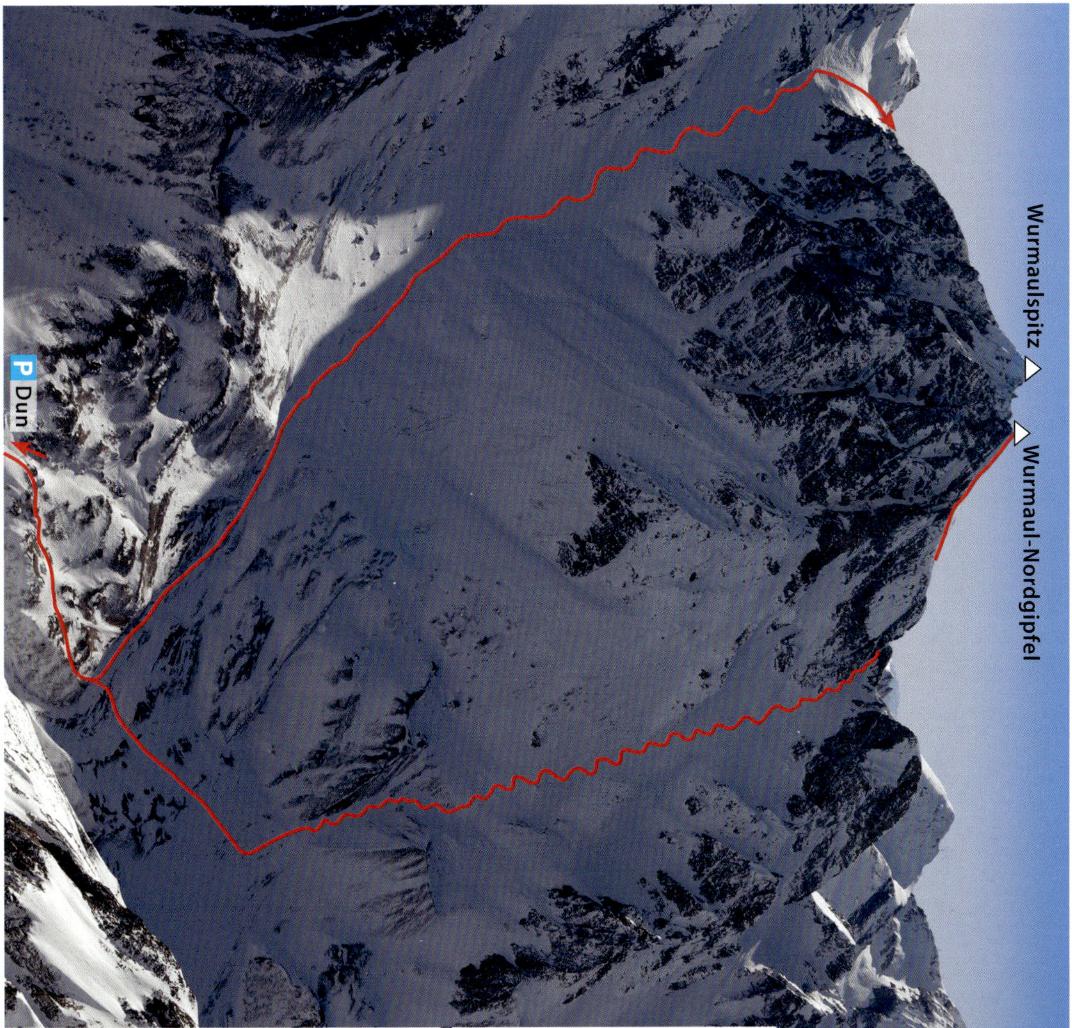

23 Östliche Hochwart, 3068 m — 24 Hoher Weißzint, 3370 m

	23 Östliche Hochwart	24 Hoher Weißzint
Hangrichtung	West – Süd – West	West – Süd
Skitechnisch	mäßig	mäßig
Alpintechnisch	–	leicht
Lawinengefahr	häufig	mäßig
Höhenunterschied	1518 m	1820 m
Aufstiegszeit	ca. 5 Std.	ca. 6 ½ Std.
Ausgangspunkt	bei der Brücke vor dem Bauernhof „Luzer" (1550 m)	
Kartografie	Tabacco Nr. 037, Hochfeiler – Pfunderer Berge	

Anfahrt: Pustertal – Niedervintl – Pfunders bis Dun

Gemeinsamer Aufstieg: Vom Hof über den Forstweg 1,5 km zur Egger-Bödenalm. Über Wiesen gerade hinauf und rechts in steiler Querung zu einer kleinen Holzhütte (1910 m). Es folgt eine kurze, steile Querung in eine Rinne, durch die man links in ein flaches Tal hinaufkommt. Links oberhalb des Baches um einen Felsen herum (Sommerweg) und einige Meter in die Talmulde absteigen. Dieser folgt man durch das breite, flache Tal aufwärts (2035 m). Links vom Bach zur Eisbruggalm (2154 m).

23 Zur Östlichen Hochwart

Am linken Hang in Richtung eines Sattels, links von einem runden Hügel, hinauf. Steil aufwärts in den Sattel. Links durch eine Mulde in den nächsten Sattel (2510 m) und weiter in den großen Kessel „Obervalskar". Am rechten Hang schräg links Richtung Westliche Hochwart. Vor dieser schräg rechts steil auf den Westgrat (3000 m) der Östlichen Hochwart hinauf. Je nach Schneelage mit oder ohne Ski zum nahen Gipfel.
Abfahrt wie Aufstieg. Direkte Abfahrt über die Valsalm nur bei sicherer Schneelage. Nach dem Steilhang unter dem Sattel auf 2510 m rechts über die Valsscharte steil zur Valsalm hinab. Direkt weiter steil hinab ins Weißenbachtal.

24 Zum Hohen Weißzint

Gerade durch das Tal hinein und rechts am Eisbruggsee vorbei in das Eisbruggjoch und zur Edelrauthütte (2545 m). Jetzt den großen Hang schräg nach rechts bis auf 2800 m hinauf, dann links auf eine kleine Hochebene. Durch breite Mulden und über Rücken in mäßiger Steigung zur oberen Weißzintscharte (3183 m). Durch diese Scharte zum oberen Teil des Gliederferners. Ziemlich flach tief unter dem Südwestgrat des Weißzint bis in eine große Mulde hinein. Achtung Spalten! Durch die Mulde steil auf die Schulter rechts vom Gipfel hinauf. Bei sicherer Schneelage kann man auch von der oberen Weißzintscharte über den steilen Westhang auf die Schulter queren. Links über einen Rücken bis kurz unter das Gipfelkreuz und ohne Skier zu diesem hinauf.
Abfahrt wie Aufstieg.
Hinweis: Pickel und Steigeisen empfehlenswert.

 5 Std.
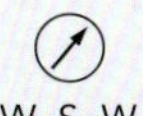 W–S–W
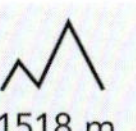 1518 m

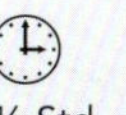 6 ½ Std.
 W–S
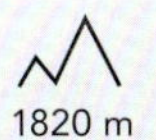 1820 m

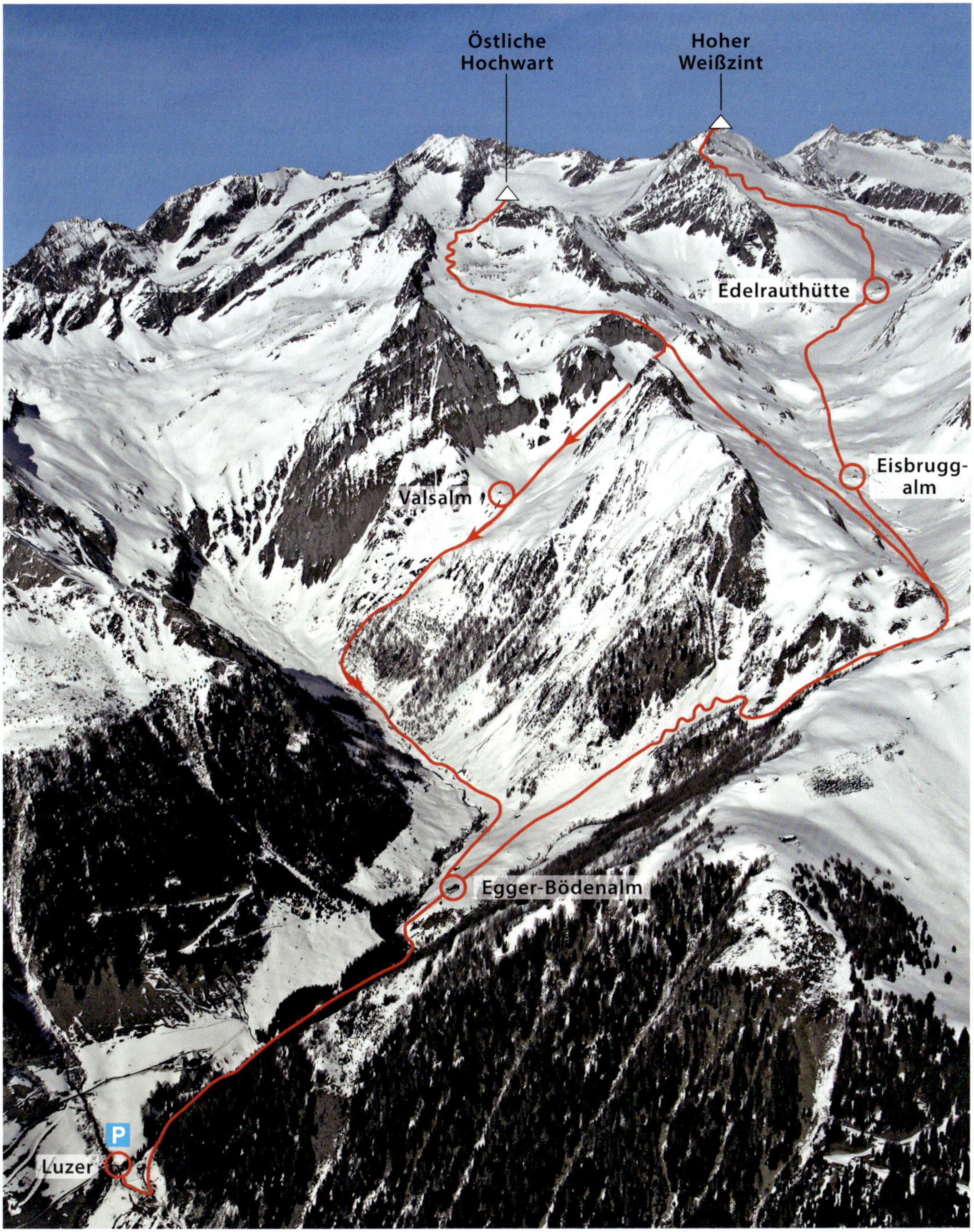

25 **Eisbruggspitze**, 2787 m (von Osten)

Hangrichtung	West – Ost
Skitechnisch	mäßig
Alpintechnisch	–
Lawinengefahr	häufig
Höhenunterschied	1237 m
Aufstiegszeit	ca. 4½ Std.
Ausgangspunkt	bei der Brücke vor dem Bauernhof „Luzer" (1550 m)
Kartografie	Tabacco Nr. 037, Hochfeiler – Pfunderer Berge

Anfahrt: Pustertal – Niedervintl – Pfunders bis Dun

Aufstieg: Vom Hof über den Forstweg 1,5 km zur Egger-Bödenalm. Über Wiesen gerade hinauf und rechts in steiler Querung zu einer kleinen Holzhütte (1910 m). Es folgt eine kurze, steile Querung in eine Rinne, durch die man links in ein flaches Tal hinaufkommt. Links oberhalb vom Bach um einen Felsen herum (Sommerweg). Dann einige Meter in die Talmulde absteigen. Dieser folgt man durch das breite, flache Tal aufwärts (2035 m). Links vom Bach zur Eisbruggalm (2154 m). Von dieser gerade weiter bis in die Ebene und bei 2250 m oberhalb einem großen Felsblock schräg rechts in die Mulde hinauf. Durch diese bis in den oberen Kessel hinauf und bis unter den Steilhang, (2500 m). Diesen von rechts nach links bis zum Beginn einer Rinne (2670 m) und durch diese – immer schmäler und steiler werdend – hinauf. Man gelangt in eine kleine Scharte. Rechts zum nahen, flachen Gipfel mit kleinem Kreuz und Gipfelbuch.

Abfahrt wie Aufstieg.

Hinweis: Pickel und Steigeisen empfehlenswert.

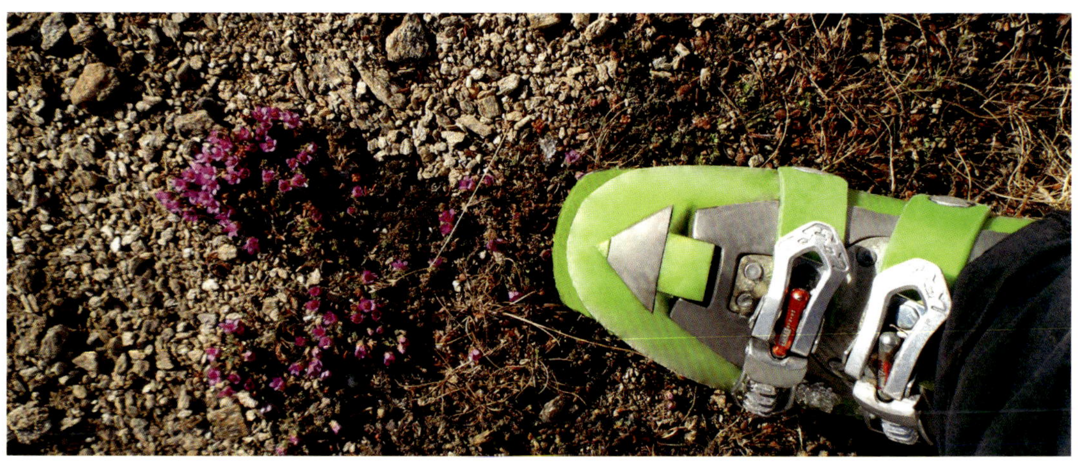

4 ½ Std.

W–O

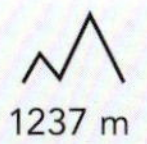
1237 m

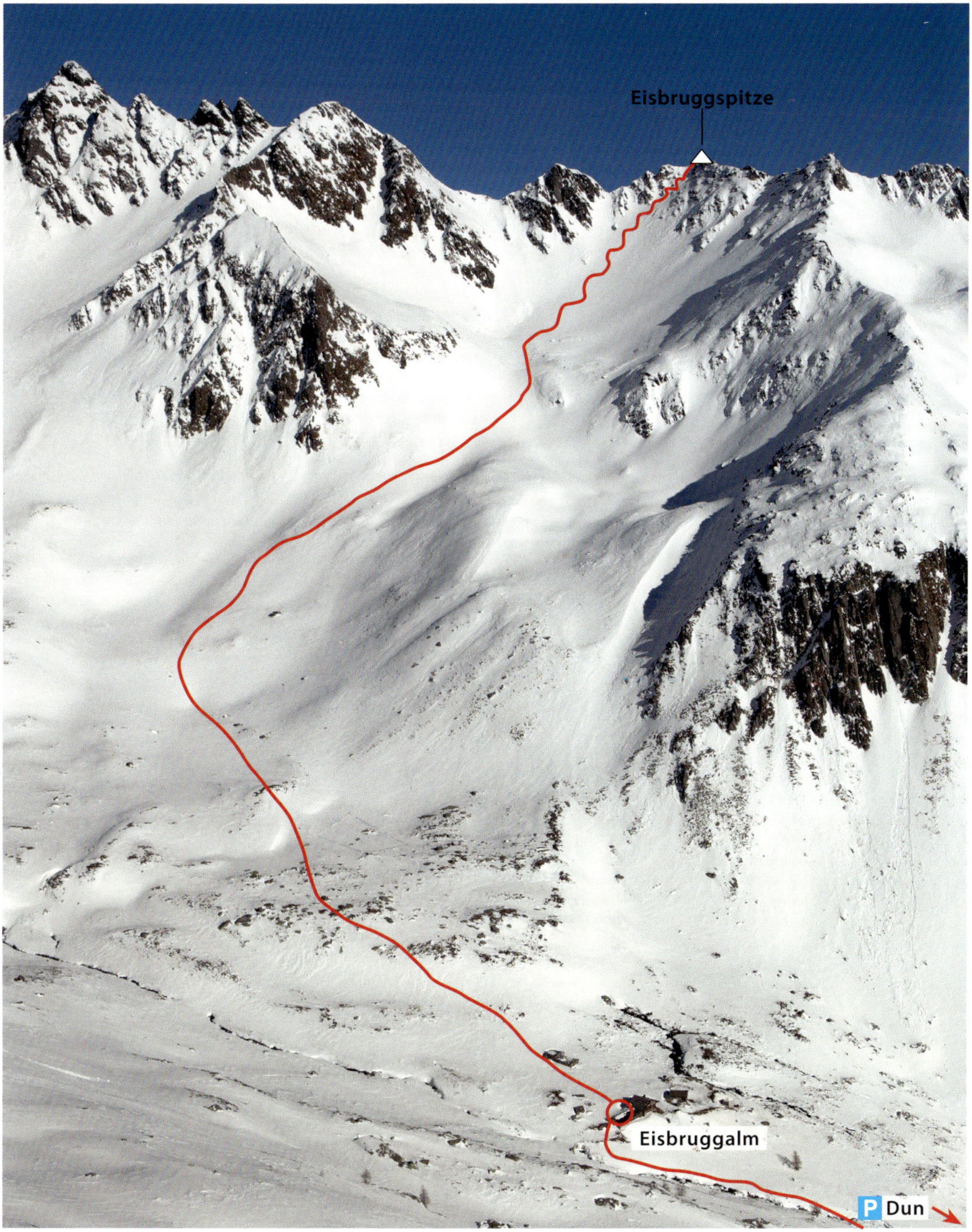

26 **Hörndle**, 2603 m (von Westen)

Hangrichtung	West
Skitechnisch	mäßig
Alpintechnisch	–
Lawinengefahr	mäßig
Höhenunterschied	1003 m
Aufstiegszeit	ca. 3 Std.
Ausgangspunkt	Parkplatz oberhalb dem Samerhof (1600 m)
Kartografie	Tabacco Nr. 037, Hochfeiler – Pfunderer Berge

Anfahrt: Pustertal – Niedervintl – Pfunders. Nach der Feuerwehrhalle beim Obergasserhof die Rieglerstraße bis zum letzten Hof „Samer" und noch 400 m weiter bis zum Parkplatz (3,5 km vom Dorf).

Aufstieg: 70 m hinter der Schranke des Forstweges dem schmalen Sommersteig Nr. 15, zuerst ein kurzes Stück steil, durch dichten Wald hinauf folgen. Nun weiter durch lichten Wald immer geradeaus bis zum Forstweg, den man bei 1860 m trifft. Man kann auch vom Parkplatz dem Forstweg 3 km in gleich bleibender Steigung bis hierher folgen. Gerade über Wiesen und links an einer neuen Almhütte vorbei bis unter den steilen Hang unterhalb der Mitterhofer Alm. Über diesen Hang bis zur kleinen Materialseilbahn (2150 m) aufwärts. Jetzt schräg rechts in die Mulde und rechts an der Alm vorbei zum oberen Stall (2277 m). Durch die linke Mulde bis unter eine Felsformation bei 2480 m. Rechts von dieser auf den Kamm (2560 m) und über den Rücken nach rechts zum Gipfel mit Kreuz.

Abfahrt wie Aufstieg.
Abfahrtsvariante: Man kann von der Materialseilbahn dem rechten Forstweg folgen und bei einem kleinen Stadel über Wiesen links hinab fahren, bis man bei 1800 m wieder auf den Forstweg trifft.

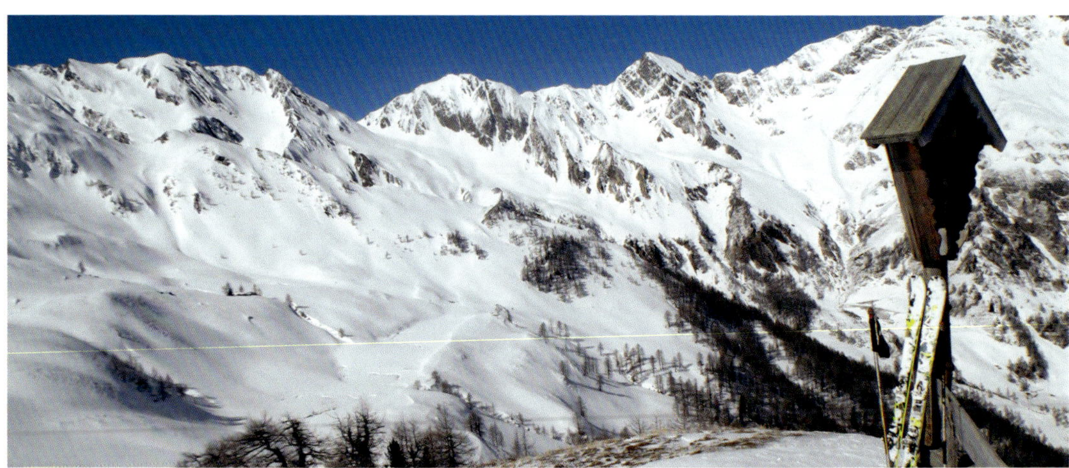

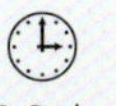
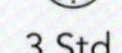
3 Std.

W

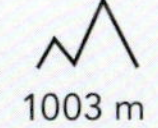
1003 m

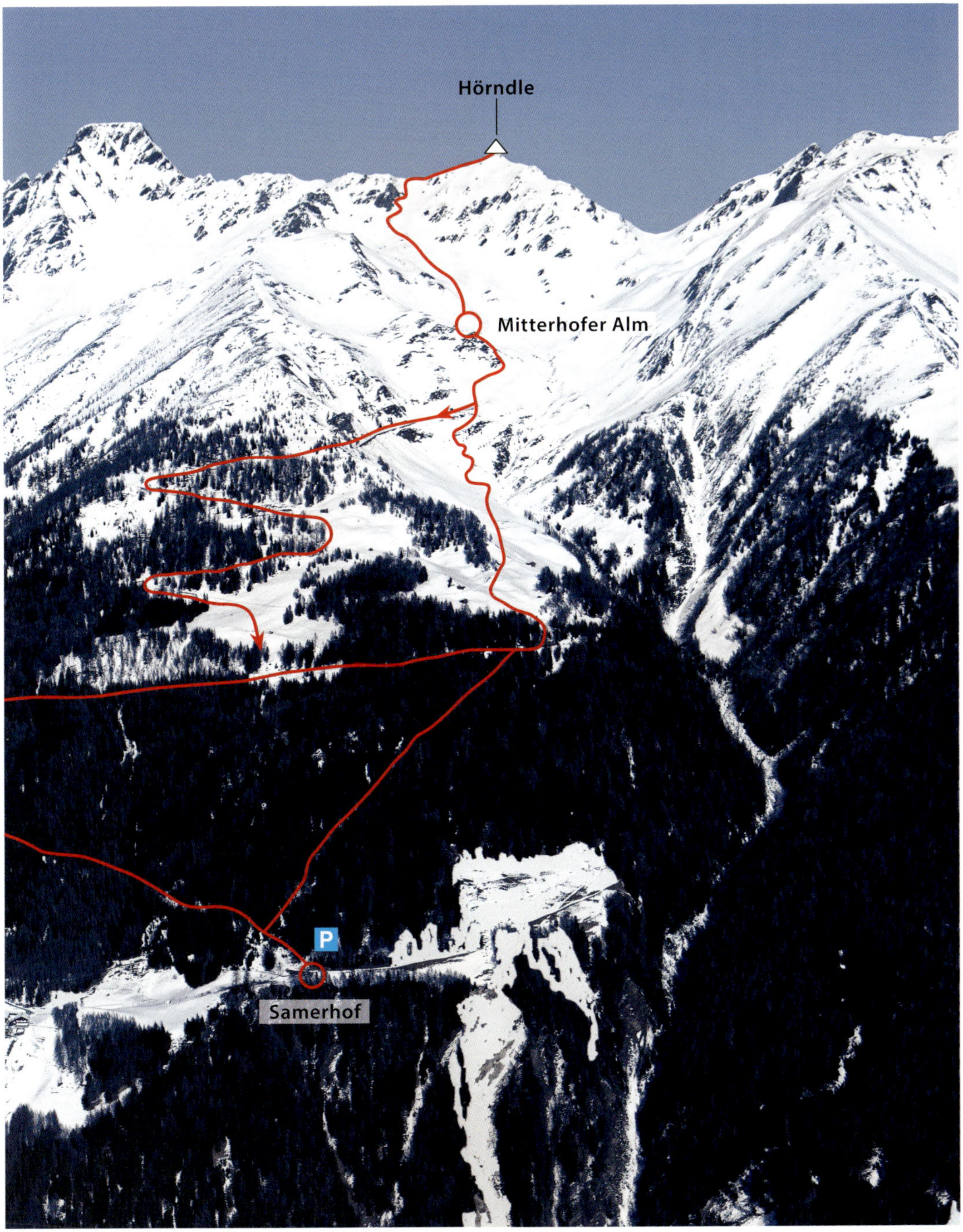

Hörndle

Mitterhofer Alm

P

Samerhof

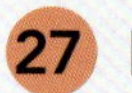 Eidechsspitz, 2738 m

Hangrichtung	Süd
Skitechnisch	schwierig
Alpintechnisch	–
Lawinengefahr	häufig
Höhenunterschied	1308 m
Aufstiegszeit	ca. 4 ½ Std.
Ausgangspunkt	Parkplatz nach dem Wagmannhof (1460 m)
Kartografie	Tabacco Nr. 033, Bruneck und Umgebung; Tabacco Nr. 037, Hochfeiler – Pfunderer Berge

Anfahrt: Pustertal – Niedervintl – Terenten. Vor dem Dorf links Richtung „Margen". Nach 700 m scharf rechts zum Wagmannhof und zum Parkplatz.

Aufstieg: Vom Parkplatz ca. 80 m über die Straße nach links aufwärts; dort führt dann der alte Weg mit Markierung Nr. 22 rechts durch den Wald bis zum Forstweg hinauf. Diesem ca. 4 km bis zur Englalm (1826 m) folgen. Weiter bis zur letzten Hütte und dann über den sehr steilen Sommerweg links der Schlucht hinaufgehen. Bei 2020 m wird es flacher; geradeaus gelangt man in die große Mulde/Rinne, die gerade aufwärts weiterführt. Durch diese hinauf, bis man bei 2250 m auf eine kurze Engstelle trifft. Weiter oben wird die Rinne steiler und endet bei 2400 m in einer ebenen Mulde. Durch diese weiter bis in einen Kessel. Wiederum geradeaus weiter; durch Mulden und über Geländeabsätze erreicht man eine Ebene (2600 m) unter dem Gipfel. Hier links über den immer steiler werdenden Hang zum Gipfelkreuz.

Abfahrt wie Aufstieg.
Spätestens bei 2150 m rechts aus der Mulde heraus; weiter unten sind Abbrüche und ein Wasserfall.

Hinweis: Bei hartem Schnee sind Steigeisen empfehlenswert.

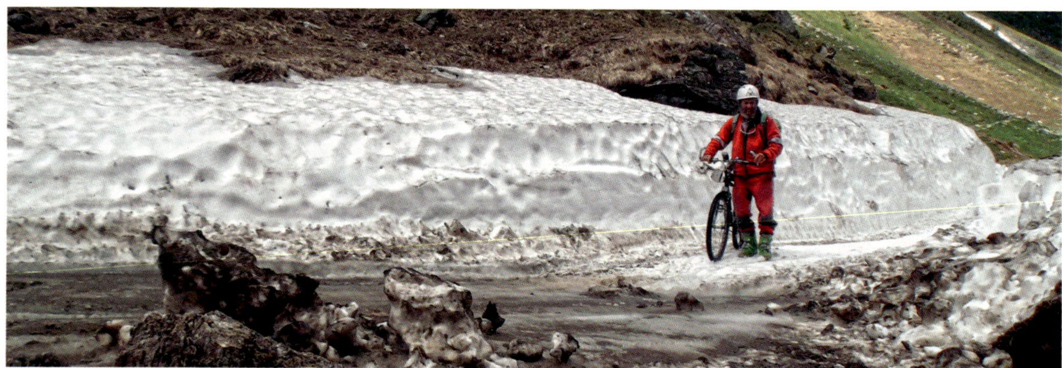

4½ Std.

S

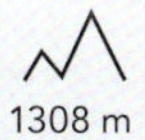
1308 m

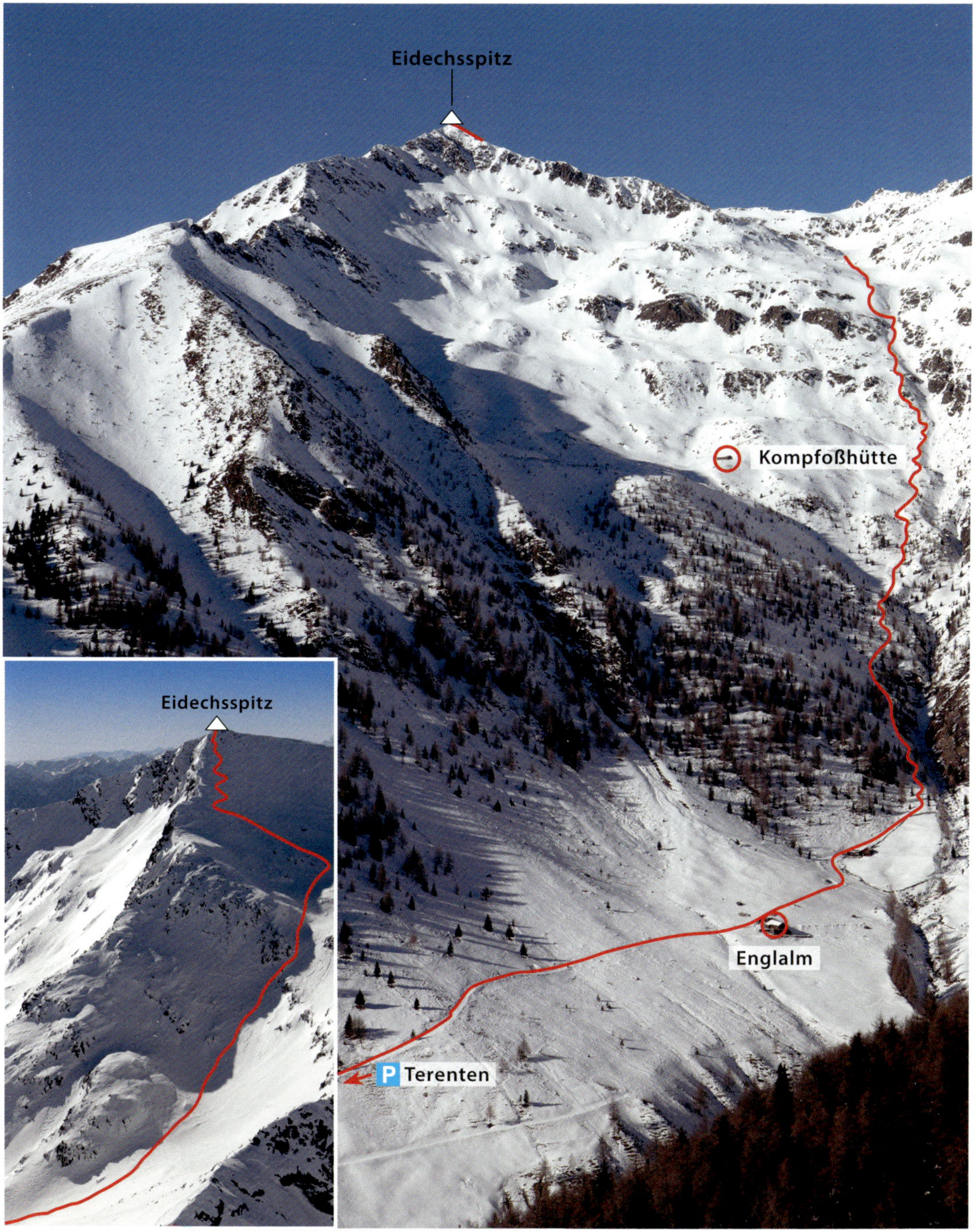

 28 Hochgrubbachspitze, 2809 m   29 Reisnock, 2663 m

	28 Hochgrubbachspitze	29 Reisnock
Hangrichtung	Süd – Südost	Süd – West
Skitechnisch	mäßig	mäßig
Alpintechnisch	leicht	leicht
Lawinengefahr	häufig	häufig
Höhenunterschied	1389 m	1303 m (mit Gegenanstieg)
Aufstiegszeit	ca. 4 ½ Std.	ca. 4 Std.
Ausgangspunkt	Parkplatz im Winnebachtal (1420 m)	
Kartografie	Tabacco Nr. 033, Bruneck und Umgebung	

Anfahrt: Pustertal – Niedervintl – Terenten. Kurz Richtung Pfalzen bis zur Brücke und links ins Winnebachtal zum Parkplatz (1420 m).

Gemeinsamer Aufstieg: Entlang des gesperrten Güterweges talein bis zur Astnerbergalm. An dieser links vorbei und dem Weg bis zu einer Gabelung folgen. Links in Serpentinen bis zur Waldgrenze hinauf.

28 Zur Hochgrubbachspitze

Kurz über eine Wiese rechts hinauf und links weiter zu einer neuen Almhütte (1912 m). Oberhalb der Alm gerade hinauf und bei 2050 m nach links zum Tiefenrasthüttl. Jetzt die Talebene hinein und durch eine steile Mulde zur Tiefenrasthütte (2312 m) hinauf. Einige Meter zum See hinab und über diesen bis zu seinem Ende. Links über Hänge und Mulden rechts hinauf bis in einen kleinen Sattel (2660 m). Man befindet sich nun im kleinen Kessel direkt unter dem Gipfel. Jetzt gibt es zwei Möglichkeiten:

a) Links über einen etwas flacheren Hang zum Kamm hinauf. Dann rechts bis unter die Gipfelfelsen und über den steilen Westgrat in leichter Kletterei zum Gipfel mit Kreuz.
b) Vom Kessel rechts über einen steilen Hang zum Beginn des Ostgrates und über diesen zum Gipfel.

Abfahrt wie Aufstieg.

29 Zum Reisnock

Rechts der Alm die Mulde hinauf; bei 2000 m links auf einen Rücken und über diesen gerade bis 2280 m hinauf. Dann links in einen Kessel und flach links bis unter einen steilen Hang (2320 m). Entweder gerade hinauf oder weiter links über den linken Hang in den oberen Kessel (2460 m). Gerade weiter bis auf den breiten Sattel (2503 m). Auf der hinteren Seite über eine Rampe 30 Hm abwärts in einen Kessel unter den Gipfelaufbau des Reisnock. Gerade durch Mulden in die Scharte (2600 m) rechts vom Reisnock. Je nach Verhältnissen mit oder ohne Ski sehr steil zum Gipfel mit Kreuz.
Abfahrt wie Aufstieg.

Hinweis: Im Frühjahr kann man gut mit dem Bergrad bis zur Astnerbergalm fahren.

28

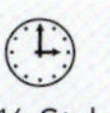

4 ½ Std.

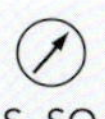

S–SO

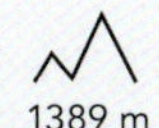

1389 m

29

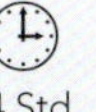

4 Std.

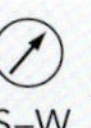

S–W

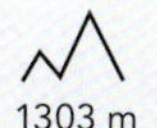

1303 m

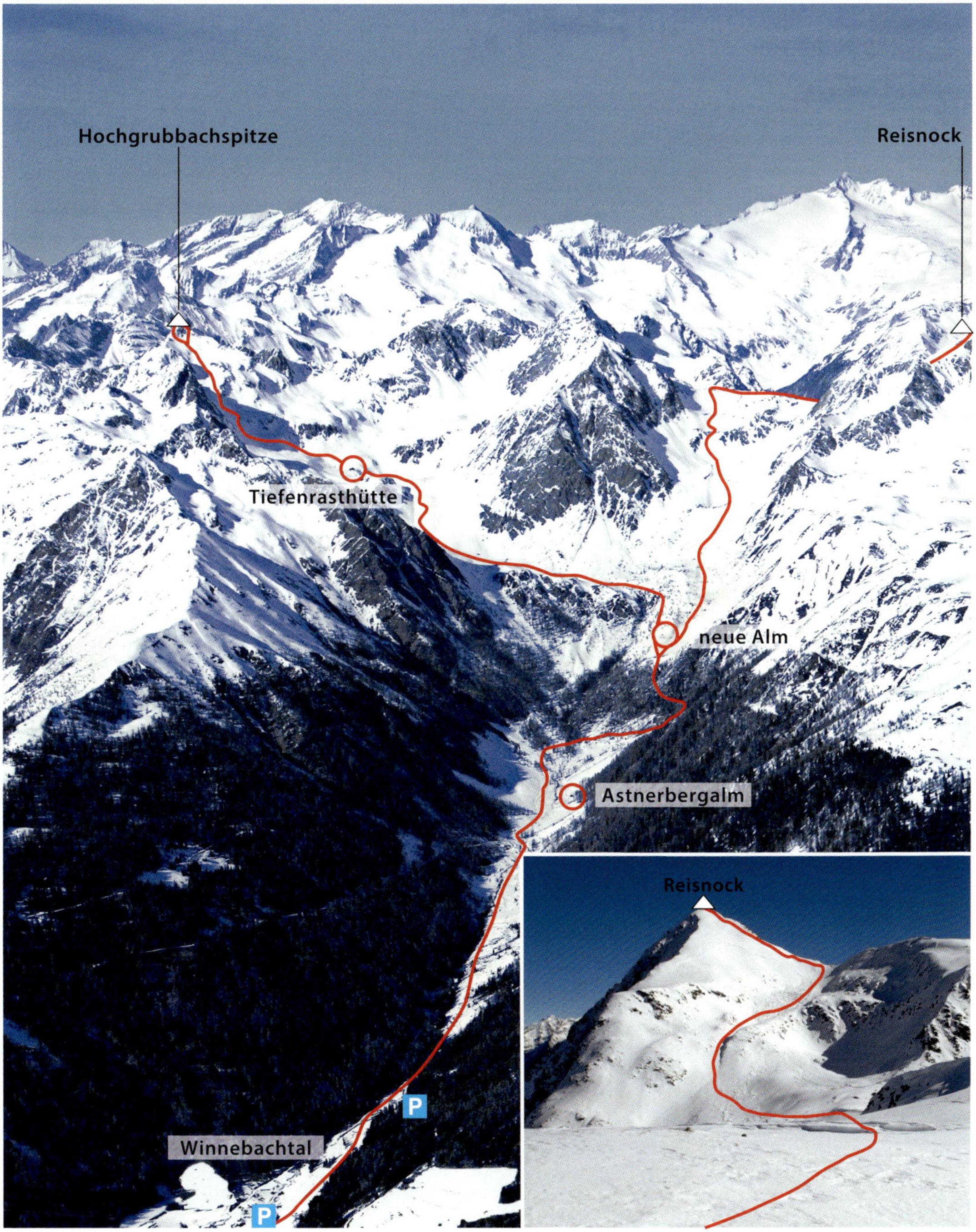

Hochgrubbachspitze

Reisnock

Tiefenrasthütte

neue Alm

Astnerbergalm

Winnebachtal

P

P

Reisnock

30 **Großes Tor**, 2355 m — 31 **Kleines Tor**, 2374 m

	30	31
Hangrichtung	West – Süd	Süd – West
Skitechnisch	leicht	leicht
Alpintechnisch	–	–
Lawinengefahr	gering	gering
Höhenunterschied	915 m	954 m
Aufstiegszeit	ca. 3 ½ Std.	ca. 3 ½ Std.
Ausgangspunkt	Parkplatz im Winnebachtal (1420 m)	
Kartografie	Tabacco Nr. 033, Bruneck und Umgebung	

Anfahrt: Pustertal – Niedervintl – Terenten. Kurz Richtung Pfalzen bis zur Brücke und links ins Winnebachtal zum Parkplatz (1420 m).

Gemeinsamer Aufstieg: Entlang des gesperrten Güterweges talein bis zur Astnerbergalm. An dieser links vorbei und dem Weg bis zu einer Gabelung folgen. Über den rechten Weg, der in Serpentinen bis zur Waldgrenze hinaufführt, ansteigen. Achtung, Lawinengefahr von rechts! Hier immer rechts vom Bachgraben gerade bis auf die Höhe der Hofalm (2092 m).

30 Zum Großen Tor

Die Hofalm lässt man links liegen und geht in den kleinen Kessel östlich hinter der Alm hinein. Durch eine kleine Mulde links auf die nächste Hochfläche hinauf und schräg rechts zum gut sichtbaren, breiten Sattel vom Großen Tor. Oben gibt es einen Wegweiser und ein Wegkreuz.
Abfahrt wie Aufstieg.

31 Zum Kleinen Tor

Die Hofalm lässt man links liegen. Immer der großen Mulde folgen, die in mäßiger Steigung bis unter den breiten Sattel des Kleinen Tor hinaufführt. Über den letzten, kurzen aber steilen Hang zum tiefsten Punkt am Kamm hinauf. Einige Meter tiefer, auf der Mühlwalder Seite, steht ein Wegkreuz mit einer Gedenktafel.
Abfahrt wie Aufstieg.

Hinweis: Im Frühjahr kann man gut mit dem Bergrad bis zur Astnerbergalm fahren.

3 ½ Std.

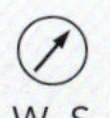
W–S

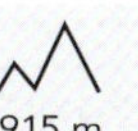
915 m

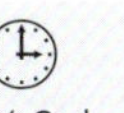
3 ½ Std.

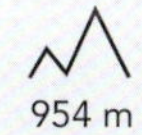
S–W

954 m

Terenten

Astnerbergalm

Hofalm

Reisnock

Großes Tor

Kleines Tor

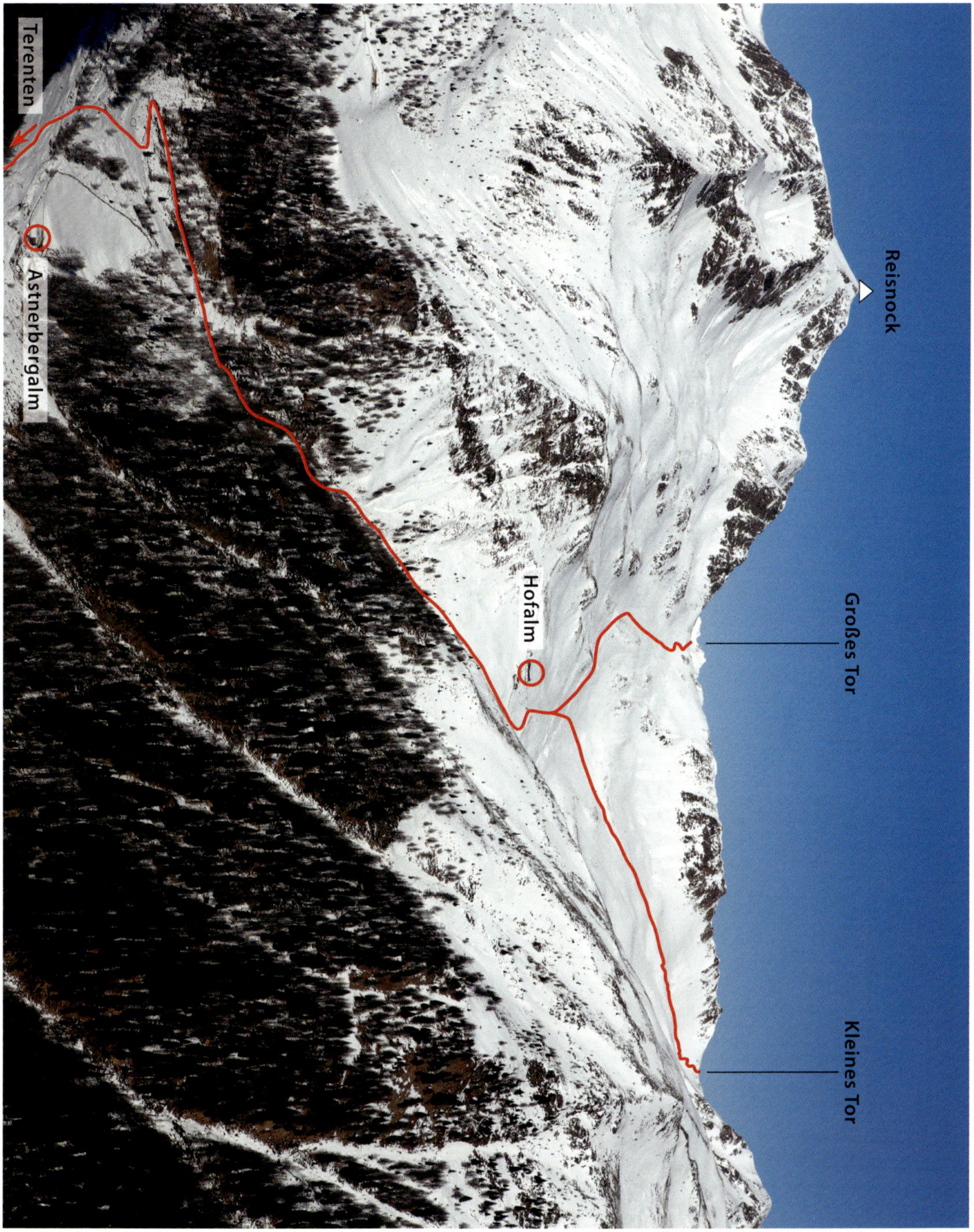

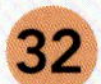

Am Joch (Terner Jöchl), 2405 m

Hangrichtung	Süd
Skitechnisch	leicht
Alpintechnisch	–
Lawinengefahr	gering
Höhenunterschied	869 m
Aufstiegszeit	ca. 2 ½ Std.
Ausgangspunkt	Parkplatz oberhalb vom Nunewieserhof (1536 m)
Kartografie	Tabacco Nr. 033, Bruneck und Umgebung

Anfahrt: Pustertal – Vintl – Terenten und Richtung Bruneck bis nach der Rechtskurve (Bushaltestelle). Links zum Nunewieserhof und 500 m weiter zum Parkplatz.

Aufstieg: Rechts vom Parkplatz am oberen Ende der Wiese kurz aufwärts, dann über den alten Weg zur Rodelbahn. Diese queren und gerade hinauf zum Teufelsstein. Links am Stein vorbei und weiterhin dem alten Weg folgen bis man erneut die Rodelbahn erreicht. Dort durch den Wald abkürzen, bis man wieder zur Rodelbahn gelangt. Über diese nach rechts weiter zur Unteren Pertinger Alm (1861 m). Oberhalb der Alm links aufwärts – rechts von einem Zaun – gelangt man wieder auf die Rodelbahn. Dieser folgt man ca. 300 m bis zu einem Wegweiser und geht rechts weiter zur Oberen Pertinger Alm (2071 m). Gerade weiter bis auf den Rücken; dort steht auf 2200 m ein großer Steinmann. Über den breiten Rücken in mäßiger Steigung zum Gipfelkreuz. Etwas weiter hinten und direkt beim Steinmann ist das Gipfelbuch deponiert.

Abfahrt wie Aufstieg. Alternativ kann man auch über die 4 km lange Rodelbahn abfahren.

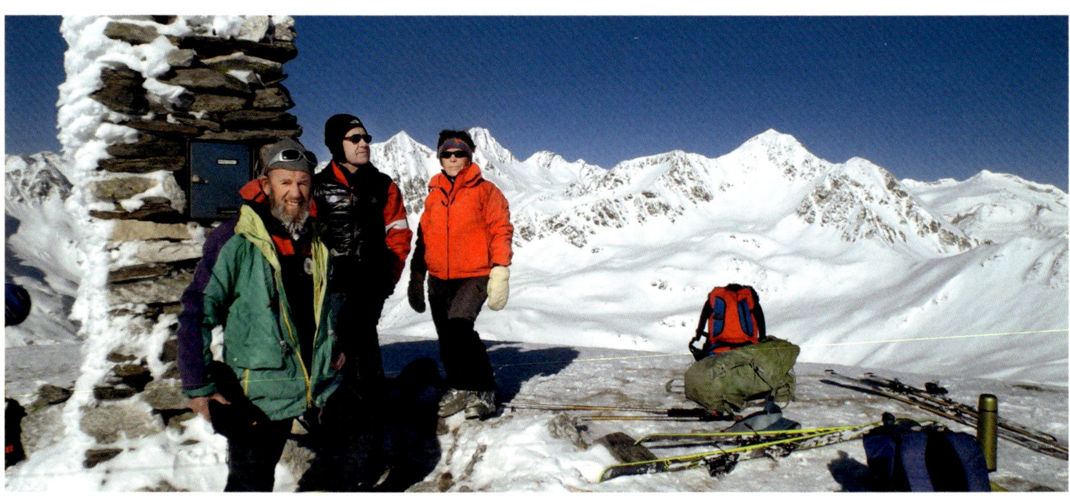

2½ Std.

S

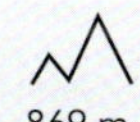
869 m

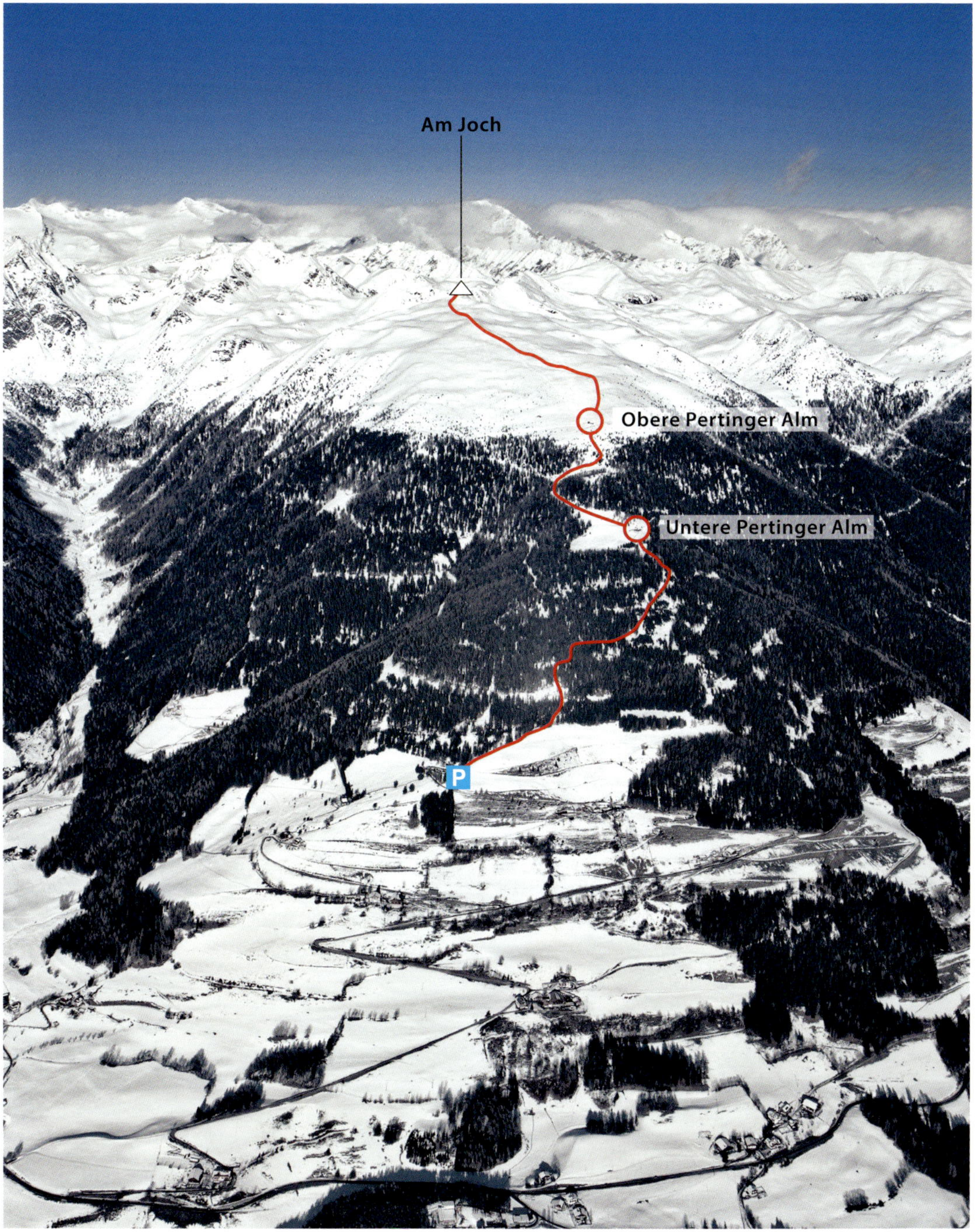

Am Joch

Obere Pertinger Alm

Untere Pertinger Alm

P

33 Mutenock, 2484 m — 34 Zwölferspitz, 2351 m

	33 Mutenock	34 Zwölferspitz
Hangrichtung	Süd	West – Süd
Skitechnisch	leicht	mäßig
Alpintechnisch	–	–
Lawinengefahr	gering	mäßig
Höhenunterschied	924 m	791 m
Aufstiegszeit	ca. 3 Std.	ca. 3 Std.
Ausgangspunkt	Parkplatz Gelenke (1560 m)	
Kartografie	Tabacco Nr. 033, Bruneck und Umgebung	

Anfahrt: Pustertal – Kiens – Hofern. Am oberen Dorfende, nach dem letzten Haus (Moser) kleine Bergstraße. Ca. 4 km bis zum Parkplatz.

Gemeinsamer Aufstieg: Über den alten Almweg Nr. 65 durch den lichten Wald, bis man zum Forstweg (Rodelbahn) kommt. Gleich danach zweigt links ein Forstweg ab.

33 Zum Mutenock

Diesem bis zu einer Brücke folgen (1924 m). Über die Brücke und bis unter die Pichlerbergalm hinaufgehen. Nicht zur Alm hinüber, sondern gerade weiter in mäßiger Steigung in den oberen Boden des breiten Tales hinauf (2100 m). Immer in gleicher Richtung weiter bis vor den Kamm und links einer breiten Erhebung (2312 m auf der Karte). Von einem kleinen Kessel links durch eine Mulde auf die obere Ebene bis unter den Gipfelhang aufwärts. Über den linken Rücken zum höchsten Punkt mit Kreuz.
Abfahrt wie Aufstieg.

34 Zum Zwölferspitz

Dem Forstweg folgen, bis man links unten die Moaralm sieht. Hier zweigt rechts ein Forstweg ab. Diesem kurz folgen und links durch eine Waldlichtung hinauf. Oben wird die große Mulde immer steiler. Man bleibt am linken Rand und steigt links steil auf den Rücken hinauf. Die Kaltwasseralm (2084 m) liegt rechts oben. Links ins Tal hinein, wobei man auf der rechten Seite bleibt, und vor einem Hügel durch die linke Mulde bis in einen Kessel geht (2220 m). Nun sieht man rechts den Zwölferspitz. In mäßiger Steigung auf den Kamm hinauf und rechts zum höchsten Punkt.
Abfahrt wie Aufstieg.
Hinweis: Man kann auch gut den linken Gipfel (2403 m) mit den Skiern erreichen.

Mutenock
Pichlerbergalm
Zwölferspitz
Kaltwasseralm
P Gelenke

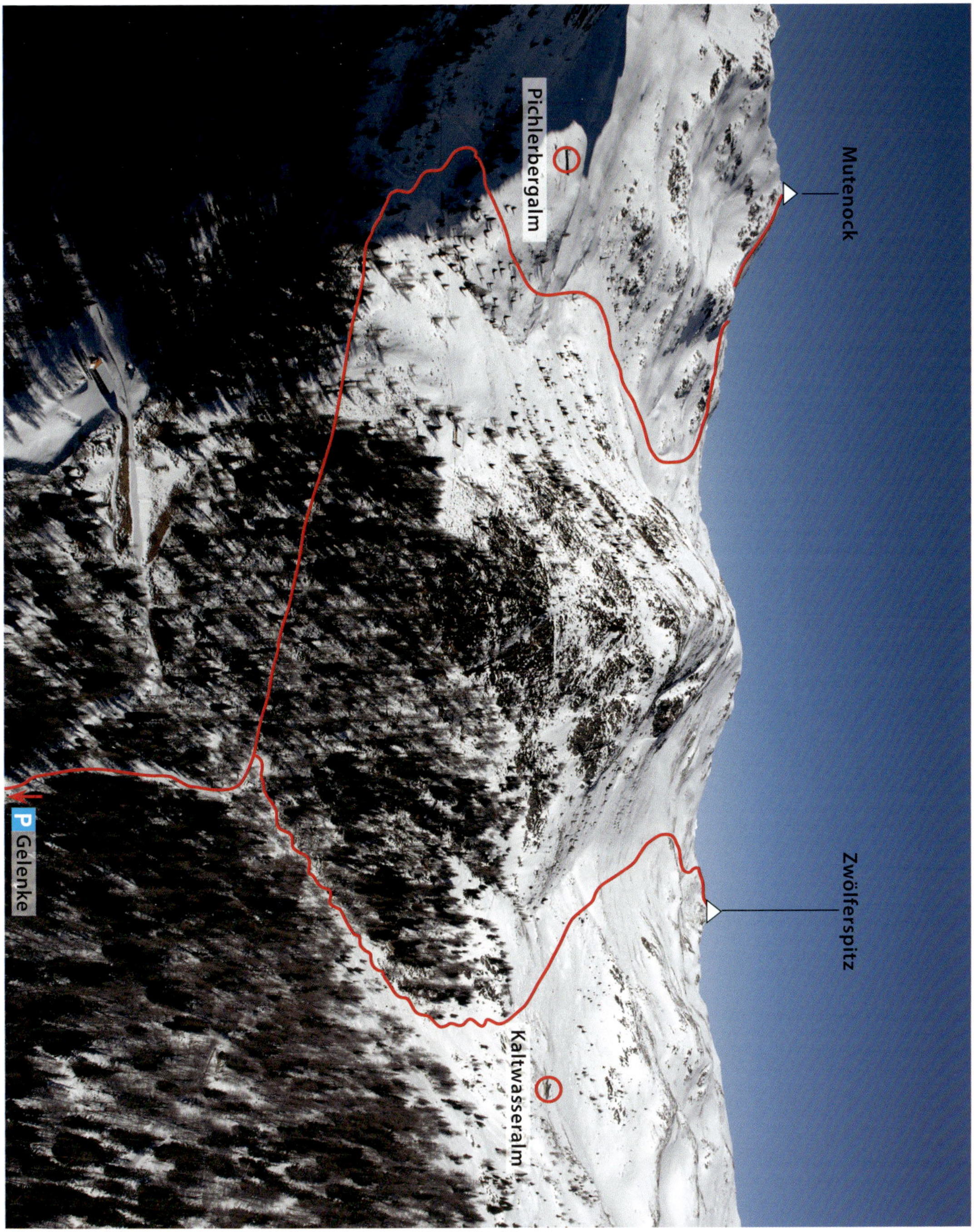

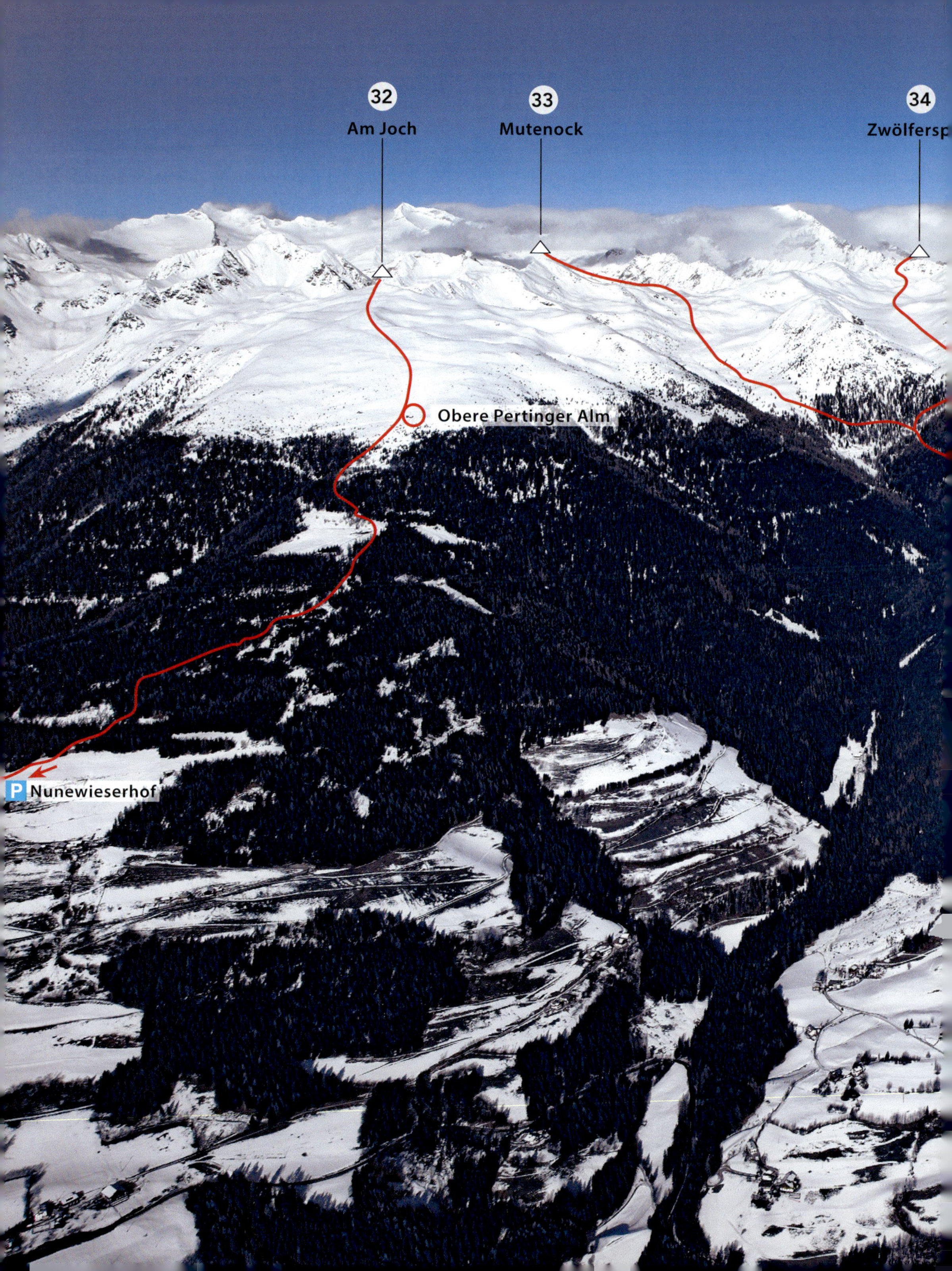
32
Am Joch
33
Mutenock
34
Zwölfersp
Obere Pertinger Alm
P Nunewieserhof

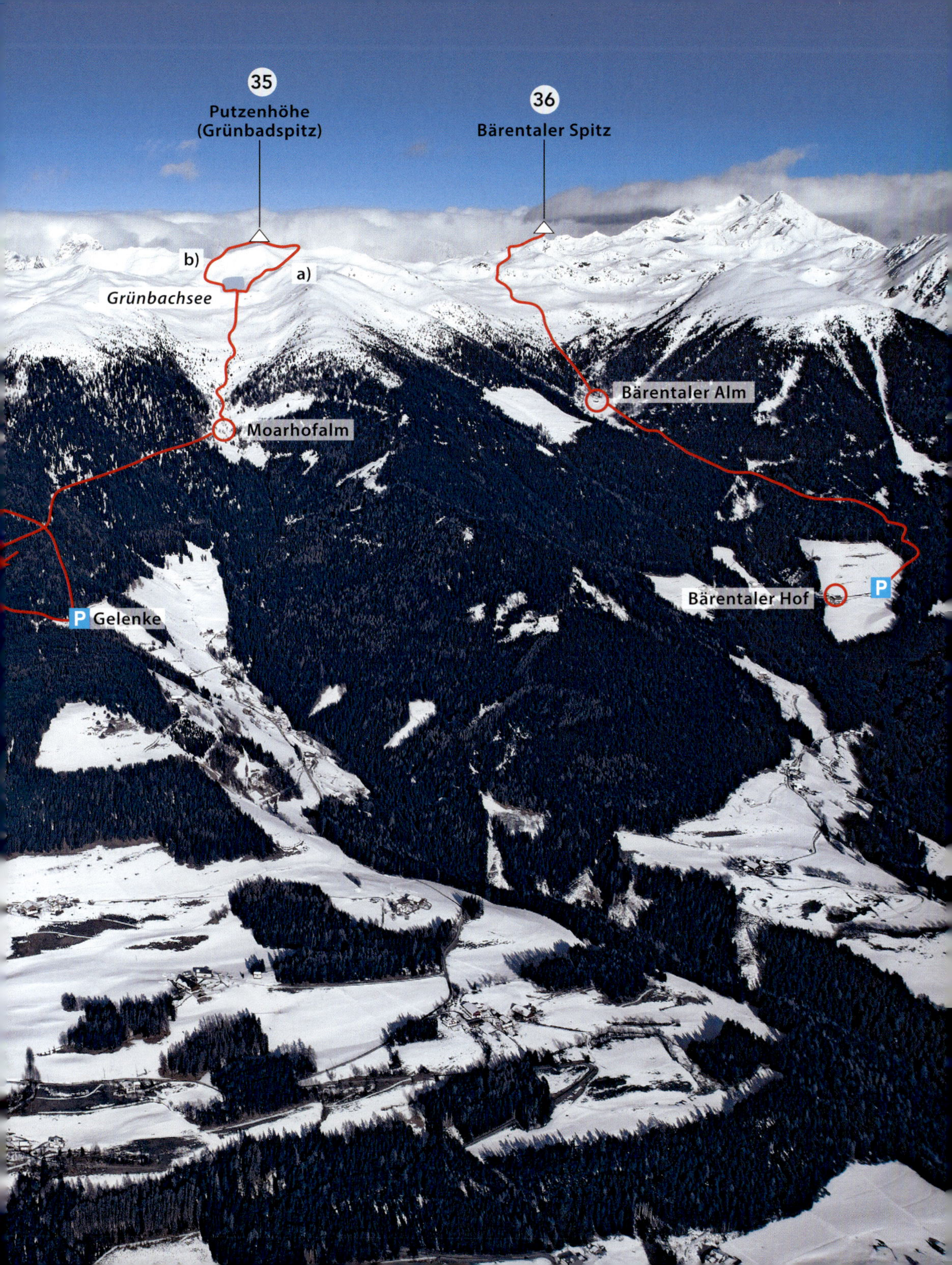
35
Putzenhöhe
(Grünbadspitz)
36
Bärentaler Spitz
b)
a)
Grünbachsee
Bärentaler Alm
Moarhofalm
P
Gelenke
Bärentaler Hof
P

35 **Putzenhöhe (Grünbachspitz)**, 2438 m

Hangrichtung	Süd
Skitechnisch	mäßig
Alpintechnisch	–
Lawinengefahr	mäßig
Höhenunterschied	878 m
Aufstiegszeit	ca. 2½ Std.
Ausgangspunkt	Parkplatz Gelenke (1560 m)
Kartografie	Tabacco Nr. 033, Bruneck und Umgebung

Anfahrt: Pustertal – Kiens – Hofern. Am oberen Dorfende, nach dem letzten Haus (Moser) kleine Bergstraße. Ca. 4 km bis zum Parkplatz.

Aufstieg: Über den alten Almweg Nr. 65 bis zum Forstweg (Rodelbahn) hinauf. Über diesen bis zur Moarhofalm (1883 m). Durch das Tal rechts vom Bach gerade hinauf und rechts an der oberen Grünbachalm (2114 m) vorbei. Über einen kleinen Rücken bis in eine Ebene. Oberhalb dieser zum nächsten Hügel und weiter zum Grünbachsee (2258 m). Hier gibt es zwei Möglichkeiten:

a) Rechts vom See in einen kleinen Sattel mit kleinem Zaun hinauf. In derselben Richtung weiter. Zuerst flach, dann steiler auf den Kamm hinauf und links weiter zum Gipfel mit Kreuz.
b) Links vom See auf den Kamm hinauf und rechts, zuerst steil, dann flacher, ebenfalls zum Gipfel.

Abfahrt wie Aufstieg. Bei sicherer Schneelage kann man vom Gipfel direkt zum See abfahren.

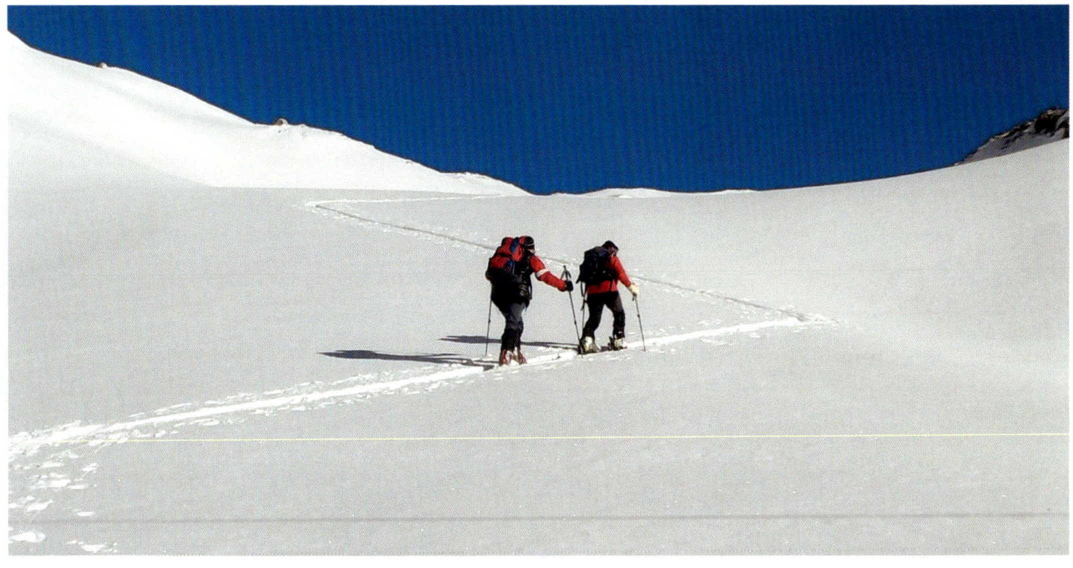

2 ½ Std.

S

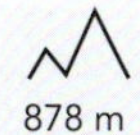
878 m

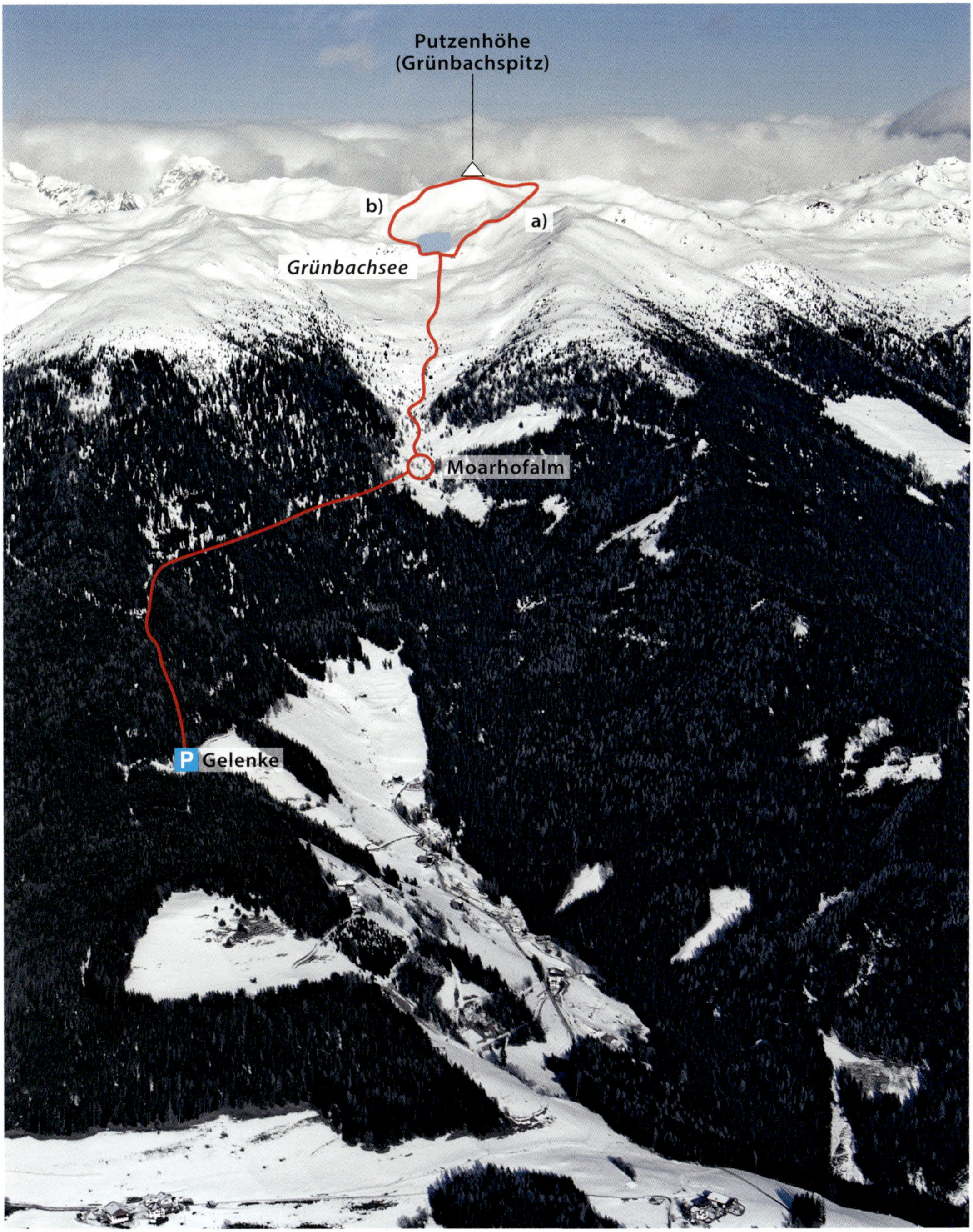

Putzenhöhe
(Grünbachspitz)
b)
a)
Grünbachsee
Moarhofalm
P Gelenke

36 **Bärentaler Spitz**, 2450 m

Hangrichtung	Süd
Skitechnisch	leicht
Alpintechnisch	–
Lawinengefahr	gering
Höhenunterschied	1010 m
Aufstiegszeit	ca. 3 Std.
Ausgangspunkt	Beginn Forstweg vor dem Bärentaler Hof (1440 m)
Kartografie	Tabacco Nr. 033, Bruneck und Umgebung

Anfahrt: Pustertal – Kiens – Pfalzen-Dorf. 1 km vor Platten links zum Bärentaler Hof.

Aufstieg: Über den Forstweg in 5 Serpentinen bis zu einer Weggabelung. Man nimmt den mittleren Weg und folgt ihm bis zur Bärentaler Alm (1847 m). Knapp vor der Alm rechts über eine Wiese kurz hinauf und über einen kleinen Weg durch den Wald links zu einer Waldlichtung. Immer auf diesem Weg weiter bis zu einer kleinen Hütte und einem Wegkreuz (2030 m). Jetzt gelangt man ins Tal und geht gerade links von einem runden Felskopf in mäßiger Steigung bis in eine Ebene. Kurz über diese hinein, dann rechts auf einen Rücken hinauf und über diesen bis unter einen kurzen, steilen Hang (2270 m). Nach diesem gerade weiter und durch eine Mulde rechts zum Gipfel mit Kreuz.

Abfahrt wie Aufstieg.

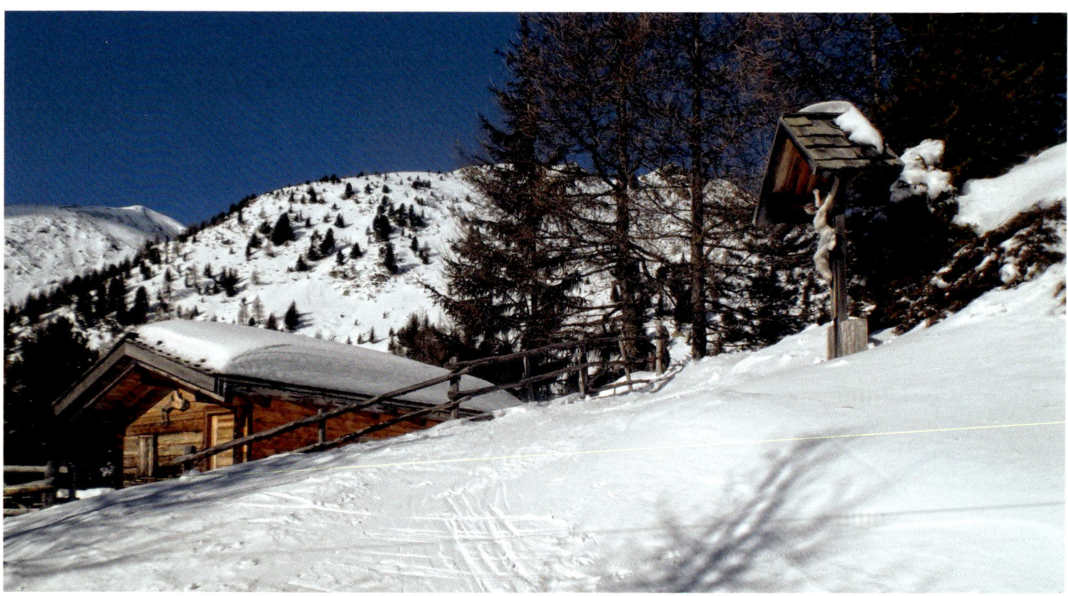

3 Std.

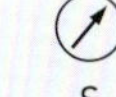
S

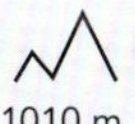
1010 m

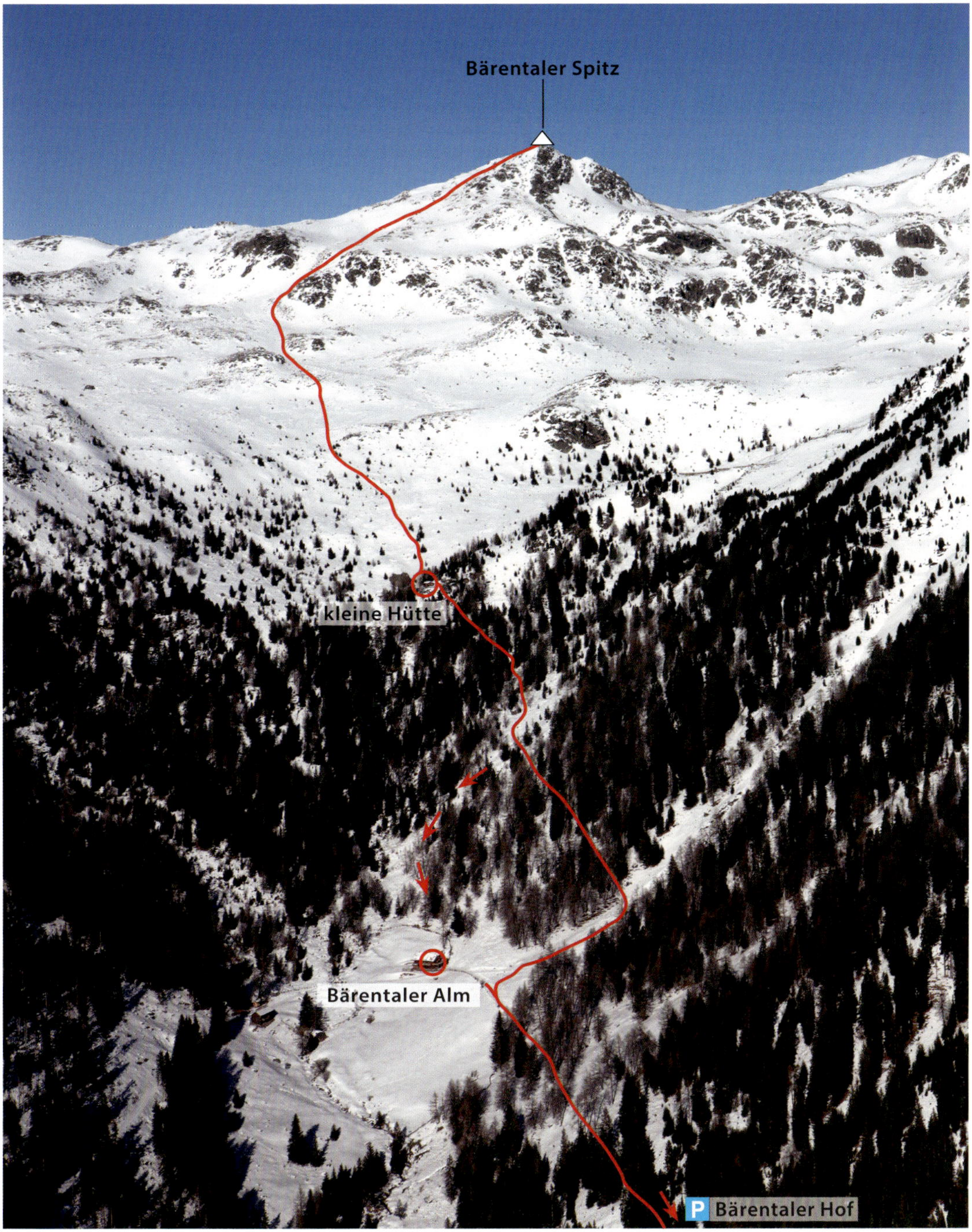

Bärentaler Spitz

kleine Hütte

Bärentaler Alm

P Bärentaler Hof

 37 Bramstaller (Schafkopf), 2559 m

Hangrichtung	Südwest – Ost
Skitechnisch	mäßig
Alpintechnisch	–
Lawinengefahr	mäßig
Höhenunterschied	959 m
Aufstiegszeit	ca. 3½ Std.
Ausgangspunkt	Parkplatz hinter Mühlbach beim Staubecken (1600 m)
Kartografie	Tabacco Nr. 033, Bruneck und Umgebung; Tabacco Nr. 032, Antholzer Tal – Gsieser Tal

Anfahrt: Pustertal – Bruneck – Uttenheim – Mühlbach. Durchs Dorf und links nach dem Bach bis zum Parkplatz.

Aufstieg: Den Weg hinein bis zum Mühlbacher Badl (bewirtschaftet) und oberhalb von diesem immer dem Weg in mäßiger Steigung an drei Almen vorbei bis zur Heißalm folgen (2027 m, ca. 4 km vom Parkplatz). Beim Wegweiser „Bramstaller" durch den lichten Wald links schräg aufwärts bis auf eine Geländestufe unter einem steilen Hang (2270 m). Gerade weiter bis unter den nächsten Hang. Über diesen links auf den Nordkamm, etwas oberhalb der Winterstallscharte (2472 m) hinauf. Über den Kamm links zum Vorgipfel und in gleicher Richtung zum höchsten Punkt mit Bildstock und Bank.

Abfahrt wie Aufstieg.

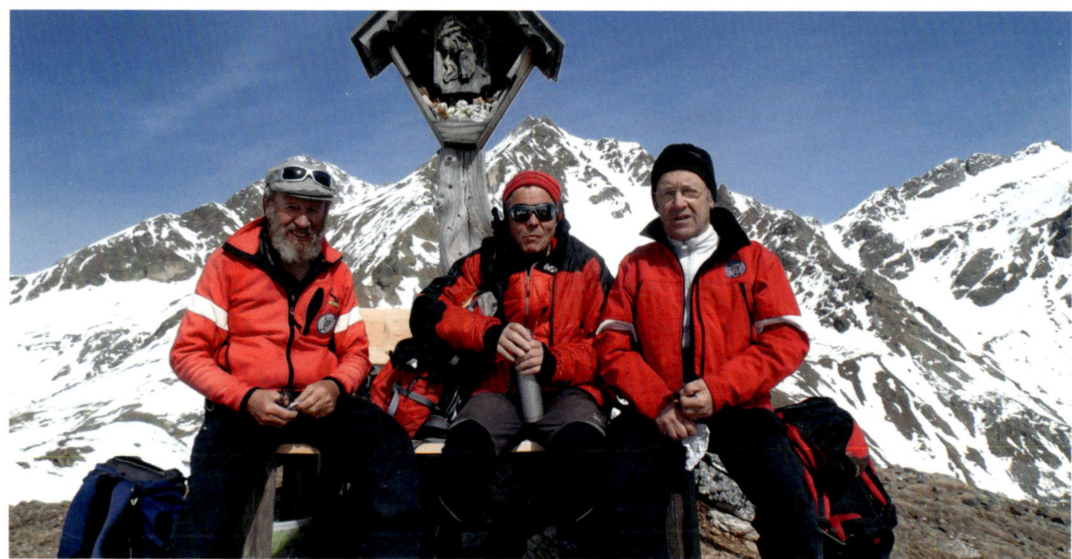

3 ½ Std.

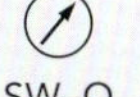
SW–O

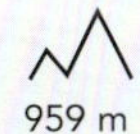
959 m

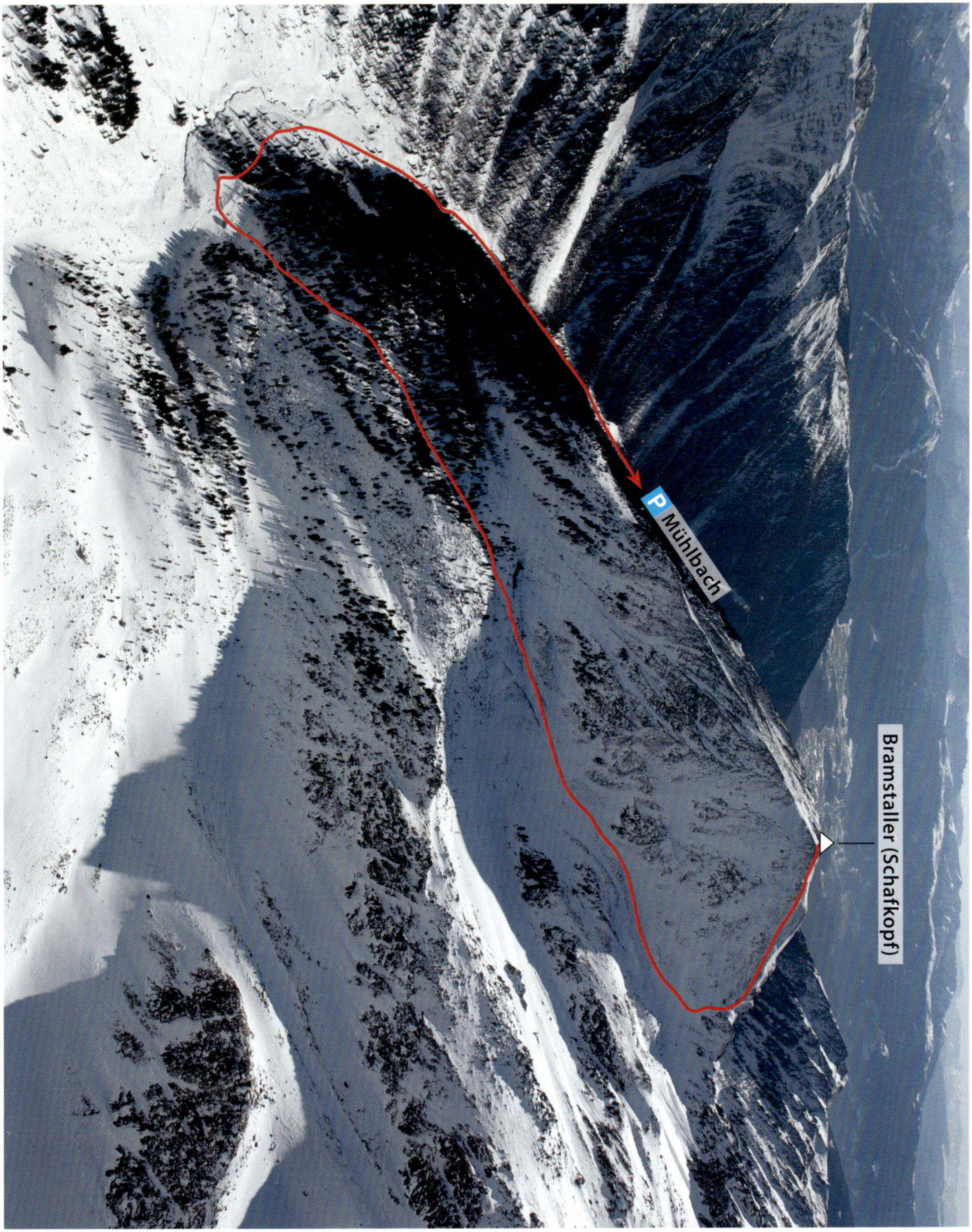

P Mühlbach

Bramstaller (Schafkopf)

38 **Morgenkofel**, 3073 m — 39 **Schwarze Wand**, 3105 m

	38 Morgenkofel	39 Schwarze Wand
Hangrichtung	Süd – West	Süd – Nord
Skitechnisch	mäßig	schwierig
Alpintechnisch	leicht	leicht
Lawinengefahr	häufig	häufig
Höhenunterschied	1473 m	1505 m
Aufstiegszeit	ca. 5 Std.	ca. 5½ Std.
Ausgangspunkt	Parkplatz hinter Mühlbach beim Staubecken (1600 m)	
Kartografie	Tabacco Nr. 033, Bruneck und Umgebung	

Anfahrt: Pustertal – Bruneck – Tauferer Tal – Uttenheim – Mühlbach. Durchs Dorf und links nach dem Bach bis zum Parkplatz.

Gemeinsamer Aufstieg: Dem Weg ins Tal hinein bis zum Mühlbacher Badl folgen (bewirtschaftet). Zuerst rechts vom Bach, dann links weiter über den Forstweg (eine Abkürzung ist möglich). An drei Almen vorbei bis zur obersten, der Heißalm/Oberwangeralm (2027 m, ca. 4 km vom Parkplatz). Noch ein Stück gerade weiter (Wegweiser Richtung Windschar), dann das rechte Tal bis zur großen Ebene auf 2240 m hinauf. Über diese ganz hinein bis unter den Steilhang (2230 m).

38 Zum Morgenkofel

Man folgt dem linken Tal einwärts und steigt gerade über einen Rücken in das obere Talbecken (2500 m) hinauf. Nun rechts das Tal hinein bis unter die erste Rinne – von rechts gesehen (2750 m). Durch diese, am Anfang sehr schmale und steile Rinne, ansteigen (Skier tragen). Auf 2850 m wird es flacher und man geht nach rechts zum breiten Rücken und über diesen aufwärts zum Gipfel mit Kreuz.
Abfahrt wie Aufstieg.
Hinweis: Pickel empfehlenswert.

39 Zur Schwarzen Wand

Über den Steilhang hinauf und durch Mulden bis knapp unter das Mühlbacher Jöchl (2983 m). Das letzte Stück ist sehr steil. Man bleibt etwas links und quert rechts ins Joch. Hinter diesem flach Richtung Osten bis unter die Nordflanke der Schwarzen Wand. Über diese steil aufwärts und links weiter auf die Nordschulter. Dort Skidepot. Das letzte Stück dem Grat zum Gipfel mit Kreuz folgen.
Abfahrt wie Aufstieg.
Hinweis: Pickel empfehlenswert.

Tipp: Im späten Frühjahr kann man gut mit dem Bergrad bis zur Heißalm-Oberwangeralm fahren.

5 Std.

S–W

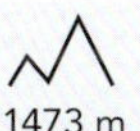
1473 m

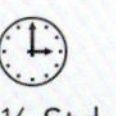
5 ½ Std.

S–N

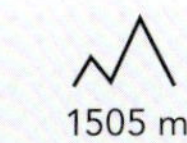
1505 m

Morgenkofel

Schwarze Wand

Mühlbacher Jöchl

Schwarze Wand

Mühlbacher Jöchl

Heißalm

P Mühlbach

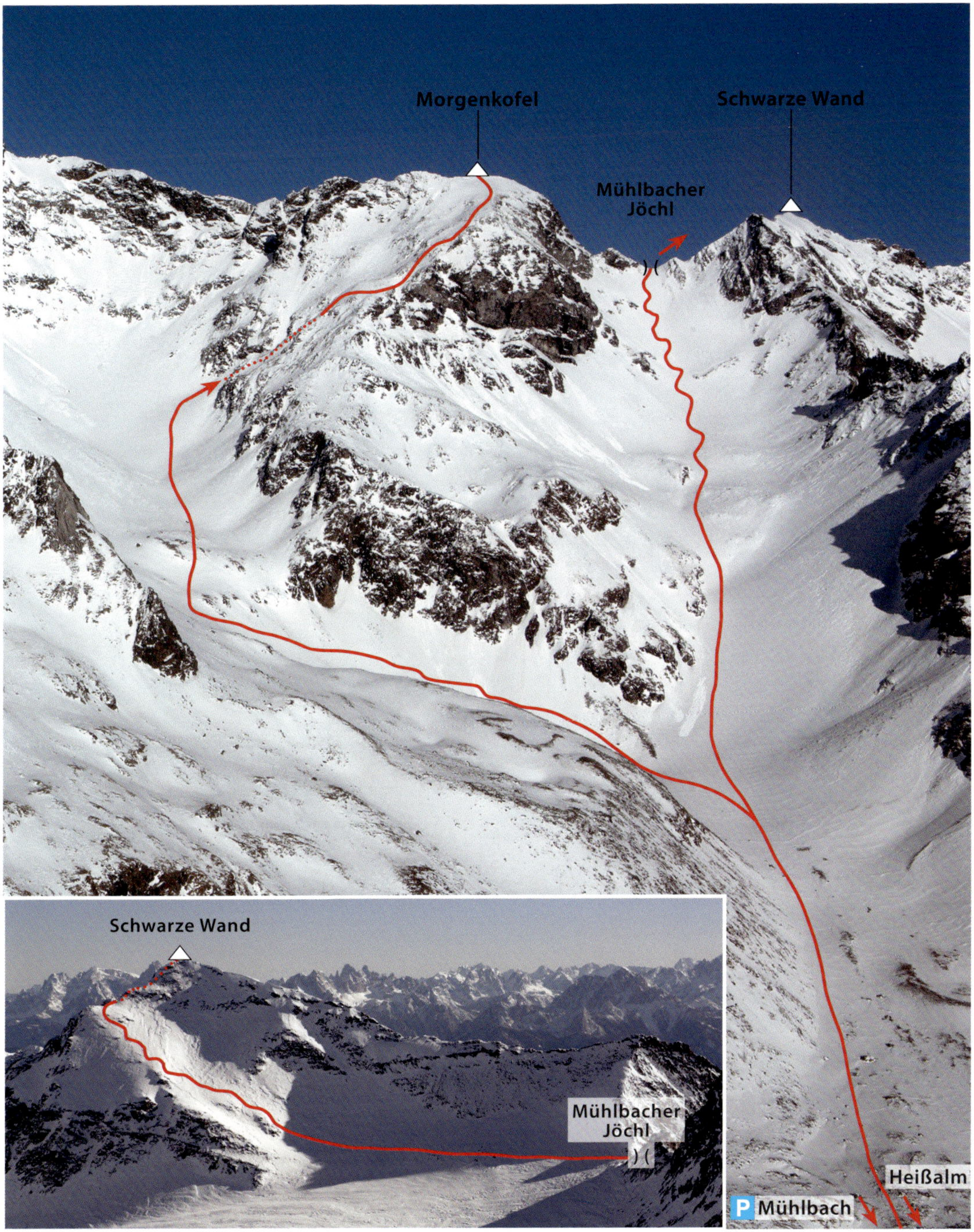

40 **Rauchkofel**, 2653 m

Hangrichtung	Südwest – Süd
Skitechnisch	mäßig
Alpintechnisch	leicht
Lawinengefahr	mäßig
Höhenunterschied	1103 m
Aufstiegszeit	ca. 4 ½ Std.
Ausgangspunkt	Garage, wo die Straße zum Roanerhof hinabführt (1550 m)
Kartografie	Tabacco Nr. 036, Sand in Taufers

Anfahrt: Pustertal – Bruneck – Sand in Taufers – Ahornach – Höfegruppe Pojen

Aufstieg: Beim Wegweiser „Pojenalm/Rauchkofel" dem Weg bis zur Brücke folgen, diese überqueren und gleich danach durch eine Zaunlücke und über die Wiese ganz hinauf bis zu einem kleinen Haus (1852 m). Bis hierher kann man auch dem Forstweg folgen, der am linken Rand der Wiese beginnt. Vom kleinen Haus gerade den Forstweg weiter ins Tal hinein, bis dieser nach links führt. Kurz nach links und dann wieder dem rechten Weg folgen bis zu den kleinen Hütten der Aschbachalm (1915 m). Zwischen den Hütten hindurch und schräg rechts neben einem Zaun in offenes Gelände hinauf. Über einen Zaun steigen und zu einer kleinen, neuen Hütte hinüber. Rechts unter einem Felsen vorbei und dann links zur Pojenalm/Stieger Alm (2038 m) hinauf. Beim kleinen Wegkreuz oberhalb der Alm kurz in die Mulden hinab und durch diese flach ca. 40 Minuten in das Tal hinein bis in den Kessel (2150 m). Ein Wegweiser bleibt rechts liegen. Durch eine Mulde links von einem großen Stein bis auf einen Geländeabsatz (2250 m) hinauf. Über einen breiten Rücken und über gestuftes Gelände bis ca. 50 m vor einen großen Felsblock (2500 m). Jetzt scharf links über eine Ecke in die andere Mulde oberhalb des Schlossbergsees. Den Kessel nach rechts flach ausgehen und schräg links bis unter den steilen Gipfelaufbau des Rauchkofels. So weit wie möglich mit Ski aufsteigen und dann über Schrofen und Blöcke zum Gipfelkreuz.

Abfahrt wie Aufstieg.

Hinweis: Der Abschnitt Forstweg unter dem kleinen Haus ist sehr steil und schmal.

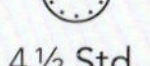
4 ½ Std.

SW–S

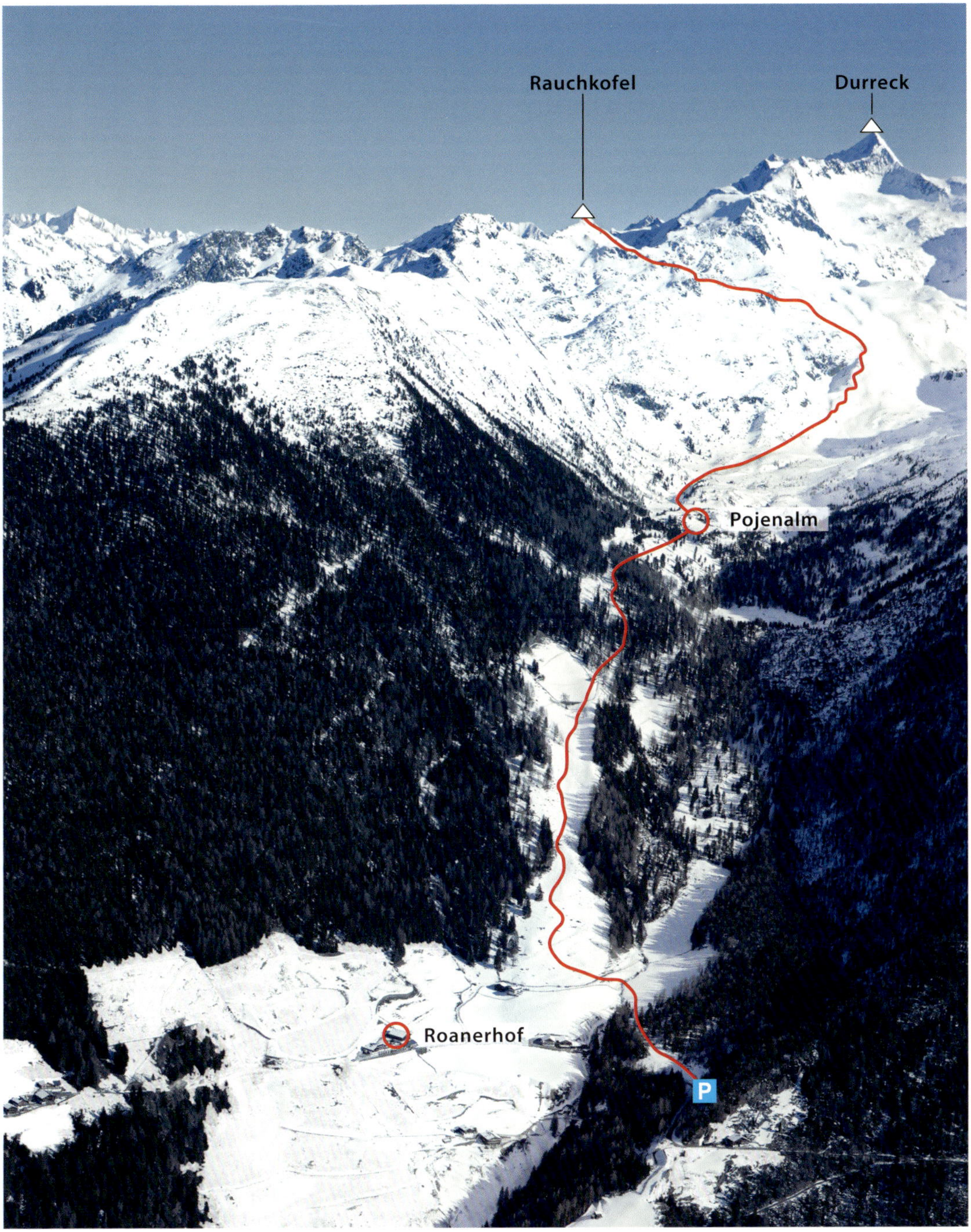

1103 m

Rauchkofel
Durreck
Pojenalm
Roanerhof
P

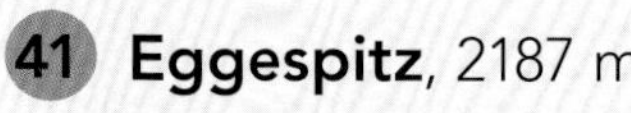

41 Eggespitz, 2187 m

42 Flemmberg, 2696 m

	41	42
Hangrichtung	Nord	Nord
Skitechnisch	leicht	schwierig
Alpintechnisch	–	mäßig
Lawinengefahr	gering	häufig
Höhenunterschied	507 m	1016 m
Aufstiegszeit	ca. 2 Std.	ca. 3½ Std.
Ausgangspunkt	Parkplatz bei der letzten Kehre vor dem Zösenhof (1680 m)	
Kartografie	Tabacco Nr. 036, Sand in Taufers; Tabacco Nr. 037, Hochfeiler – Pfunderer Berge	

Anfahrt: Pustertal – Bruneck – Mühlen – Mühlwald – Oberlappach – Richtung Neves – Zösens

Gemeinsamer Aufstieg: 50 m vor dem Parkplatz führt ein Weg zum Bach hinab. Über die Brücke und beim Fahrverbotsschild dem Forstweg folgen, bis man in offenes Gelände kommt. Nicht dem Weg links aufwärts folgen, sondern flach bis knapp oberhalb des Baches, bis man zu einer kleinen Wiese genau gegenüber der Maier-zu-Hof-Alm kommt. Über die Wiese bis zum oberen Rand hinauf, dann immer schräg rechts durch lichten Wald aufsteigen. Bei 1830 m kreuzt man einen Forstweg. Weiter in dieselbe Richtung, bis man auf 1970 m den oberen Forstweg erreicht. Diesem nach links bis zur Waldgrenze folgen und dann leicht rechts zu einer kleinen Hütte (2060 m).

41 Zum Eggespitz

Links durch eine Ebene bis zu einem Wegweiser. Gerade durch die Mulde bis auf den Kamm und links zum Gipfel mit kleinem Kreuz und einer Bank.
Abfahrt wie Aufstieg.

42 Zum Flemmberg

Schräg rechts in Richtung eines Felszackens aufwärts. Links an einem kleinen Kreuz (2174 m) vorbei und auf den breiten Kamm hinauf. Über diesen bis zu einem Geländeabsatz (2260 m). Von dort kurz leicht abwärts und dann dem Rücken weiter bis in den Kessel unter dem Gipfelhang folgen (2350 m). Steil über diesen hinauf bis unter eine Felsrippe (2600 m). Hier Skidepot. Nun durch die rechte Rinne in einen kleinen Sattel und dann links über einen steilen Rücken zum höchsten Punkt.
Abfahrt wie Aufstieg.

Hinweis: Pickel und Steigeisen empfehlenswert.

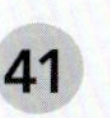

41

 2 Std.

N

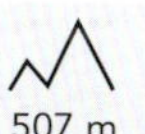 507 m

42

3 ½ Std.

N

1016 m

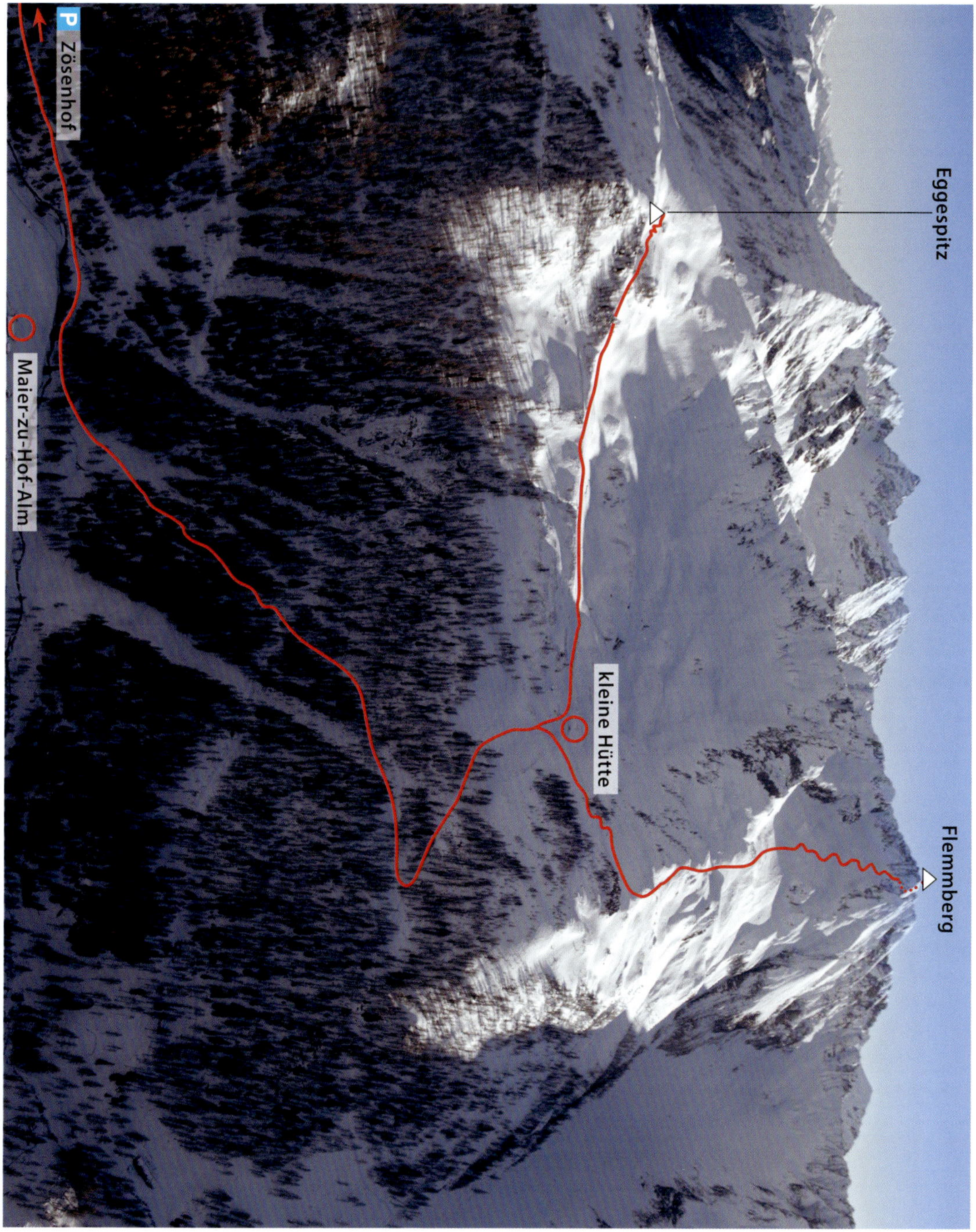

Lappach

P Zösenhof

Maier-zu-Hof-Alm

kleine Hütte

Eggespitz

Flemmberg

43 **Hörndle**, 2603 m (von Osten)

Hangrichtung	Ost – Nordost
Skitechnisch	a) mäßig b) mäßig
Alpintechnisch	a) mäßig b) –
Lawinengefahr	häufig
Höhenunterschied	923 m
Aufstiegszeit	ca. 3½ Std.
Ausgangspunkt	Parkplatz bei der letzten Kehre vor dem Zösenhof (1680 m)
Kartografie	Tabacco Nr. 036, Sand in Taufers; Tabacco Nr. 037, Hochfeiler – Pfunderer Berge

Anfahrt: Pustertal – Bruneck – Mühlen – Mühlwald – Oberlappach – Richtung Neves – Zösens

Aufstieg: Dem Forstweg ca. 2 km bis zur Klammeralm (1850 m) folgen. Hier gibt es zwei Möglichkeiten:

a) Von der Alm gerade rechts zwischen zwei Gräben über einen Rücken aufwärts bis auf 2000 m. Dann links in eine Rinne. Diese aufsteigend queren und rechts von einem Felsblock in flacheres Gelände. Jetzt schräg links in das breite Tal, das in mäßiger Steigung zum Riegler Joch (2439 m) hinaufführt. Vom Joch direkt über den steilen Rücken zu Fuß in ca. 35 Minuten zum Gipfel mit Kreuz.

b) Von der Alm zuerst rechts bis vor den großen Graben, welcher rechts vom Felsenkopf hinaufzieht. Links von diesem Graben hinauf und bei den Bäumen sehr steil schräg rechts Richtung eines Felsblockes aufsteigen (oder gerade oberhalb des Felsblockes über den breiten Hang hinauf). Dann gerade über den Hang bis in eine Mulde hinauf. Durch diese bis auf 2280 m und über eine Ecke schräg links in einen flachen Boden mit großen Felsblöcken (2350 m). Durch das Tal aufwärts und bei 2420 m links über den steiler werdenden Hang in den Sattel zwischen zwei Felsköpfen. Dann nach links zum nahen Gipfel.

Abfahrt wie Aufstieg.

Hinweis: Beim Aufstieg A sind am Grat Pickel und Steigeisen empfehlenswert.

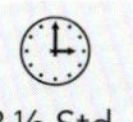
3 ½ Std.
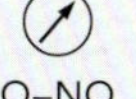
O–NO
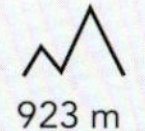
923 m

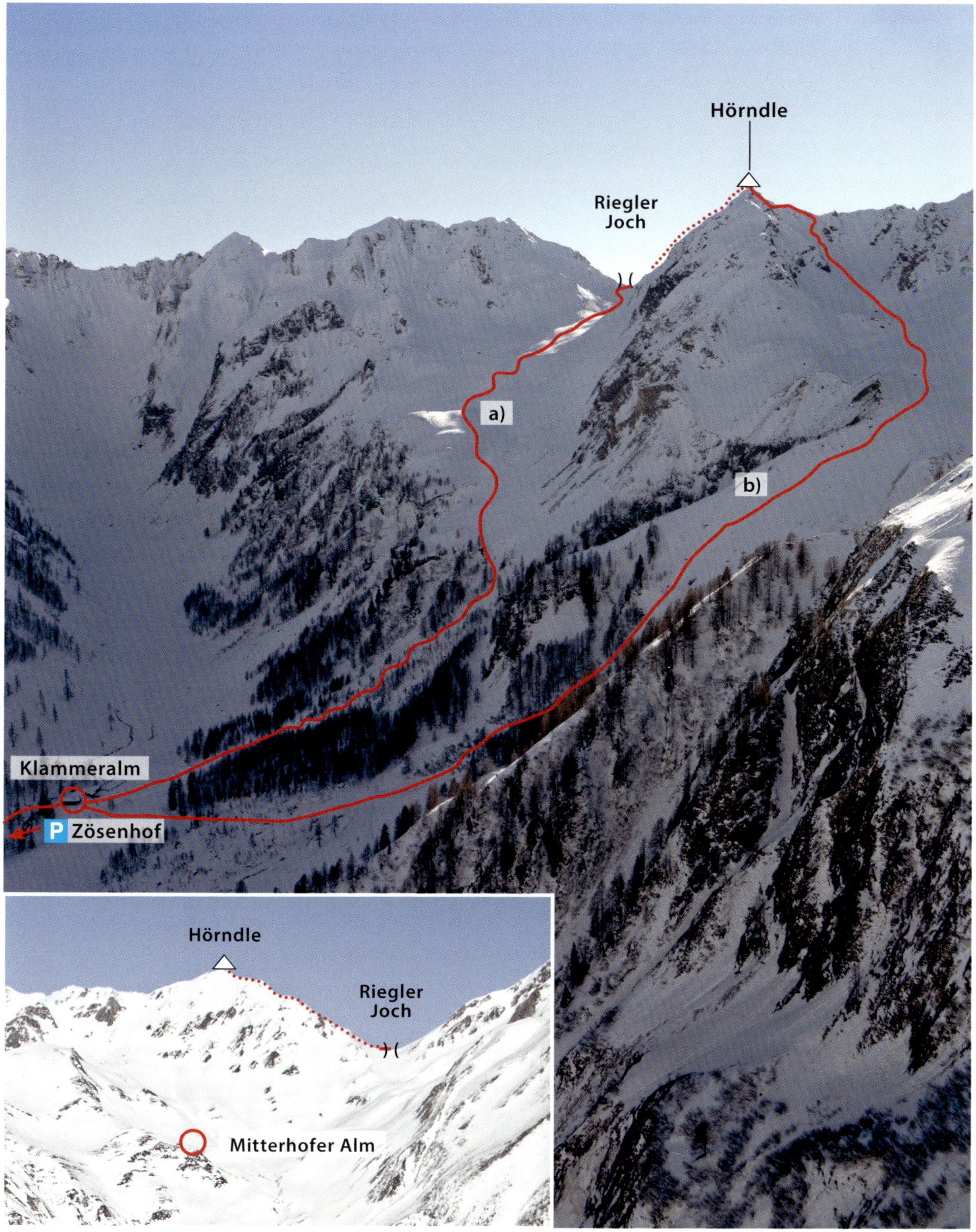

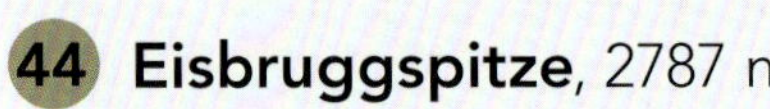

44 Eisbruggspitze, 2787 m

45 Seebergl, 2705 m

	44	45
Hangrichtung	Süd – Ost – Süd	Süd
Skitechnisch	mäßig	schwierig
Alpintechnisch	–	–
Lawinengefahr	häufig	häufig
Höhenunterschied	1107 m	1025 m
Aufstiegszeit	ca. 4½ Std.	ca. 3½ Std.
Ausgangspunkt	Parkplatz bei der letzten Kehre vor dem Zösenhof (1680 m)	
Kartografie	Tabacco Nr. 036, Sand in Taufers; Tabacco Nr. 037, Hochfeiler – Pfunderer Berge	

Anfahrt: Pustertal – Bruneck – Mühlen – Mühlwald – Oberlappach – Richtung Neves – Zösens

Gemeinsamer Aufstieg: Vom Parkplatz ca. 1,3 km dem Weg ins Zösental bis zur Brücke folgen. Gerade weiter oder noch ein Stück über den Weg, bis rechts ein Forstweg beginnt, der zur Waldgrenze (1998 m) hinaufführt. Jetzt gibt es zwei Möglichkeiten:

a) Am Wegkreuz rechts vorbei und lange schräg rechts in die große Mulde hinauf (2200 m). Durch diese und links auf eine Schulter (2380 m).

b) Bei sicherer Schneelage (nur für die Eisbruggspitze): Bei einem kleinen Wegkreuz schräg links zum Waldrand hinauf. Dem Sommerweg, steile Hänge querend, folgend ins linke Tal und über steile Hänge auf einen Rücken (2350 m) oberhalb der Schafhütte und zu dieser hinab (2330 m).

44 Zur Eisbruggspitze (von Osten)

Immer flach nach links, zuerst mäßig steile Hänge querend, über einen Rücken (2350 m) zwischen Steinen in steiler Querung zur Schafhütte (2330 m) hinab. Rechts von der Hütte in eine Mulde und durch diese links aufwärts zu einen Kessel (2560 m). Nun schräg rechts bis unter den Gipfelhang. Ziemlich steil rechts auf den Rücken hinauf und über diesen zum höchsten Punkt mit kleinem Kreuz und Buch.
Abfahrt wie Aufstieg.
Direkte Abfahrt nur bei sicherer Schneelage: Die Aufstiegsroute b) bis 2550 m abfahren und knapp vor der steilen Querung, sich links haltend, zu einer großen Lärche hinab. Weiterhin links haltend sehr steil zu einer Wiese mit kleinem Stadl und gerade weiter zum Talweg.

45 Zum Seebergl

Jetzt rechts vom Rücken, immer steiler werdend, bis zum obersten Ende von diesem (2550 m). Nun unter Felsen links in die steile Rinne, evtl. kurz die Ski tragen, und durch diese gerade, dann etwas links auf einen Rücken und über diesen bis auf den breiten Kamm (2620 m) hinauf. Über diesen zum etwas weiter hinten liegenden höchsten Punkt.
Abfahrt wie Aufstieg.

Hinweis: Pickel und Steigeisen empfehlenswert.

44
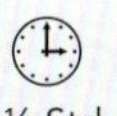
4 ½ Std.
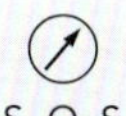
S–O–S
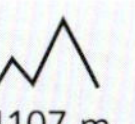
1107 m

45
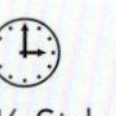
3 ½ Std.

S
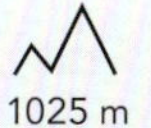
1025 m

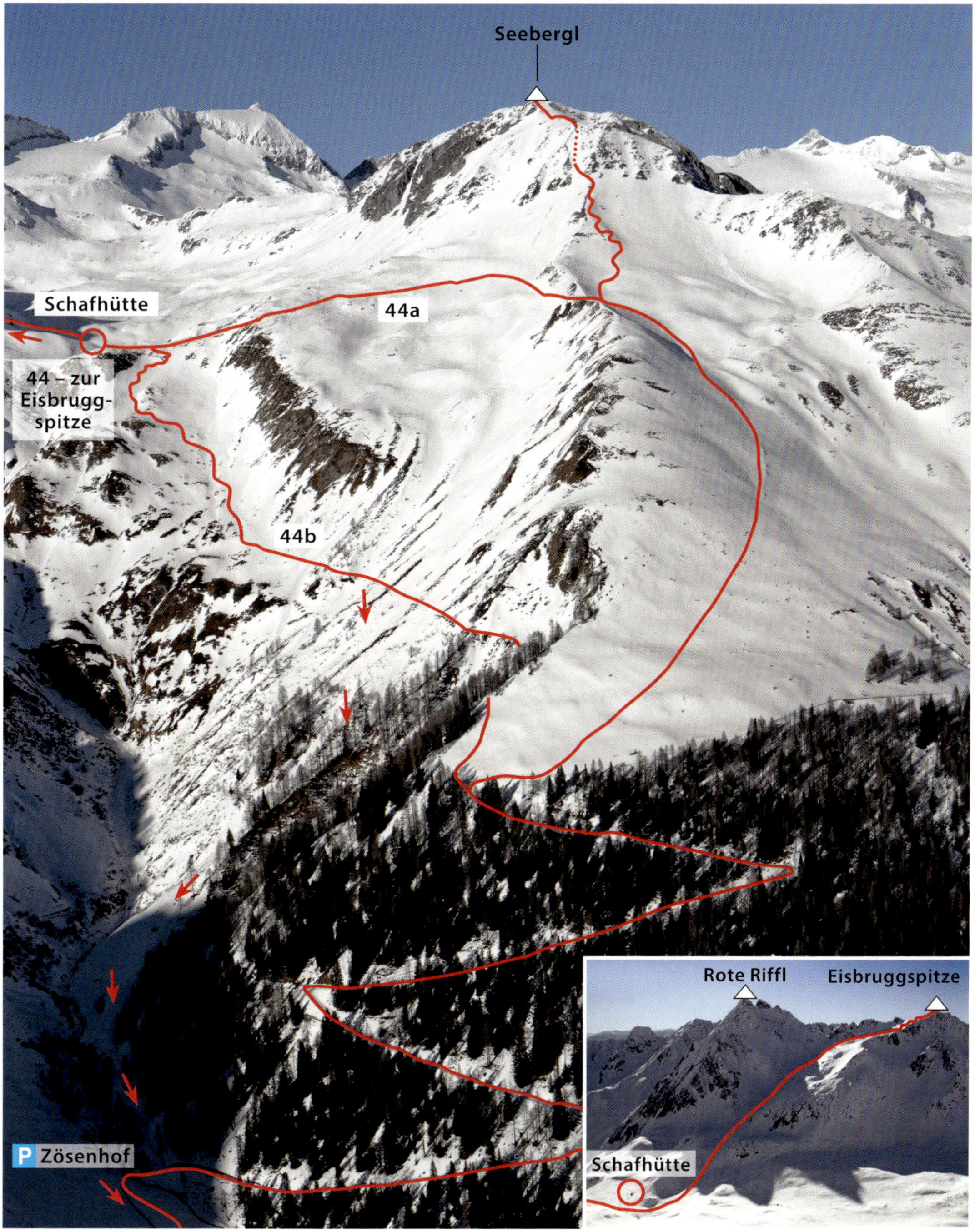

Seebergl
Schafhütte
44a
44 – zur Eisbrugg-spitze
44b
P Zösenhof
Rote Riffl
Eisbruggspitze
Schafhütte

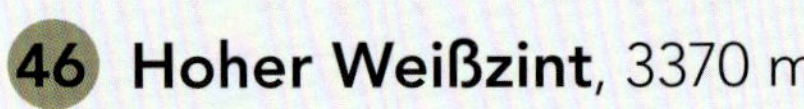

46 Hoher Weißzint, 3370 m — 47 Breitnock, 3212 m

	46	47
Hangrichtung	Ost – Süd – West	Süd
Skitechnisch	mäßig	schwierig
Alpintechnisch	leicht	leicht
Lawinengefahr	mäßig	häufig
Höhenunterschied	1510 m	1352 m
Aufstiegszeit	ca. 5 Std.	ca. 4½ Std.
Ausgangspunkt	Parkplatz Neves-Stausee/Staumauer (1860 m, beschränkter Parkplatz)	
Kartografie	Tabacco Nr. 036, Sand in Taufers	

Anfahrt: Pustertal – Bruneck – Mühlwald – Lappach – Auffahrt zum Neves-Stausee. Gebührenpflichtige Mautstraße (geöffnet ab Anfang Mai).

Gemeinsamer Aufstieg: Über die Staumauer und auf dem Weg oberhalb des Sees bis zur Gemeindealm. Dann dem Forstweg bis zu seinem Ende auf 1970 m folgen.

46 Zum Hohen Weißzint

Durch das Pfeifholder Tal bis unter die Edelrauthütte hinauf. Dann über den breiten Hang auf der rechten Seite zuerst gerade, dann schräg rechts bis auf 2800 m aufwärts. Links weiter hinauf auf eine kleine Hochebene. Durch breite Mulden und über Rücken in mäßiger Steigung zur oberen Weißzintscharte (3183 m). Durch diese Scharte auf den oberen Teil des Gliederferners. Ziemlich flach tief unter dem Südwestgrat vom Weißzint bis in eine große Mulde hinein. Achtung Spalten! Durch diese Mulde steil auf die Schulter rechts vom Gipfel hinauf. Bei sicherer Schneelage kann man auch von der oberen Weißzintscharte den sehr steilen Westhang querend auf die Schulter gelangen. Nun links über einen Rücken bis kurz unter das Gipfelkreuz und ohne Skier zu diesem hinauf. **Abfahrt** wie Aufstieg.

47 Zum Breitnock

Kurz schräg nach links bis auf eine Geländeecke hinauf, bis der Weg leicht abwärts geht. Hier rechts zwischen zwei krummen Lärchen hindurch und gerade weiter durch den Wald hinauf. Auf 2030 m trifft man auf einen kleinen Weg, der ca. 150 m flach nach rechts durch den Latschengürtel führt. Bei einer Waldlichtung gerade bis auf den Kamm (2130 m) hinauf. Hier flach links ins Tal hinein und diesem gerade bis unter einen Felskopf folgen, wo drei kleine Bäumchen im Felsgelände stehen. Hier steil hinauf und auf 2280 m rechts in flacheres Gelände und in eine Ebene (2330 m). Durch eine kleine Mulde links weiter und rechts zur großen Ebene „Wasserböden" (2500 m). Durch diese Ebene in den rechten Kessel hinein und dann hinter der Moräne links hinauf. Jetzt rechts die lange Mulde bis 3000 m und dann rechts ca. 70 Höhenmeter steil durch den Felsriegel (Skier tragen) bis auf die obere Schneefläche. Über diese, rechts haltend bis zum höchsten Punkt. Wenn man der Mulde bis an ihr Ende folgt, gelangt man in die Schlegeisscharte (3082 m). **Abfahrt** wie Aufstieg.

Hinweis: Pickel und Steigeisen erforderlich. Im Frühjahr kann man mit dem Bergrad rechts vom Stausee, dann links über die Brücke und weiter über den Forstweg bis auf 1970 m hinauffahren.

 46 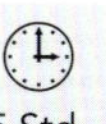 5 Std. 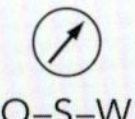 O–S–W 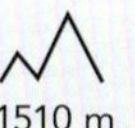 1510 m

 47 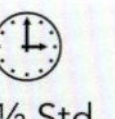 4½ Std.  S 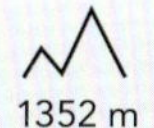 1352 m

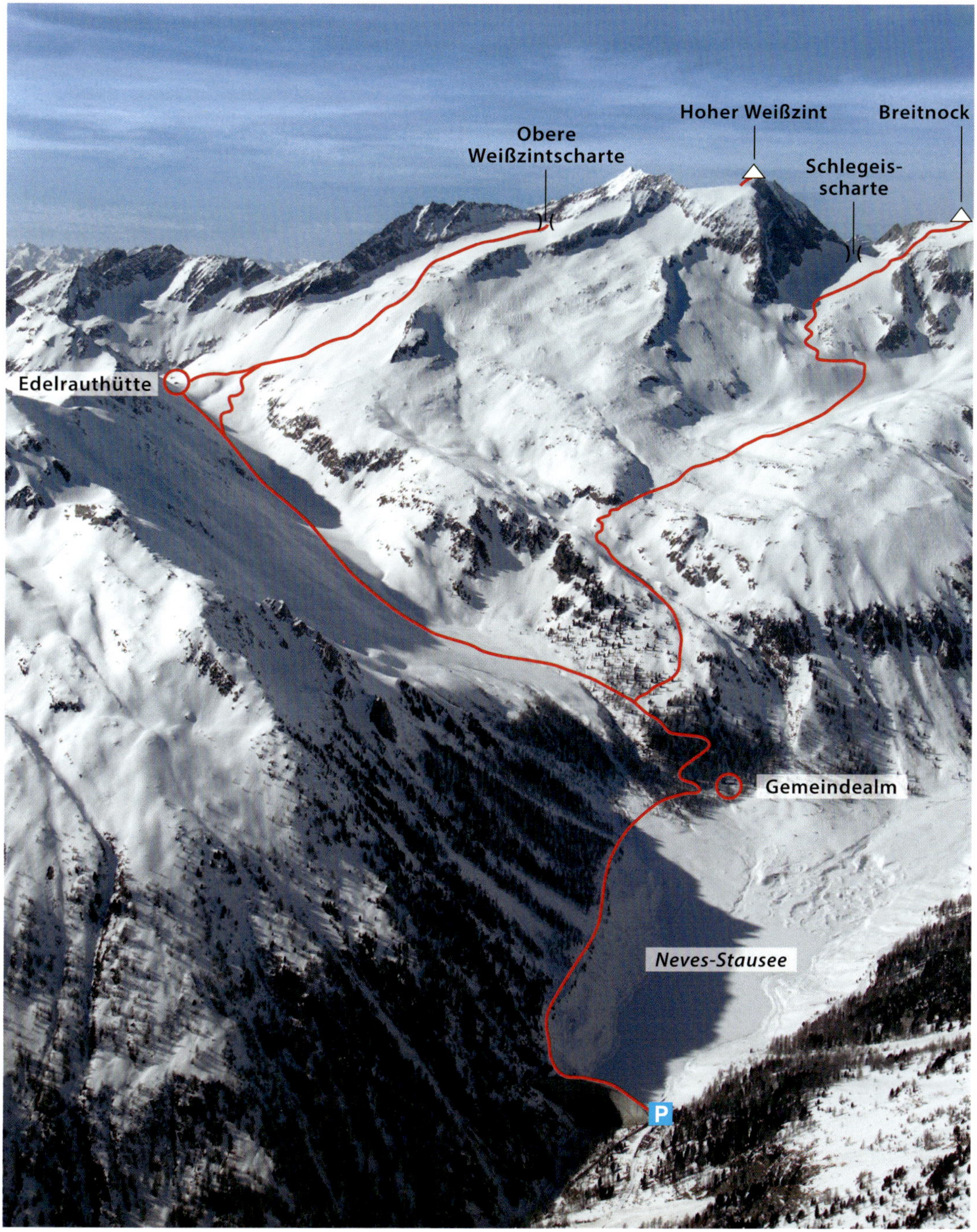

Obere Weißzintscharte
Hoher Weißzint
Breitnock
Schlegeis-scharte
Edelrauthütte
Gemeindealm
Neves-Stausee
P

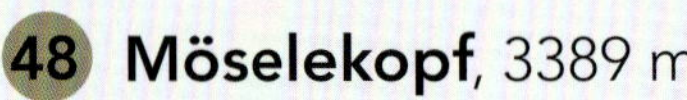

48 Möselekopf, 3389 m

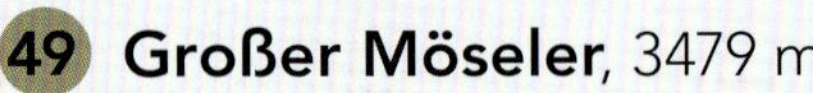

49 Großer Möseler, 3479 m

Hangrichtung	Süd	Süd
Skitechnisch	leicht	mäßig
Alpintechnisch	–	leicht
Lawinengefahr	mäßig	häufig
Höhenunterschied	1529 m	1690 m
Aufstiegszeit	ca. 5 Std.	ca. 5½ Std.
Ausgangspunkt	Parkplatz Neves-Stausee (1860 m)	
Kartografie	Tabacco Nr. 036, Sand in Taufers	

Anfahrt: Pustertal – Bruneck – Mühlwald – Lappach – Auffahrt zum Neves-Stausee. Gebührenpflichtige Mautstraße (geöffnet ab Anfang Mai).

Gemeinsamer Aufstieg: Vom Parkplatz den Weg weiter, links über die Brücke und dann, entweder in der Talmitte oder an der linken Seite, bis zur großen Mulde hinauf. Durch diese bis unter den felsigen, südlichen Möselenock hinauf (2500 m).

48 Zum Möselekopf

Links vom Möselenock über mäßig steiles Gelände bis unter eine kleine Scharte links vom Möselekopf. Die letzten Meter sehr steil in die Scharte hinauf. Auf der Nordseite zuerst auf dem Gratrücken, dann über einen flachen Hang in einen Links-Rechts-Bogen in die westliche Möselerscharte (3370 m) und rechts zum höchsten Punkt.
Abfahrt wie Aufstieg.

49 Zum Großen Möseler

Rechts durch Mulden und über Rücken in mäßiger Steigung auf den östlichen Neveser Ferner hinauf. Weiter in den Kessel (3300 m) unter dem Steilhang zwischen Großem und Kleinem Möseler. Über diesen Hang auf den Kamm hinauf und zum Beginn des Ostgrates (3440 m). Hier Skidepot. Über den steilen Grat zum Gipfel mit Kreuz.
Abfahrt wie Aufstieg.

Hinweis: Pickel und Steigeisen erforderlich. Im Frühjahr kann man mit dem Bergrad rechts vom Stausee bis zur Brücke fahren.

Großer
Möseler
Möselekopf
P
Neves-Stausee

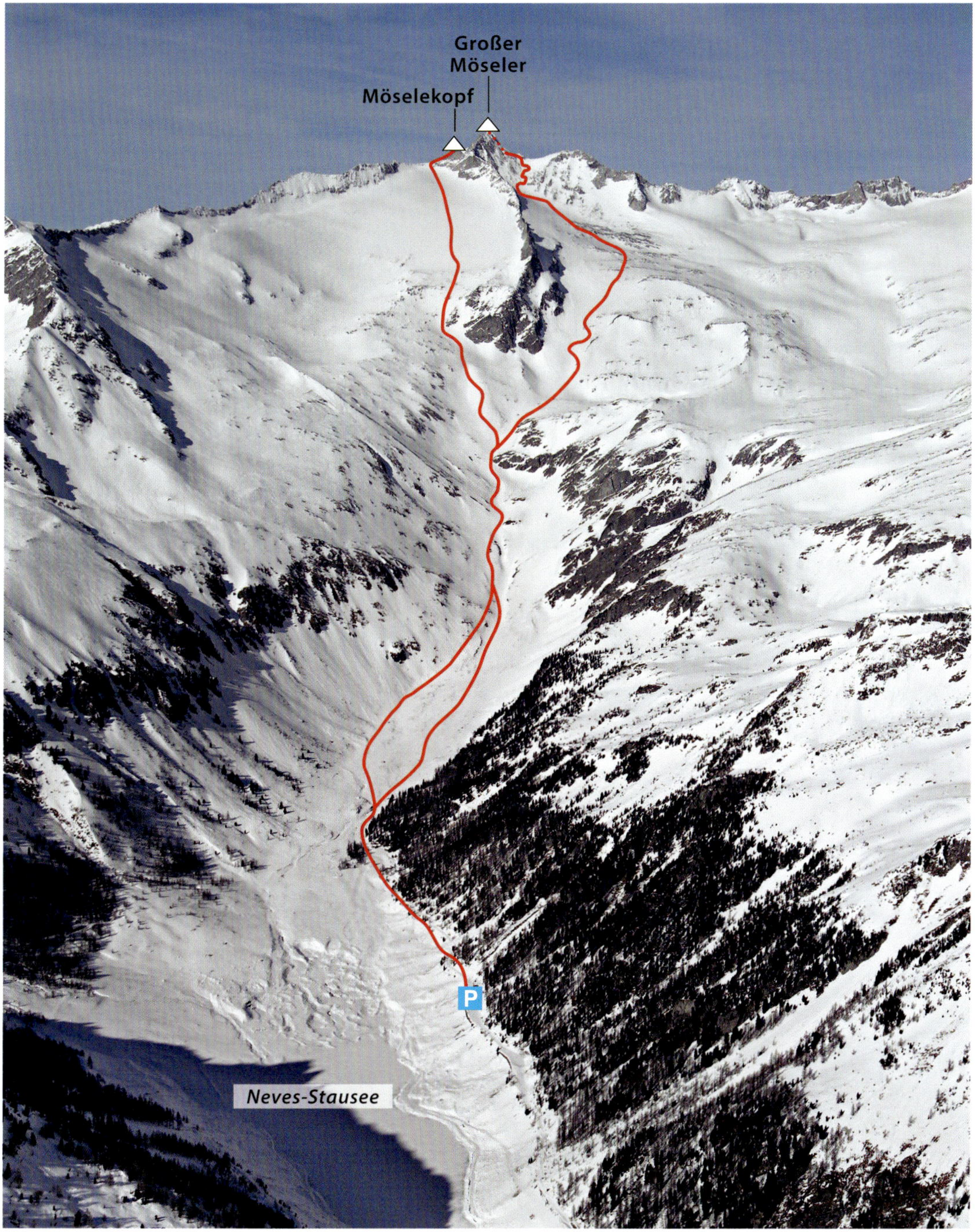

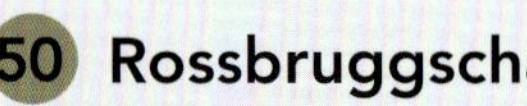

50 Rossbruggscharte, 3235 m

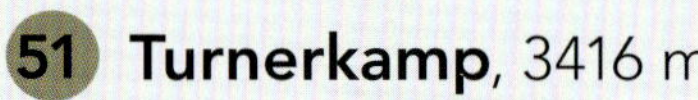

51 Turnerkamp, 3416 m

	50	51
Hangrichtung	Süd	Süd – West – Süd – Ost
Skitechnisch	mäßig	mäßig
Alpintechnisch	schwierig	schwierig
Lawinengefahr	mäßig	mäßig
Höhenunterschied	1375 m	1556 m
Aufstiegszeit	ca. 4½ Std.	ca. 5½ Std.
Ausgangspunkt	Parkplatz Neves-Stausee (1860 m)	
Kartografie	Tabacco Nr. 036, Sand in Taufers	

Anfahrt: Pustertal – Bruneck – Mühlwald – Lappach – Auffahrt zum Neves-Stausee. Gebührenpflichtige Mautstraße (geöffnet ab Anfang Mai).

Gemeinsamer Aufstieg: Vom Parkplatz den Weg weiter, links über die Brücke und dann, entweder in der Talmitte oder an der linken Seite, bis zur großen Mulde hinauf. Durch diese bis unter den felsigen, südlichen Möselenock (2500 m). Bei der Ebene auf 2525 m (Wegweiser) rechts flach in eine Mulde und in einen Sattel mit Steinmann auf 2580 m hinauf. Am linken Hang entlang leicht aufwärts bis in die große Talmulde (2630 m). Zuerst durch die Mulde nach links und dann links vom Eisbruch bis auf 2930 m hinauf.

50 Zur Rossbruggscharte

Gerade durch Mulden Richtung Rossbruggscharte bis ca. 40 Hm unterhalb der Scharte (Skidepot – Achtung auf die Randspalte!). Schräg von rechts nach links über einen steilen Schneehang oder direkt in der Falllinie über Felsblöcke in die Scharte mit einer Stange hinauf.
Abfahrt wie Aufstieg.
Hinweis: Pickel und Steigeisen empfehlenswert.
Etwas rechts von der Scharte beginnt auf 3250 m beginnt die Engländerrinne, die auf den Turnerkamp führt.

51 Zum Turnerkamp (Engländerrinne und normal, von Westen)

Schräg rechts zum Südsattel hinauf (3216 m). Zum Normalweg: Auf der Ostseite vom Turnerkamp schräg links bis zum Beginn der Ostrinne auf ca. 3250 m (Skidepot). Achtung auf die Randspalte! Jetzt durch die steile Rinne mit Pickel und Steigeisen in eine kleine Scharte hinauf und über den Grat links zum Gipfelkreuz.
Zur Engländerrinne: Vor dem Südsattel links zum Einstieg der Engländerrinne. Dort Skidepot. Achtung auf die Randspalte! Durch die steile Rinne zum Grat hinauf, dann rechts weiter zum Gipfel mit Gipfelkreuz.
Abfahrt wie Aufstieg.
Hinweis: Pickel und Steigeisen erforderlich.

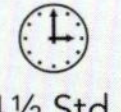
4 ½ Std.

S
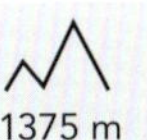
1375 m

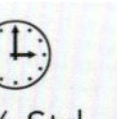
5 ½ Std.
S–W–S–O
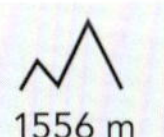
1556 m

Neves-Stausee

P

Großer Möseler

Rossbrugg-scharte

Turnerkamp

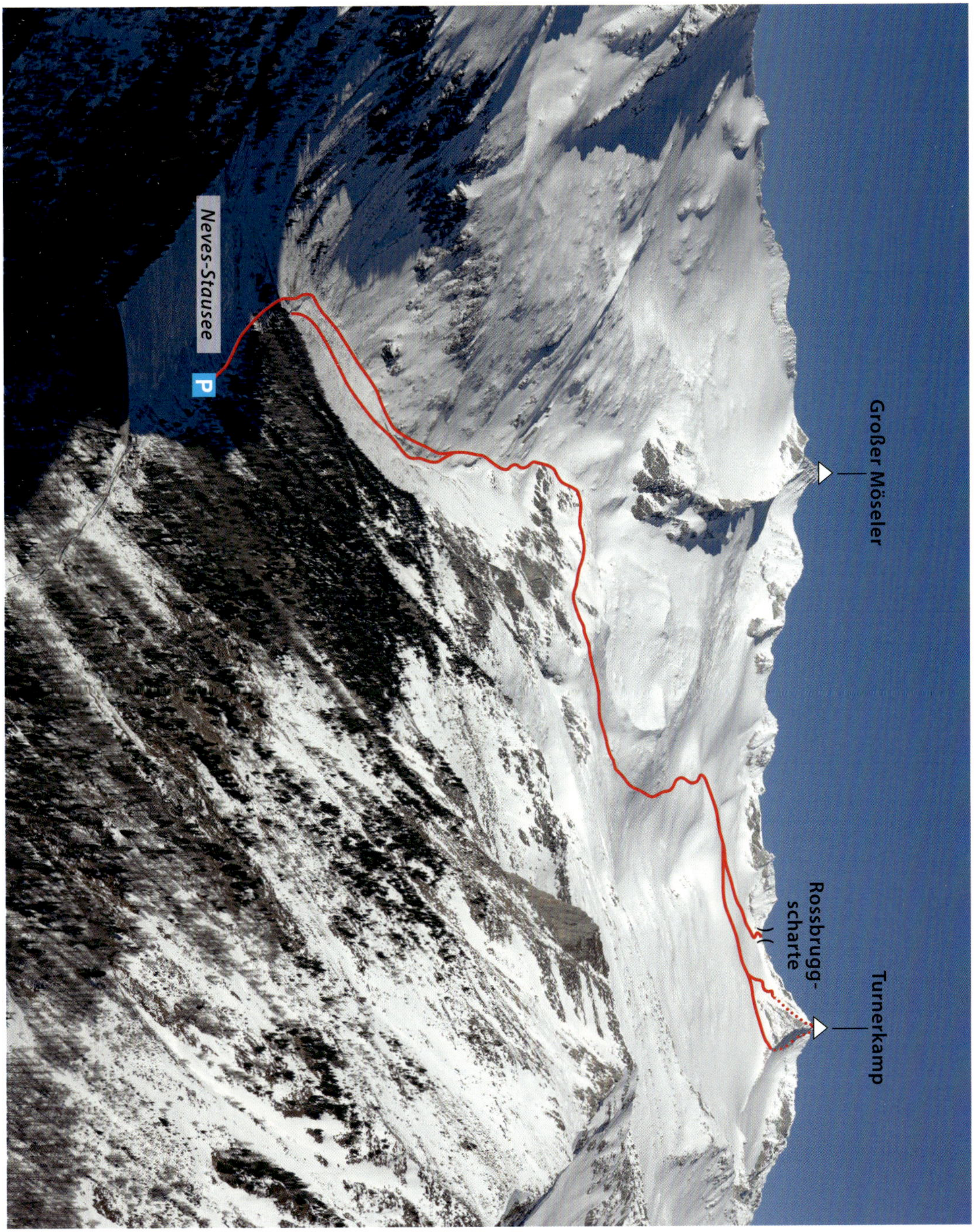

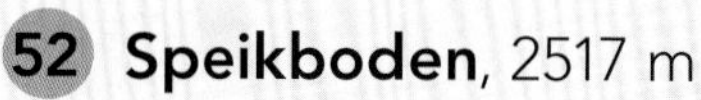

52 Speikboden, 2517 m   53 Fadner, 2457 m

	52 Speikboden	53 Fadner
Hangrichtung	Nord – Südwest	Nord
Skitechnisch	mäßig	mäßig
Alpintechnisch	–	–
Lawinengefahr	mäßig	gering
Höhenunterschied	1132 m	1072 m
Aufstiegszeit	ca. 3 Std.	ca. 3 Std.
Ausgangspunkt	Beginn Rodelbahn zu den Almen Marxegger und Pircher (1385 m)	
Kartografie	Tabacco Nr. 036, Sand in Taufers	

Anfahrt: Pustertal – Bruneck – Ahrntal – Luttach – Weißenbach-Dorfende

Gemeinsamer Aufstieg: Der Rodelbahn bis zur Abzweigung beim Wegweiser folgen.

52 Zum Speikboden

Dem linken Forstweg bis zu einer Weggabelung folgen. Jetzt rechts ins Tal hinein bis zu einer Brücke. Über diese und gleich wieder rechts über den Weg bis zu seinem Ende. Der Markierung folgen und nach links den Wald steil bis zu den Wiesen der Mitterberger Almen (1978 m) hinauf. Zuerst etwas rechts aufwärts bis unter den Nordhang (2100 m), der zum Mühlwalder Jöchl hinaufführt, dann in einer Rechts-links-rechts-Schleife über einige Geländestufen zum Joch (2376 m). Links durch eine Mulde oder links über einen Rücken auf den Vorgipfel (2516 m) und über eine weitere Erhebung Richtung Osten zum Gipfelkreuz.
Abfahrt wie Aufstieg.
Abfahrtsvariante über den Forstweg: Oberhalb der Mitterberger Almen hält man sich rechts und erreicht den Beginn eines Forstweges. Über diesen abwärts bis auf 1887 m. Jetzt links über den Weg bis zur Brücke, wo man auf den Aufstiegsweg trifft.

53 Zum Fadner

Der Rodelbahn bis zur Innerhofer Alm (1743 m) folgen. Gerade die Wiese hinauf und bei einigen alleinstehenden Lärchen vorbei bis auf 1850 m. Kurz links hinauf, dann wieder rechts durch lichten Wald. Nun rechts in das kleine Tal und gerade aufwärts zu einer Ebene. Gerade weiter zur sichtbaren Fadner Alm (2162 m). Von dieser flach rechts an einer Wetterstation vorbei und weiter Richtung Fadner Jöchl. Unter den steilen Hängen nach rechts (Abstand halten) und durch zwei kleine Mulden rechts zu einem Rücken. Über diesen hinauf und knapp unter dem Kamm rechts zum Fadner Jöchl mit kleinem Kreuz. Über einen kurzen Hang rechts zum höchsten Punkt mit kleinem Steinmann.
Abfahrt wie Aufstieg.

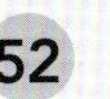

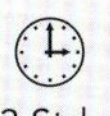
3 Std.
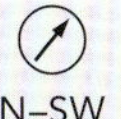
N–SW
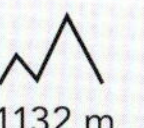
1132 m

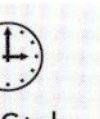
3 Std.

N
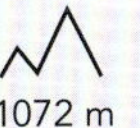
1072 m

Weißenbach

Speikboden
Mitterberger Almen
Fadner Alm
Fadner
Innerhofer Alm
P Weißenbach

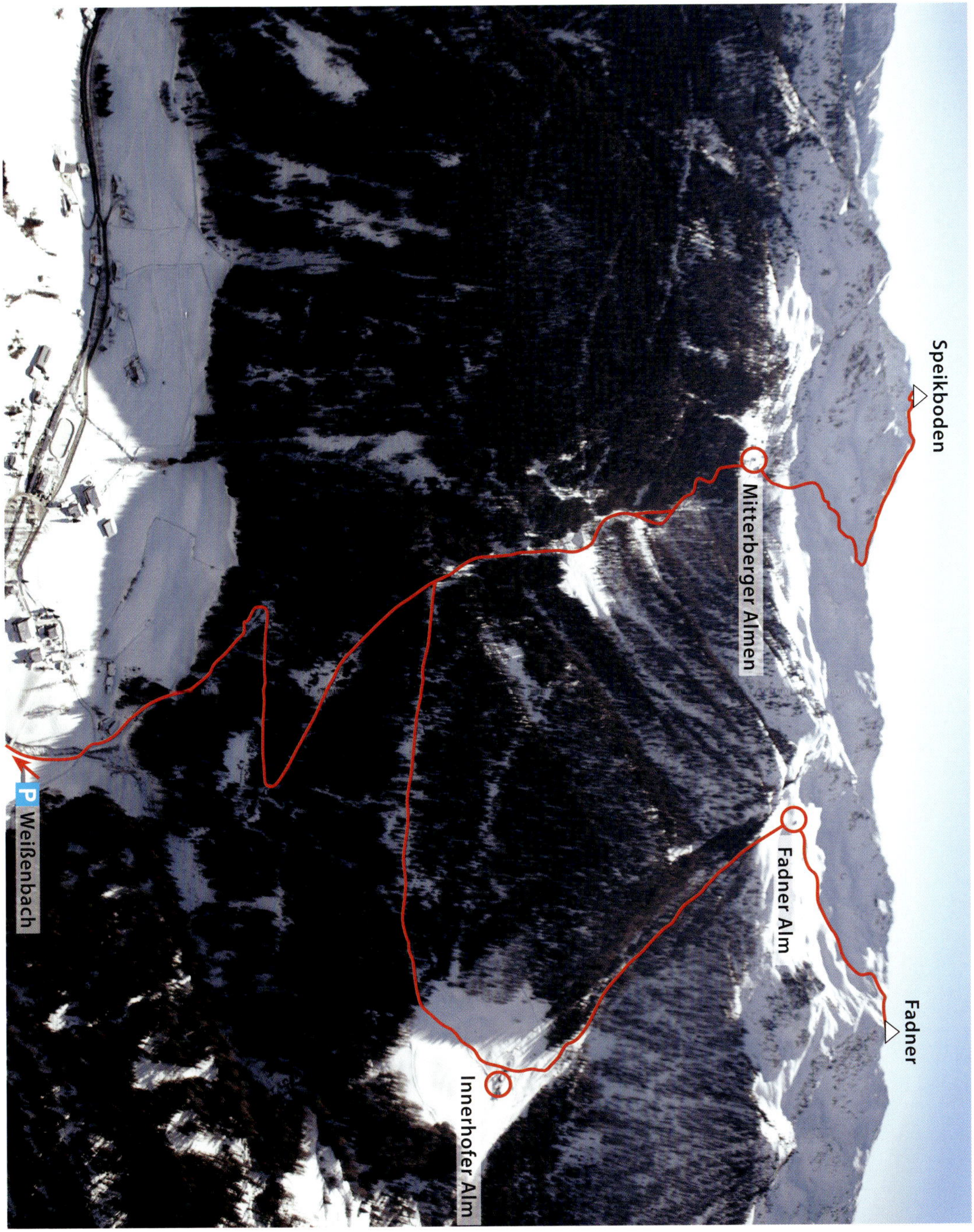

54 Gornerberg (Henne), 2475 m — 55 Zinsnock, 2435 m

	54 Gornerberg	55 Zinsnock
Hangrichtung	Nord – West	Nord
Skitechnisch	leicht	mäßig
Alpintechnisch	–	–
Lawinengefahr	mäßig	gering
Höhenunterschied	1090 m	1050 m
Aufstiegszeit	ca. 3½ Std.	ca. 3½ Std.
Ausgangspunkt	Beginn Rodelbahn zu den Almen Marxegger und Pircher (1385 m)	
Kartografie	Tabacco Nr. 036, Sand in Taufers	

Anfahrt: Pustertal – Bruneck – Ahrntal – Luttach – Weißenbach-Dorfende

Gemeinsamer Aufstieg: Kurz der Rodelbahn folgen. Dann rechts beim Wegweiser den rechten Forstweg hinauf (Abkürzungen möglich) bis zu den Almen Marxegger und Pircher.

54 Zum Gornerberg

Die beiden Almen bleiben rechts oberhalb des Baches liegen. Immer links vom Bach über einen schmalen Weg durch den lichten Wald aufwärts bis unter einen gut sichtbaren, felsigen Hügel. Unter diesem hinauf und bei 2050 m über einen Rücken weiter; dann rechts in einen weiten Kessel. Hier links, nun steiler werdend, in Richtung eines breiten Sattels. Bevor man diesen erreicht, gelangt man auf 2250 m zu einem Steinmann. Hier folgt man, einige Meter absteigend, der Mulde bis zum Gorner Joch. Achtung! Diese Mulde ist von beiden Seiten lawinengefährdet. Vom Joch mit Wegweiser und Wegkreuz links über eine breite, wellige Hochfläche Richtung Gipfelkreuz. Zuvor geht man links an einem kleinen Kreuz vorbei.
Abfahrt wie Aufstieg.
Direkte Abfahrt bei sicherer Schneelage über die Nordseite: Vom Gipfel ein Stück Richtung Westen ca. 60 Hm über den Rücken bis zu einem Geländeabsatz abwärts. Dann rechts in die Nordseite hinein und schräg rechts hinab zu einigen Felszacken (2300 m). Jetzt steil über einen Rücken abwärts zu einem flachen Hügel. Nun, sich immer links haltend, bis zu den ersten Bäumen, wo man auf die Aufstiegsspur trifft.

55 Zum Zinsnock

Knapp vor der Pircher Alm (1810 m) rechts auf eine Ecke hinauf. Immer steil durch lichten Wald aufwärts zu einem Rücken. An einem kleinen Heustadl vorbei bis zu einer Alm (2100 m). Jetzt wird das Gelände etwas flacher; immer gerade weiter in die Scharte (2378 m), links vom Kleinen Ringelstein. Knapp links unter dem Kamm in südliche Richtung zum flachen Gipfel mit Kreuz.
Abfahrt wie Aufstieg.

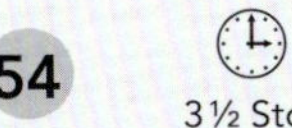
54

3½ Std.

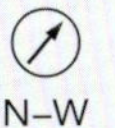
N–W

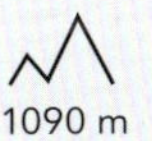
1090 m

55

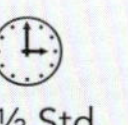
3½ Std.

N

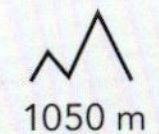
1050 m

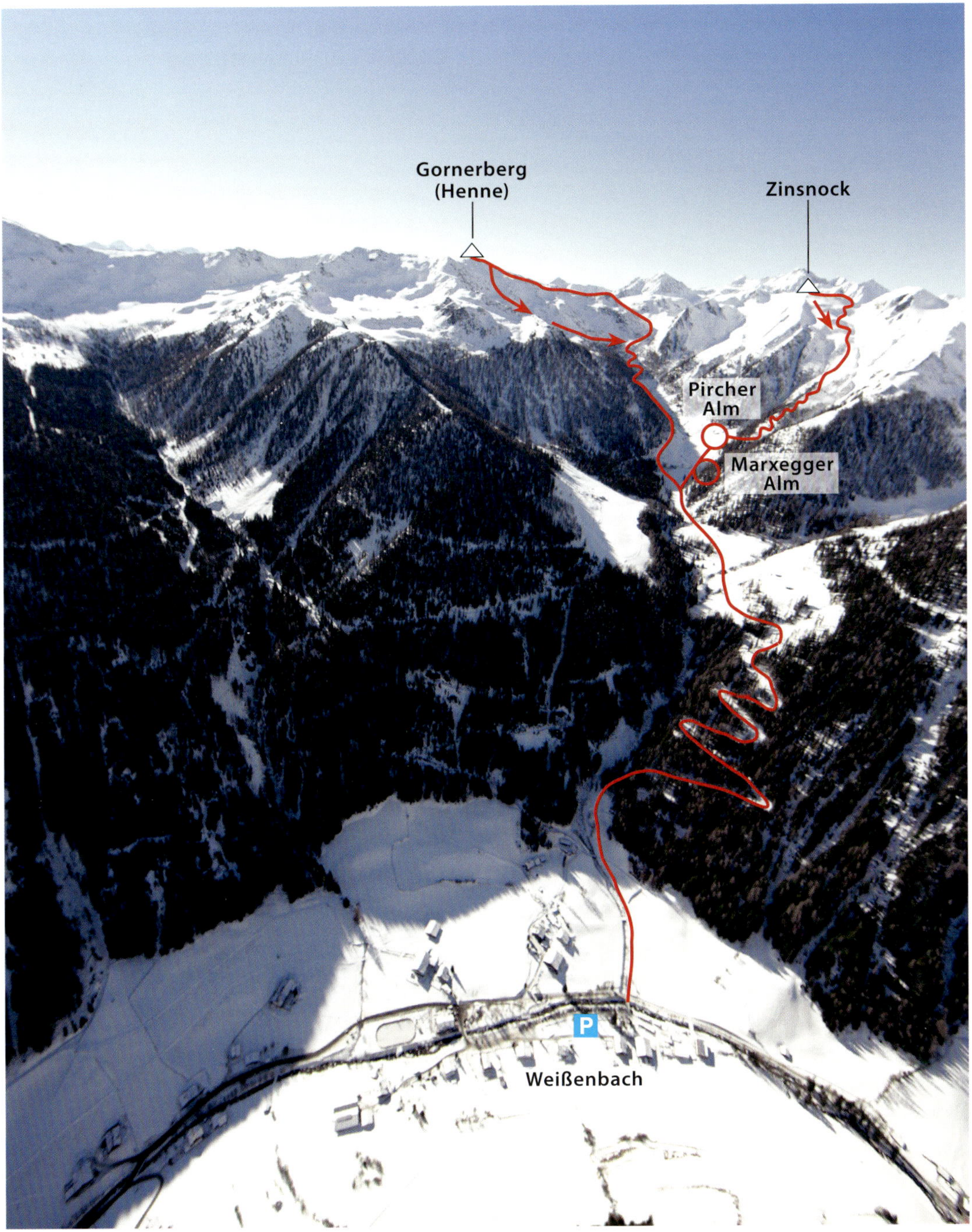

Gornerberg (Henne)

Zinsnock

Pircher Alm

Marxegger Alm

P

Weißenbach

56 **Tristenspitz (Vorgipfel)**, 2650 m

Hangrichtung	Ost – Süd
Skitechnisch	mäßig
Alpintechnisch	–
Lawinengefahr	häufig
Höhenunterschied	1265 m
Aufstiegszeit	ca. 4 Std.
Ausgangspunkt	Beginn Rodelbahn zu den Almen Marxegger und Pircher (1385 m)
Kartografie	Tabacco Nr. 036, Sand in Taufers

Anfahrt: Pustertal – Bruneck – Ahrntal – Luttach – Weißenbach-Dorfende

Aufstieg: Kurz der Rodelbahn folgen. Dann rechts beim Wegweiser den rechten Forstweg hinauf (Abkürzungen möglich) bis zu einer Wiese. Beim Wegweiser „Lappacher Jöchl" (1680 m) rechts hinauf (die Reichegger Alm bleibt rechts liegen) und rechts vom Bach bis zur Stifteralm (1841 m). Bis hierher führt auch ein Forstweg von der Reichegger Alm herauf. Flach durch das Tal einwärts, bis es bei 2060 m steil wird. Zuerst die linke, große Mulde aufwärts; auf 2130 m rechts über den Rücken bei einzelnen kleinen Bäumen steil bis zum oberen Ende des Rückens auf 2200 m hinauf. (Es ist auch möglich durch die rechte Mulde direkt zum Lappacher Jöchl zu gelangen.) Über Geländestufen in mäßiger Steigung zum gut sichtbaren Lappacher Jöchl, wo ein großes Kreuz steht. Knapp unter diesem rechts zur großen Hochfläche, die direkt zur Tristenspitze hinaufführt. An der linken Seite bis unter den kurzen, steilen Schlusshang. Am oberen Ende rechts auf den Grat und in Kürze nach links zum markanten Felszacken, der als Wintergipfel gilt.

Abfahrt wie Aufstieg.

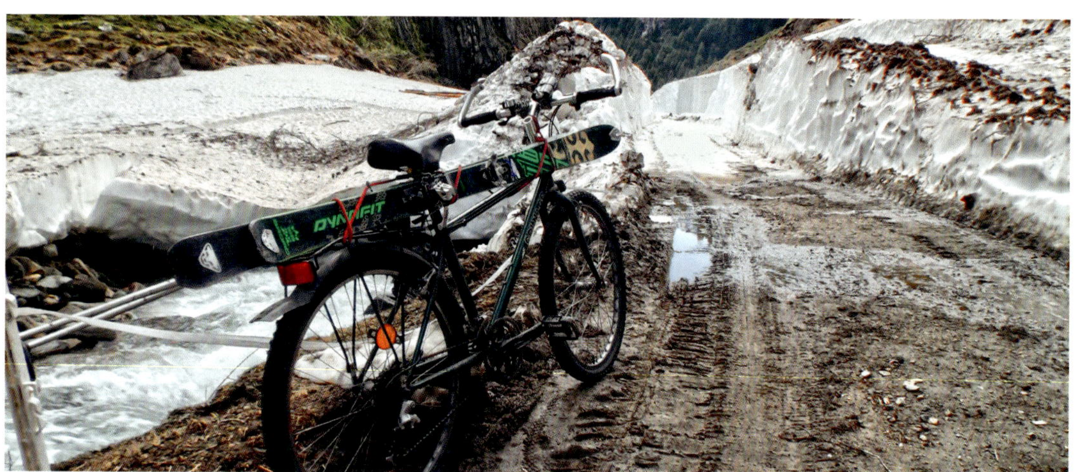

4 Std.

O–S

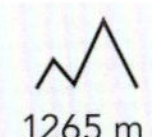
1265 m

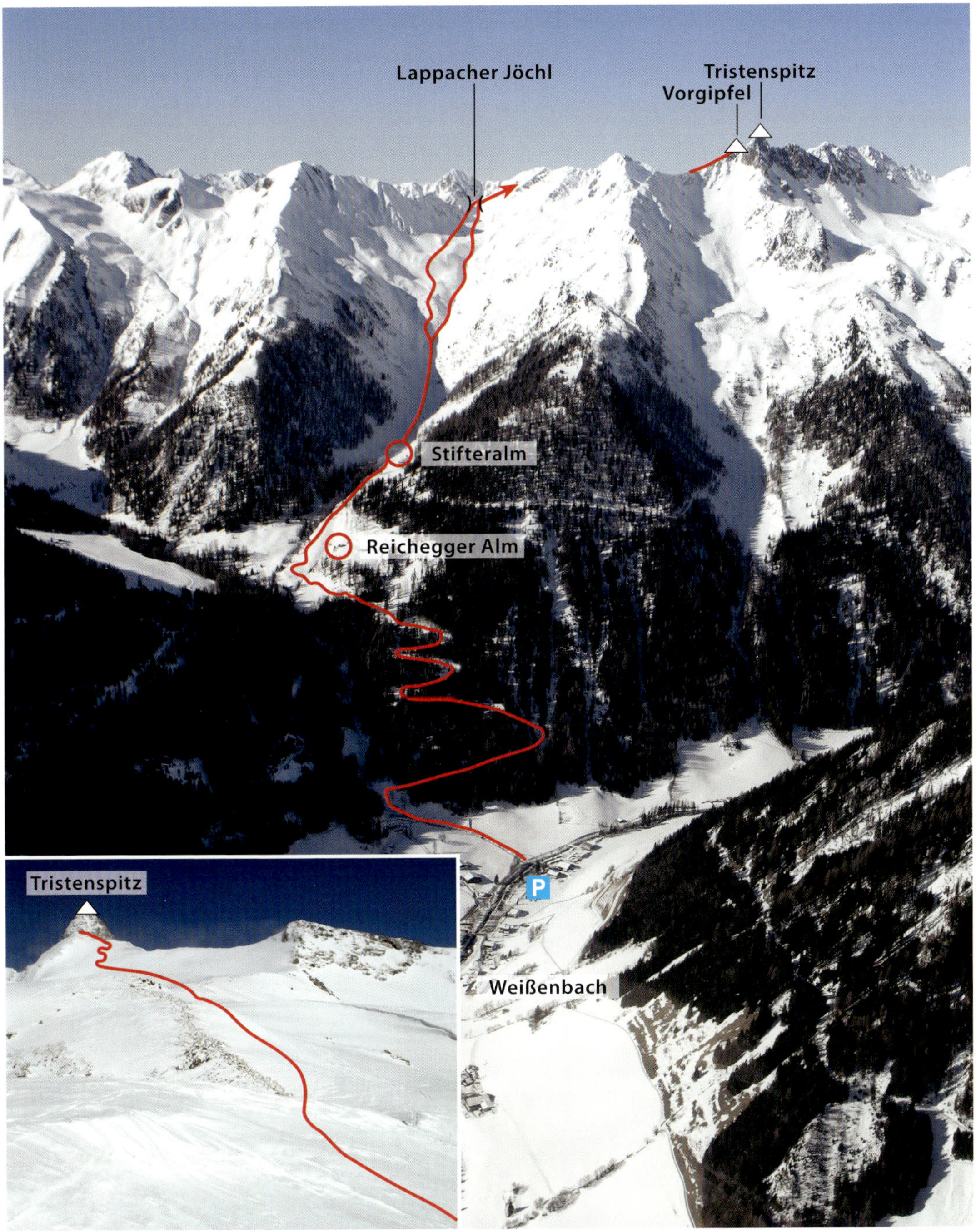

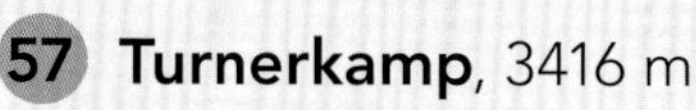

57 Turnerkamp, 3416 m — 58 5. Hornspitze, 3109 m

	57	58
Hangrichtung	Süd – Ost	Süd
Skitechnisch	mäßig	mäßig
Alpintechnisch	schwierig	leicht
Lawinengefahr	mäßig	mäßig
Höhenunterschied	2026 m	1709 m
Aufstiegszeit	ca. 6½ Std.	ca. 5½ Std.
Ausgangspunkt	Talschluss von Weißenbach (Parkplatz, 1390 m)	
Kartografie	Tabacco Nr. 036, Sand in Taufers	

Anfahrt: Pustertal – Bruneck – Ahrntal – Luttach – Weißenbach-Dorfende

Gemeinsamer Aufstieg: Dem Forstweg zur Gögealm (2027 m) folgen (Abkürzungen möglich). Die Alm bleibt links liegen. Durch die Mulde rechts hinauf und unterhalb der Schöllberg-Gögealm (2310 m) vorbei bis unter die mittlere Mulde, die zur großen Ebene „Moos" (2310 m) hinaufführt.

57 Zum Turnerkamp (von Osten)

Durch diese Ebene, sich etwas links haltend, bis unter den Moränenrücken. Links davon durch eine Mulde und später auf den Rücken immer gerade hinauf, bis zum Ende der Moräne auf einen Hügel (2700 m). Jetzt durch eine Mulde weiter und rechts auf das Trattenbachkees. Über dieses bis zum Beginn der steilen Gipfelrinne (ca. 3300 m). Dort Skidepot, Achtung Randspalte. Durch die Rinne bis auf den Grat und links zum Gipfel mit Kreuz.
Abstieg und **Abfahrt** wie Aufstieg.
Abfahrtsvariante: Bei sicheren Verhältnissen kann man sich im sog. „Moos" ganz links halten und kurz auf einen Rücken aufsteigen, um dann über steile Hänge direkt zur Tratteralm abzufahren.

58 Zur 5. Hornspitze

Über die große Ebene geradeaus weiter und am unteren Ende eines Moränenkammes rechts vorbei. Gerade weiter über schön gestuftes Gelände Richtung Trattenjoch. Ein Stück vor dem Joch hält man sich rechts und geht bis unter den steilen Hang, der zum Südgrat der Hornspitze hinaufführt. Über diesen Hang bis unter die Felsschroffen aufwärts. Dort Skidepot. Zwischen Felsen und über kleine Felsabsätze links vom Grat zum Gipfelkreuz hinauf. Der eigentliche Gipfel liegt etwas höher, ist jedoch schwierig zu besteigen.
Abfahrt wie Aufstieg.
Abfahrtsvariante: Bei sicheren Verhältnissen kann man sich im sog. „Moos" ganz links halten und kurz auf einen Rücken aufsteigen, um dann über steile Hänge direkt zur Tratteralm abzufahren.

Hinweis: Pickel und Steigeisen erforderlich. Im späten Frühjahr kann man gut mit dem Bergrad zur Gögealm fahren.

57
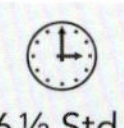
6½ Std.
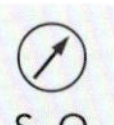
S–O
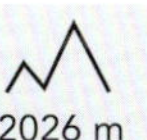
2026 m

58
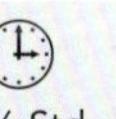
5½ Std.

S
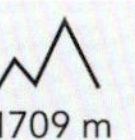
1709 m

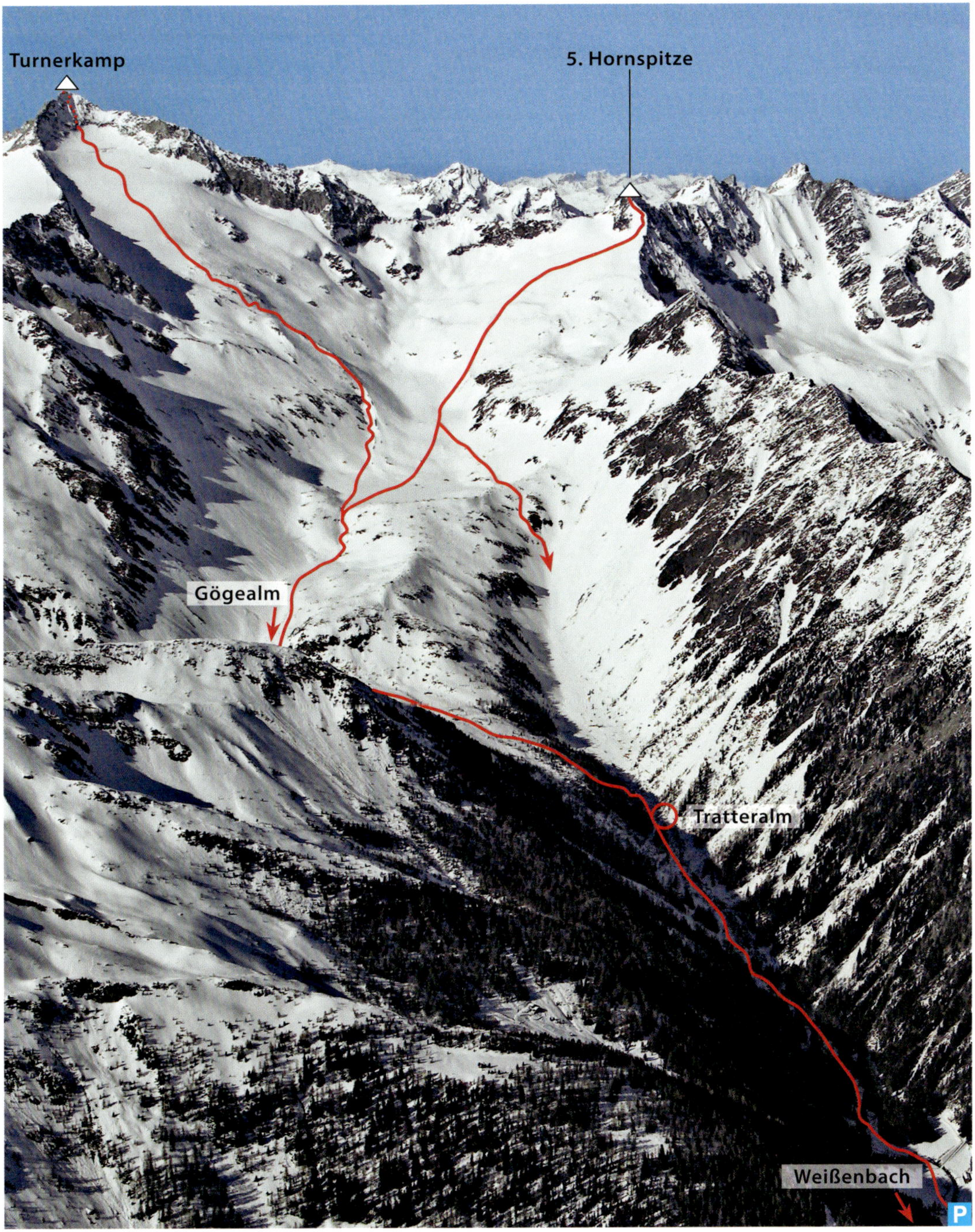

59 Schwarzenstein (Rotbachltal), 3369 m

Hangrichtung	Süd – Ost – Nord
Skitechnisch	schwierig
Alpintechnisch	leicht
Lawinengefahr	häufig
Höhenunterschied	1897 m
Aufstiegszeit	ca. 6 Std.
Ausgangspunkt	Berggasthof Stalliler (1472 m)
Kartografie	Tabacco Nr. 036, Sand in Taufers

Anfahrt: Pustertal – Sand in Taufers – Ahrntal – St. Johann; 100 m vor der Kirche links Wegweiser „Stalliler". Kleine Straße; immer links haltend bis zum Hof.

Aufstieg: Dem Forstweg 2,9 km bis zur Daimerhütte (1872 m) folgen. Anfangs steil und gerade über den großen Hang bis 2250 m aufwärts. Danach weniger steil immer gerade weiter bis zum Ende des Hanges auf 2550 m. Jetzt das flache Tal gerade bis unter den steilen Hang hinein (2760 m). Nun schräg rechts steil zur gut sichtbaren Schwarzensteinhütte (2922 m) hinauf. Von der Hütte links weiter; zuerst flach und dann links von einer runden Kuppe (Standort der neuen Hütte) bis unter das „Felsköpfl". An der rechten Seite hinauf und hinter dem Köpfl auf das Schwarzensteinkees (3200 m). Jetzt links in südlicher Richtung in die linke Scharte (3300 m). Dann mit oder ohne Skier über den Grat zum Gipfel mit Kreuz.

Abfahrt wie Aufstieg.

Alternativabfahrt ins Trippachtal: Vom Felsköpfl ein Stück Richtung Hütte und dann links auf den Gletscher unter dem Trippachsattel. Jetzt am rechten Rand unter den Felswänden (Achtung links Spalten) und dann durch Mulden zur Kegelgassalm (2109 m) hinab. Gerade weiter abwärts und über den Forstweg, einmal 20 Minuten ansteigend, zurück zum Berggasthof Stalliler.
Hinweis: Pickel empfehlenswert.

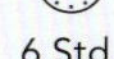
6 Std.

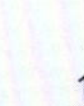
S–O–N

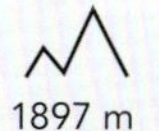
1897 m

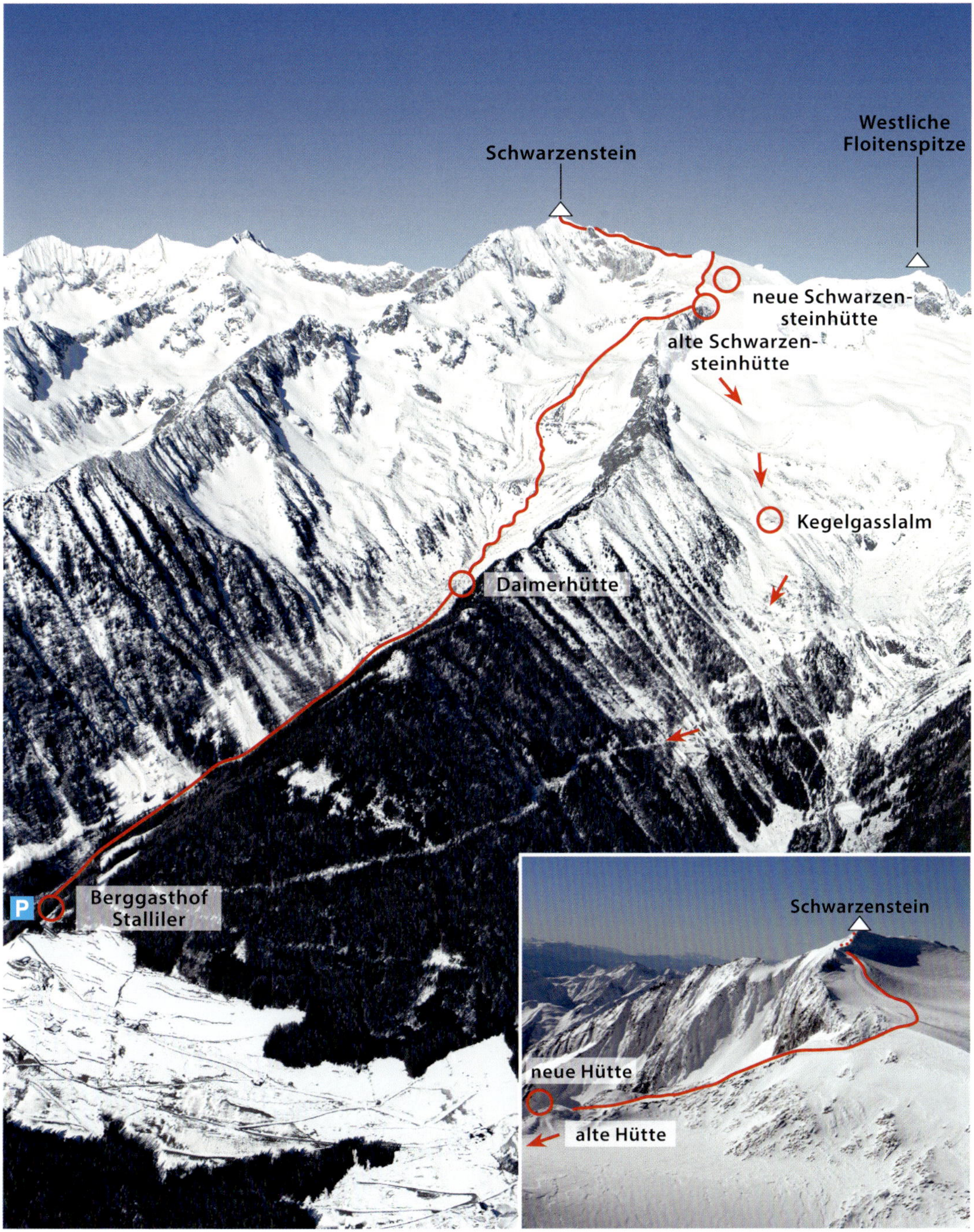

Schwarzenstein
Westliche Floitenspitze
neue Schwarzen-steinhütte
alte Schwarzen-steinhütte
Kegelgasslalm
Daimerhütte
Berggasthof Stalliler
P

Schwarzenstein
neue Hütte
alte Hütte

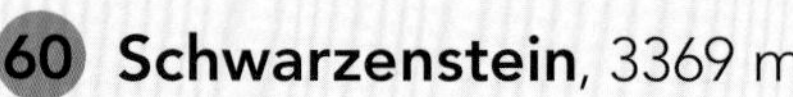

60 Schwarzenstein, 3369 m

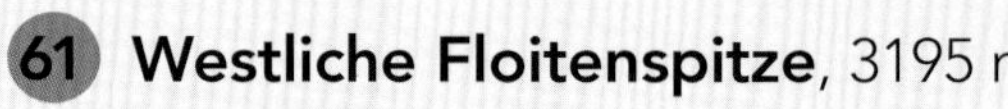

61 Westliche Floitenspitze, 3195 m

	60	61
Hangrichtung	Süd – Ost – Nord	Süd – Nordwest
Skitechnisch	schwierig	schwierig
Alpintechnisch	leicht	leicht
Lawinengefahr	häufig	häufig
Höhenunterschied	2119 m	1945 m
Aufstiegszeit	ca. 7 Std.	ca. 6½ Std.
Ausgangspunkt	Beginn Forstweg unter dem Trippachhaus (1250 m)	
Kartografie	Tabacco Nr. 036, Sand in Taufers	

Anfahrt: Pustertal – Bruneck – Sand in Taufers – Ahrntal – St. Johann. 100 m vor der Kirche links Wegweiser „Stalliler". Bei der ersten Gabelung links bis zur Brücke über den Trippbach und bei der nächsten Gabelung rechts zum Beginn des Forstweges.

Gemeinsamer Aufstieg: Dem Forstweg (Abkürzungen möglich) bis zum Wegweiser links vom Wasserfall (1450 m) folgen. Links vom Wasserfall über den Sommerweg Nr. 19 steil aufwärts bis man bei 1628 m auf einen Forstweg trifft. Nun gibt es zwei Möglichkeiten:

a) Dem Forstweg nach links aufwärts folgen und dann nach rechts zu den Oberhütten (1859 m).
b) Rechts zur Unterhütte/Hofer-Paul-Hütte und über die Wiesen aufwärts bis an ihr Ende. Dort steil und links der Felswand zu einem Zaun, rechts von den Oberhütten hinauf. Links weiter zur Kesselgasslalm, 2109 m. Dann schräg rechts bis zum Beginn der Moräne (2340 m). Rechts von dieser durch eine Mulde bis unter die linken Felswände (2600 m). Am linken Rand des Gletschers entlang (Achtung rechts Spalten) bis unter den Trippachsattel (3030 m).

60 Zum Schwarzenstein (Trippachtal)

Vor dem Sattel links unter das Felsköpfl und rechts von diesem zum Schwarzensteinkees (3200 m). Links und in südliche Richtung weiter in die linke Scharte (3300 m). Mit oder ohne Skier über den Grat zum Gipfel mit Kreuz.
Abfahrt wie Aufstieg.
Hinweis: Pickel empfehlenswert.

61 Zur Westlichen Floitenspitze

Auf den Trippachsattel (3030 m) hinauf und auf der hinteren Seite unter dem Trippachkopf vorbei, mäßig ansteigend in östlicher Richtung weiter. Unterhalb des Kammes bis unter den ziemlich weit hinten liegenden Gipfel. Kurz darunter Skidepot und über einige Felsblöcke bis zum Kreuz.
Abfahrt wie Aufstieg.

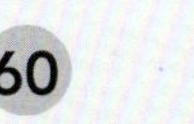
7 Std.
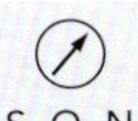
S–O–N
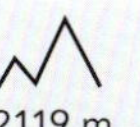
2119 m

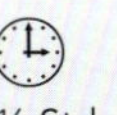
6 ½ Std.
S–NW
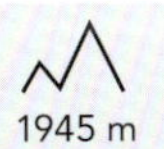
1945 m

Schwarzenstein
Westliche Floitenspitze
Großer Löffler
neue Schwarzensteinhütte
alte Schwarzensteinhütte
Kegelgasslalm
Oberhütten
b)
Unterhütte/Hofer-Paul
a)
zum Stalliler
Wasserfall
Trippachhaus
P

Schwarzenstein

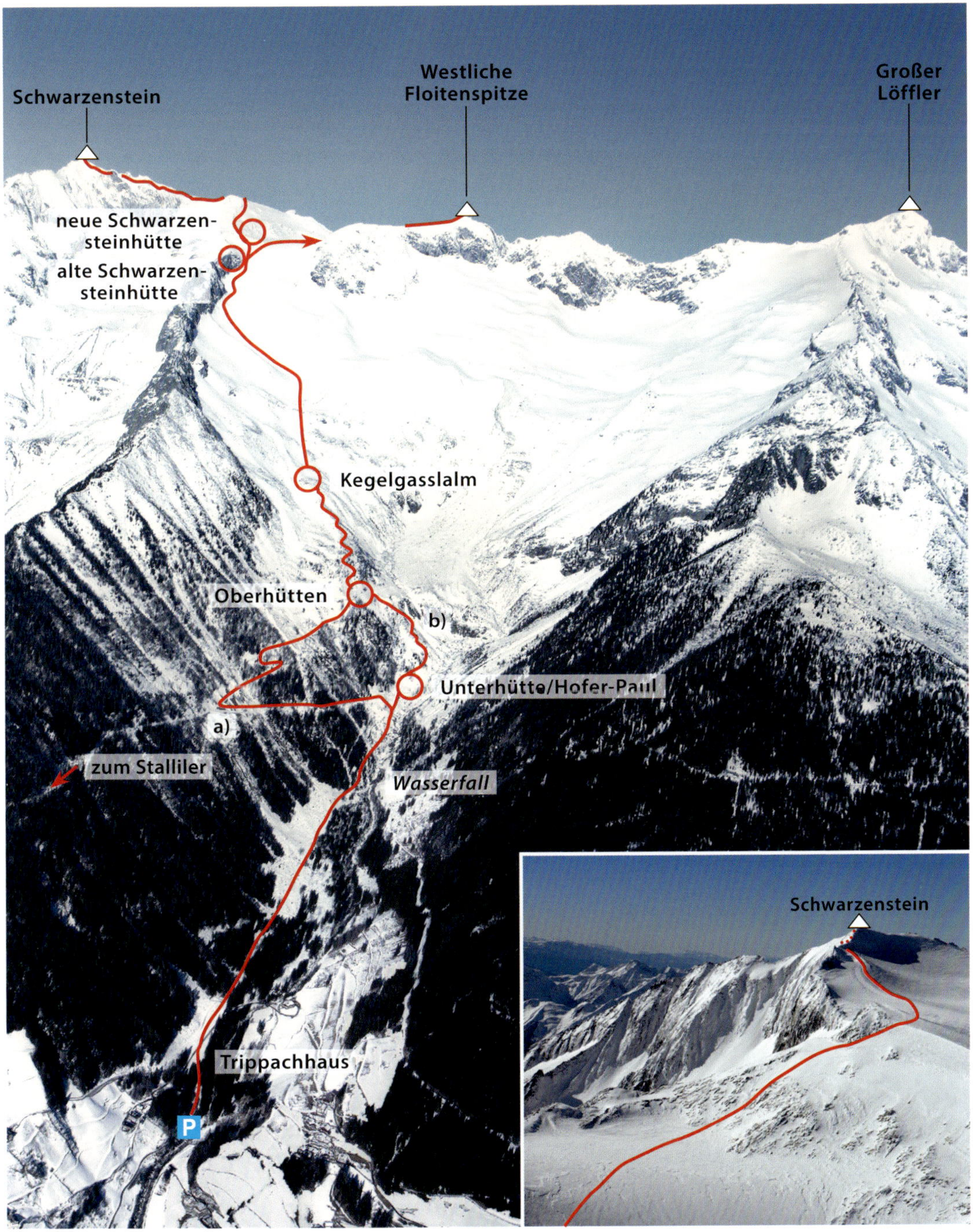

62 **Großer Löffler**, 3378 m

Hangrichtung	Süd – Nordwest
Skitechnisch	schwierig
Alpintechnisch	mäßig
Lawinengefahr	häufig
Höhenunterschied	2128 m
Aufstiegszeit	ca. 7 Std.
Ausgangspunkt	Beginn Forstweg unter dem Trippachhaus (1250 m)
Kartografie	Tabacco Nr. 036, Sand in Taufers

Anfahrt: Pustertal – Bruneck – Sand in Taufers – Ahrntal – St. Johann; 100 m vor der Kirche links Wegweiser „Stalliler". Bei der ersten Gabelung links bis zur Brücke über den Trippbach und bei der nächsten Gabelung rechts zum Beginn des Forstweges.

Aufstieg: Dem Forstweg (Abkürzungen möglich) bis zum Wegweiser links vom Wasserfall (1450 m) folgen. Nun über den Sommerweg Nr. 19 steil aufwärts bis man auf 1628 m auf einem Forstweg trifft. Nun gibt es zwei Möglichkeiten:

a) Dem Forstweg nach links aufwärts folgen und dann nach rechts zu den Oberhütten (1859 m).
b) Rechts zur Unterhütte/Hofer-Paul-Hütte und über die Wiesen aufwärts bis an ihr Ende. Dort steil und links der Felswand zu einem Zaun, rechts von den Oberhütten hinauf. Dann nach rechts in eine Ebene (1892 m) und durch die Bachmulde oder links davon steil bis in die obere Ebene (2400 m). Hier rechts zur Moräne und weiter Richtung einer markanten Scharte am Speikkofelkamm. Unter dieser Scharte immer schräg links bis unter den Steilaufschwung der Trippachscharte. Links unter einem Felszacken sehr steil in die Scharte hinauf (3182 m). Achtung auf die Randspalte! Hinter der Scharte flach nach rechts hinüber. Dann schräg links, immer steiler werdend so weit wie möglich mit den Skiern hinauf. Schräg links in einen Sattel (3250 m) und weiter bis zum Gipfel mit zwei Kreuzen.

Abfahrt wie Aufstieg.

Abfahrtsvariante: Man kann auch über den Gletscher direkt und dann schräg links in die Ebene auf 2400 m abfahren.

Hinweis: Pickel und Steigeisen empfehlenswert.
Man kann auch vom Berggasthof Stalliler rechts immer dem Forstweg bis zu den Oberhütten folgen.

7 Std.
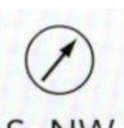
S–NW
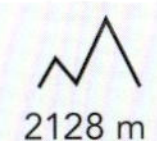
2128 m

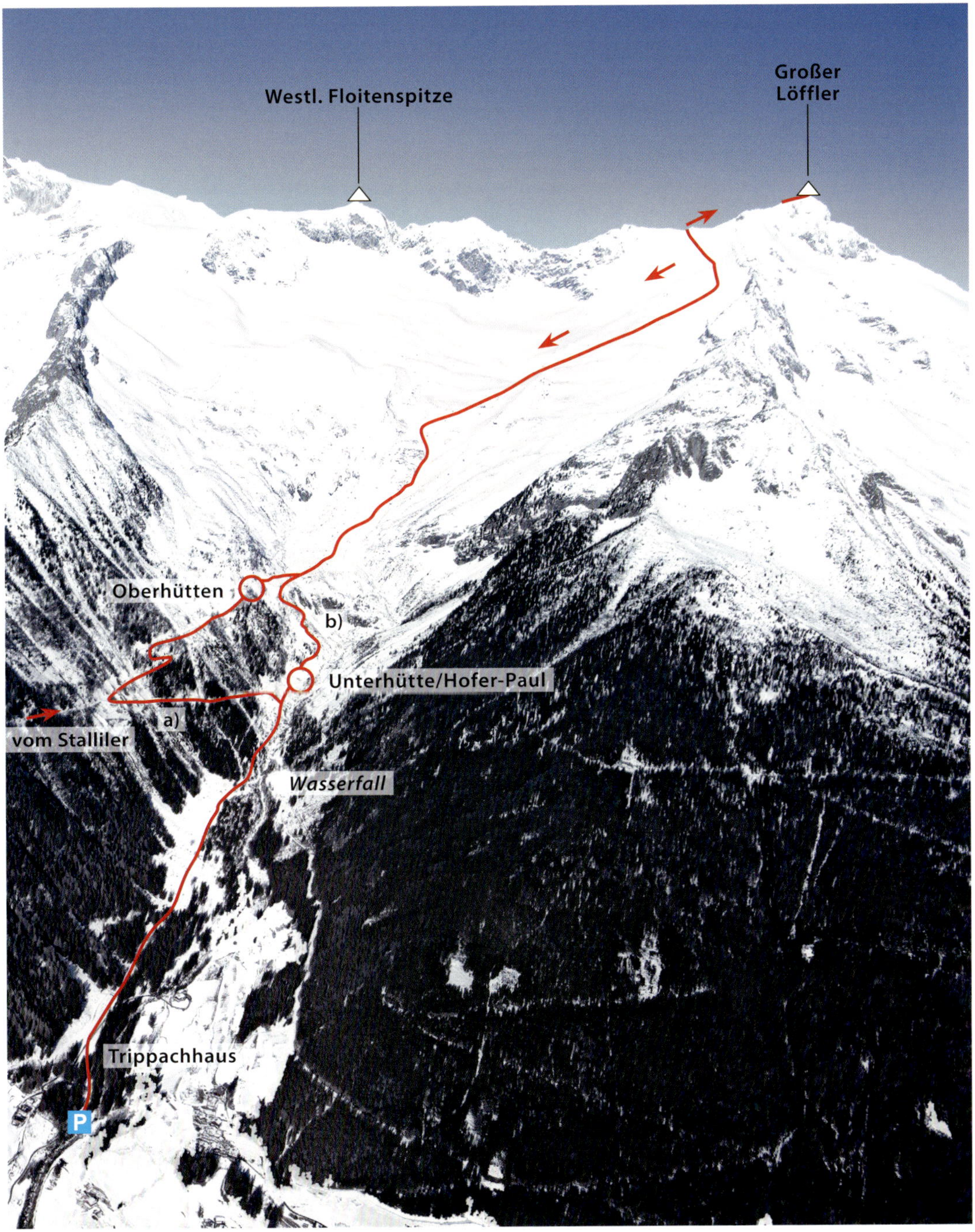

Westl. Floitenspitze
Großer Löffler
Oberhütten
b)
Unterhütte/Hofer-Paul
a)
vom Stalliler
Wasserfall
Trippachhaus
P

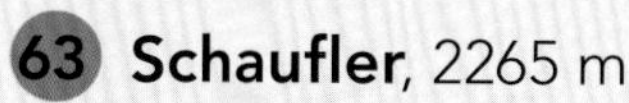
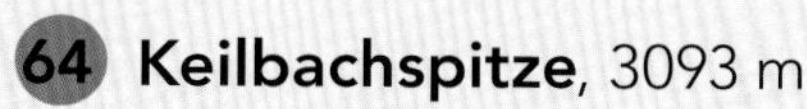

63 Schaufler, 2265 m — 64 Keilbachspitze, 3093 m

	63 Schaufler	64 Keilbachspitze
Hangrichtung	Süd – Ost	Südwest – West
Skitechnisch	leicht	schwierig
Alpintechnisch	–	schwierig
Lawinengefahr	gering	häufig
Höhenunterschied	905 m	1773 m
Aufstiegszeit	ca. 3 Std.	ca. 6 Std.
Ausgangspunkt	Hochlärchenhof (1360 m, beschränkter Parkplatz)	oberhalb vom Frankhof (1320); Beginn Forstweg zur Bizathütte
Kartografie	Tabacco Nr. 036, Sand in Taufers; Tabacco Nr. 035, Ahrntal – Rieserferner-gruppe	

Anfahrt Schaufler: Pustertal – Bruneck – Sand in Taufers – Ahrntal – St. Johann. 100 m vor der Kirche links und weiter Richtung Platterhof. Vor diesem links zum Reichegger und wieder links zum Hochlärchenhof (1360 m).

Anfahrt Keilbachspitz: Pustertal – Bruneck – Sand in Taufers – Ahrntal – St. Johann. 1,5 km nach St. Johann bei „Mühlegg" links ca. 2 km aufwärts bis zum Frankhof.

63 Zum Schaufler

Vom Hof 1,9 km dem Forstweg folgen. Dann links und später bei einer Gabelung rechts bis zur Hochlarcher-Wasen-Alm (2031 m), 5,5 km vom Hof). Von der Alm an der linken Seite der großen Mulde bis zum höchsten Punkt links vom Sattel. Ein kleines Kreuz auf 2175 m bleibt etwas links liegen.
Abfahrt wie Aufstieg.

64 Zur Keilbachspitze

Über den Forstweg bis zur Bizathütte (1414 m). Links an dieser vorbei und über den „Schmugglersteig" durch eine Waldschneise rechts vom Bach bis ins freie Gelände. Gerade durch das Tal bis unter die Vielegger Hütten (1840 m) hinauf. Rechts vom Bach in den flachen Kessel hinein. Je nach Schneelage entweder in der Mitte durch eine Rinne hinauf oder am rechten Rand des Felsriegels zuerst über den Hang, dann kurz durch eine Rinne aufwärts. Immer schräg links bis in eine Ebene (2300 m). Nun gerade oder links ausholend hinauf in die obere große Ebene, genannt „Sandraine" (2520 m). Kurz über diese Ebene hinein und rechts zu einer Moräne hinauf. Diese überschreitet man bei einem Steinmann (2685 m) und gelangt in eine Mulde. Durch diese nach rechts bis unter den Gipfelhang. Über diesen, immer steiler werdend bis auf 2900 m. Hier Skidepot. Rechts von den großen Felszacken sehr steil (45°) auf eine Schulter hinauf. Jetzt links, immer noch steil bis unter die Gipfelfelsen und unterhalb der Felsen rechts aufwärts bis zum Gipfelkreuz.
Abfahrt wie Aufstieg.

Hinweis: Pickel und Steigeisen erforderlich. Man kann auch vom Hochlärchenhof über den 4 km langen Forstweg die Vielegger-Hütten erreichen.

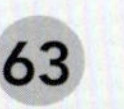

63 | 3 Std. 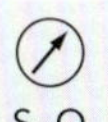 | S–O | 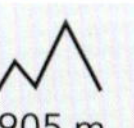 905 m

64 | 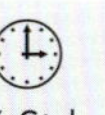 6 Std. | SW–W | 1773 m

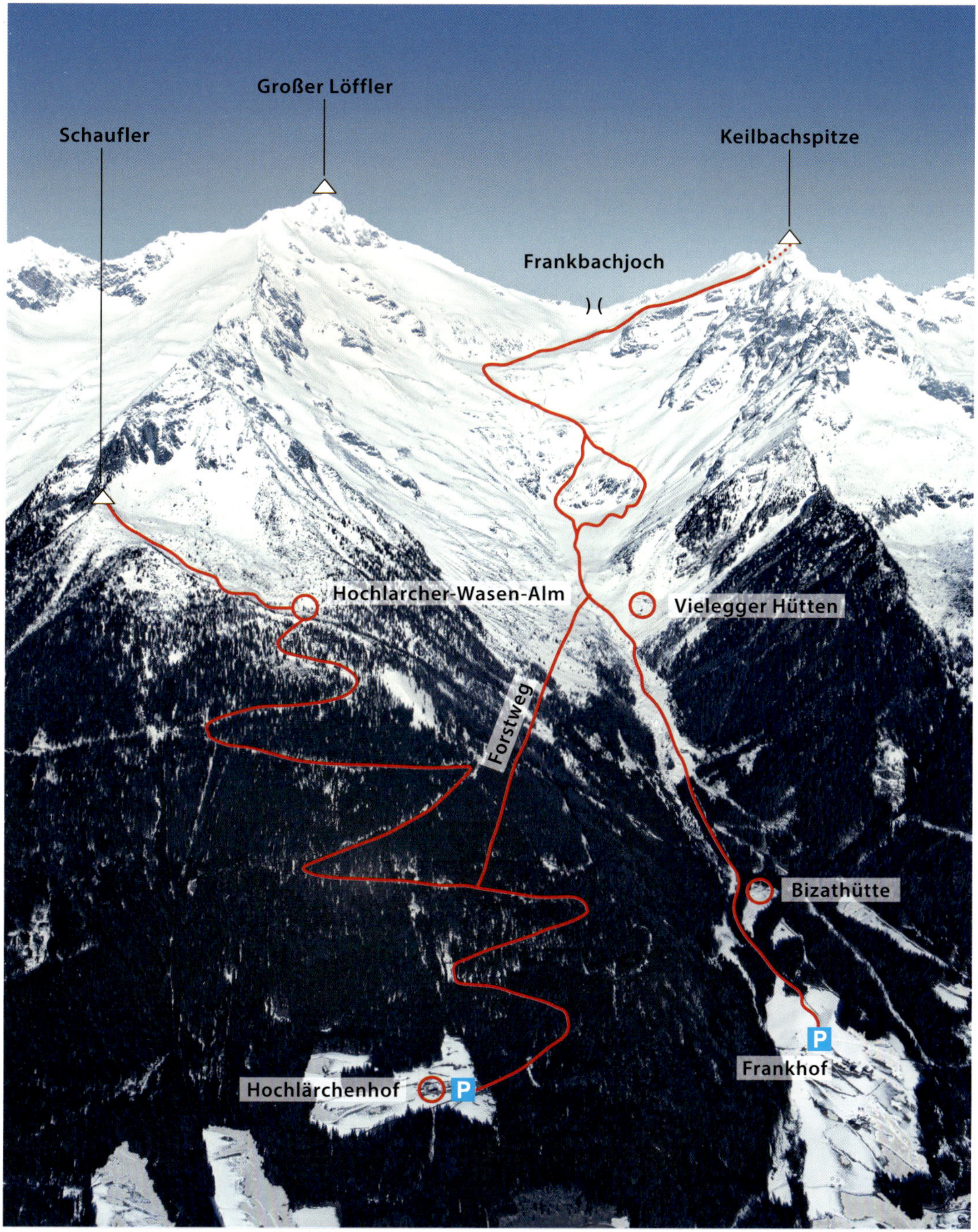

Großer Löffler

Schaufler

Keilbachspitze

Frankbachjoch

Hochlarcher-Wasen-Alm

Vielegger Hütten

Forstweg

Bizathütte

P

Frankhof

Hochlärchenhof

P

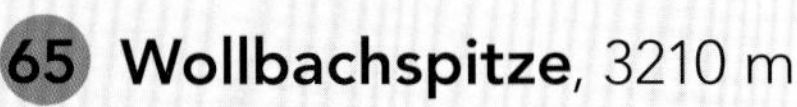

65 Wollbachspitze, 3210 m

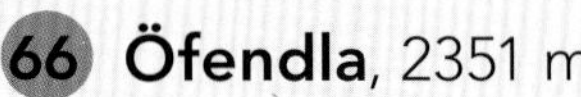

66 Öfendla, 2351 m

	65 Wollbachspitze	66 Öfendla
Hangrichtung	Süd – West	Ost – Süd
Skitechnisch	schwierig	mäßig
Alpintechnisch	leicht	–
Lawinengefahr	häufig	mäßig
Höhenunterschied	1760 m (mit Gegenanstieg)	851 m
Aufstiegszeit	ca. 6 Std.	ca. 3 Std.
Ausgangspunkt	Beginn Forstweg, 200 m nach dem Ebnerhof (1500 m)	
Kartografie	Tabacco Nr. 036, Sand in Taufers; Tabacco Nr. 035, Ahrntal – Rieserfernergruppe	

Anfahrt: Pustertal – Bruneck – Sand in Taufers – Ahrntal bis knapp vor St. Jakob beim Schild „Am Bichl". Links zur Kirche hinauf und der ersten kleinen Bergstraße links zum Ebnerhof folgen.

65 Zur Wollbachspitze

Dem Forstweg bis zur Schranke zuerst flach und dann leicht ansteigend Richtung Wollbachalm (1607 m) folgen. Die letzten 600 m führt der Forstweg ca. 25 Hm abwärts zur Alm (2,3 km vom Ebnerhof). Zuerst über den Weg bis zu einem Viehunterstand talein, dann immer rechts vom Bach dem Sommerweg folgend, bis zu den verfallenen Innerhütten (1924 m). Immer rechts vom Bach den großen Hang bis auf 2250 m hinauf. Dann eine steile Mulde nach links queren und lange schräg nach links ins große Tal. Durch dieses in mäßiger Steigung bis in die große Ebene, genannt „Sandrain" (2548 m). Nun ganz flach in die große Mulde rechts hinein und durch diese bis unter das Wollbachjoch. Auf 2700 m beginnt ein Steilhang, der schräg rechts ins Joch (2830 m) hinaufführt. Über den Kamm oder links davon bis unter einen runden Höcker kurz steil hinauf. Auf dem breiten Rücken (bei wenig Schnee viele Steine) bis unter den sehr steilen Gipfelhang (3050 m). Über diesen (bis 40° steil) zum Vorgipfel und dann flach zum höchsten Punkt mit Gipfelkreuz.
Abfahrt wie Aufstieg.
Hinweis: Pickel und Steigeisen empfehlenswert.
Tipp: Ab Anfang/Mitte Mai kann man gut mit dem Bergrad bis zur Wollbachalm fahren.

66 Zum Öfendla

Dem Forstweg bis zur ersten Abzweigung folgen. Dann rechts auf dem Forstweg weiter bis zur Hollenzalm (1825 m), 3 km vom Ausgangspunkt. Von der Alm zuerst gerade hinauf, dann schräg rechts bis zum großen Lawinenschutzdamm (2050 m). Durch einen schmalen Durchgang kommt man in die dahinter liegende Ebene. Gerade zum oberen Damm hinauf und rechts vorbei bis unter den Steilhang, 2140 m. Über diesen hinauf und dann rechts durch eine Mulde weiter bis in einen Sattel (2300 m). Auf der Ostseite in Kürze aufwärts zum höchsten Punkt mit Steinmann.
Abfahrt wie Aufstieg.

 6 Std. 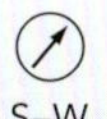 S–W 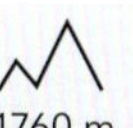 1760 m

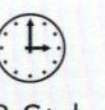 3 Std.  O–S  851 m

Wollbachspitze
Wollbach-joch
Öfendla
Innerhütten
Hollenzalm
Wollbachalm
P Ebnerhof

Wollbachspitze
zum Wollbachjoch

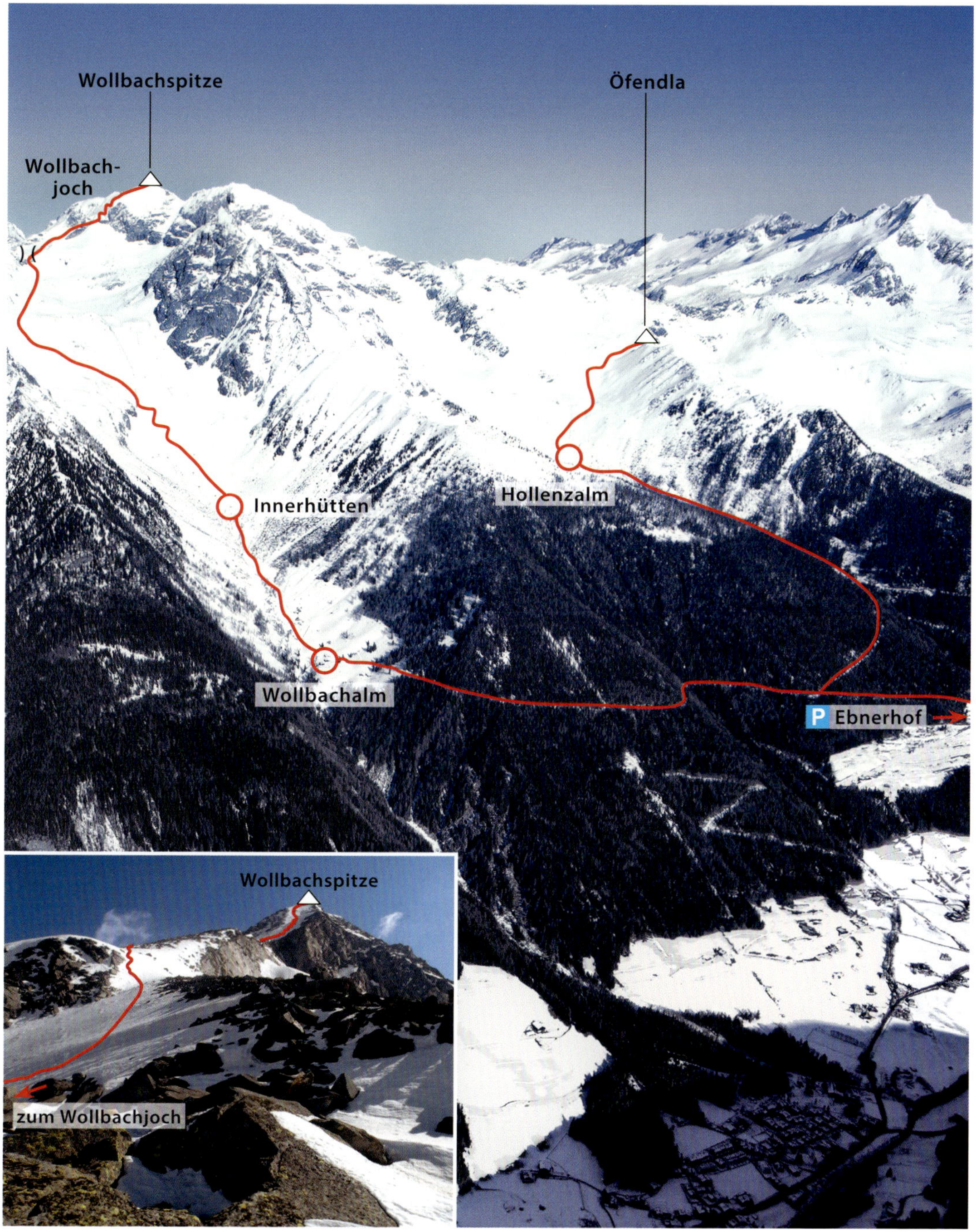

 Löffelspitz (von Süden), 3018 m

Hangrichtung	Süd
Skitechnisch	schwierig
Alpintechnisch	–
Lawinengefahr	häufig
Höhenunterschied	1505 m
Aufstiegszeit	ca. 5 Std.
Ausgangspunkt	Feuchtenbergerhof (1513 m, beschränkter Parkplatz)
Kartografie	Tabacco Nr. 035, Ahrntal – Rieserfernergruppe

Anfahrt: Pustertal – Bruneck – Sand in Taufers – Ahrntal – St. Peter bis fast zum Dorfende, wo das Straßenschild zur Kirche hinauf zeigt und links die alte Finanzkaserne steht. 50 m davor zweigt beim Hinweisschild „Winklerhof" eine kleine Bergstraße ab. Teilweise steil, 2,4 km bis zum Feuchtenbergerhof.

Aufstieg: Dem Forstweg bis nach der ersten Kehre folgen. Kurz danach bei einer Wasserfassung rechts bis zum oberen Forstweg hinauf. Über diesen bis zur Taseralm (1720 m) und gerade durch das breite Tal bis unter die schwarze Felswand mit einem Wasserfall (1930 m). Nach rechts sehr steil durch eine Mulde gerade aufwärts bis zu den Taser-Oberhütten (2091 m). Schräg links über Geländestufen und Rücken (einzelne Steinmänner zeigen die Richtung) bis zum obersten Ende, „Brandberg" (2685 m) genannt, hinauf. Schräg rechts über einen Rücken und durch eine kleine Mulde bis zu deren Ende. Links bis unter den Gipfelhang (2880 m) und über diesen sehr steil zum Gipfel mit Kreuz.

Abfahrt wie Aufstieg.

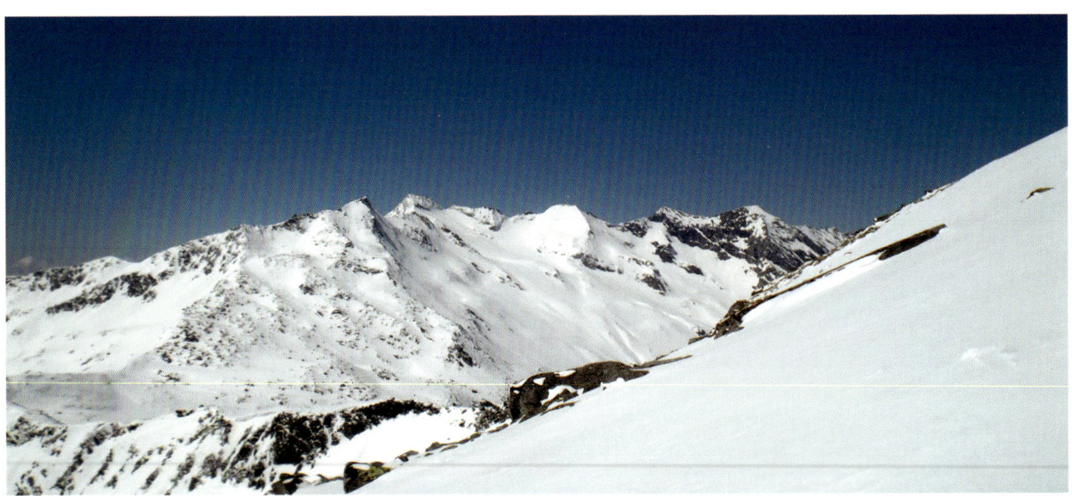

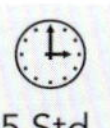
5 Std.

S

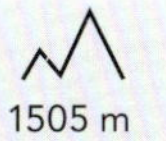
1505 m

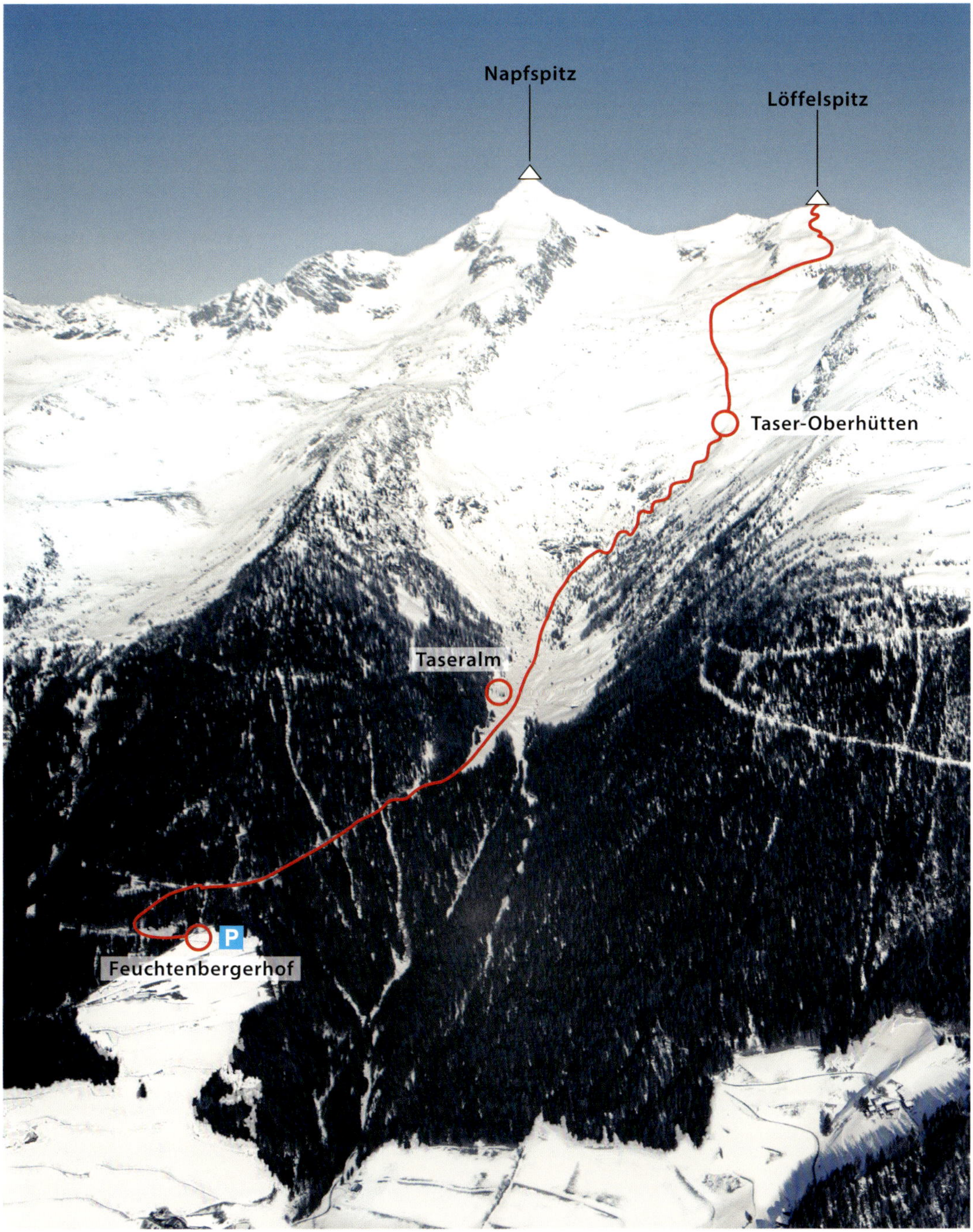

Napfspitz

Löffelspitz

Taser-Oberhütten

Taseralm

P

Feuchtenbergerhof

68 Wagnerschneidspitz, 2899 m — 69 Löffelspitz, 3018 m

	68	69
Hangrichtung	Süd – Ost	Süd – Ost
Skitechnisch	mäßig	mäßig
Alpintechnisch	–	mäßig
Lawinengefahr	mäßig	häufig
Höhenunterschied	1383 m	1502 m
Aufstiegszeit	ca. 5 Std.	ca. 5½ Std.
Ausgangspunkt	Locherhof (1516 m, beschränkter Parkplatz)	
Kartografie	Tabacco Nr. 036, Sand in Taufers; Tabacco Nr. 035, Ahrntal – Rieserfernergruppe	

Anfahrt: Pustertal – Bruneck – Sand in Taufers – Ahrntal – St. Peter bis zur Kirche und weiter zum obersten Hof genannt „Locherhof".

Gemeinsamer Aufstieg: Dem Forstweg ca. 5 km bis oberhalb der Samhütten folgen, wobei man sich bei den Weggabelungen immer links hält. Beim Wegweiser „Hundskehljoch" (2130 m) folgt man den Stangen vom Sommersteig und gelangt am Anfang ziemlich flach, dann mäßig ansteigend auf das Hundskehljoch (2607 m). Vom Joch auf der hinteren Seite links einige Meter hinab und dann schräg rechts zwischen Felsblöcken, sich immer wieder rechts haltend in eine Mulde. Durch diese bis auf 2760 m hinauf. Rechts über eine Ecke in den Kessel unter einem steilen Hang (2820 m).

68 Zum Wagnerschneidspitz

Links über den Rücken steil zum höchsten Punkt hinauf.
Abfahrt wie Aufstieg.

69 Zum Löffelspitz (von Osten)

Über den Steilhang das erste Drittel hinauf, dann rechts hinaus auf den Rücken und über diesen bis unter die zwei Felszacken. Unterhalb der Zacken steil nach rechts queren und in die kleine Scharte rechts vom zweiten Turm hinauf. Dort Skidepot (2950 m). Über den schmalen Schneegrat hinüber zum Gipfelkreuz.
Abfahrt wie Aufstieg.
Hinweis: Pickel und Steigeisen empfehlenswert.

Abfahrtsvariante für beide Touren: Bei sicherer Schneelage kann man auf 2760 m den Kamm überschreiten und dann rechts den steilen Südhang zur Aufstiegsspur abfahren.

5 Std. | S–O | 1383 m

5 ½ Std. | S–O | 1502 m

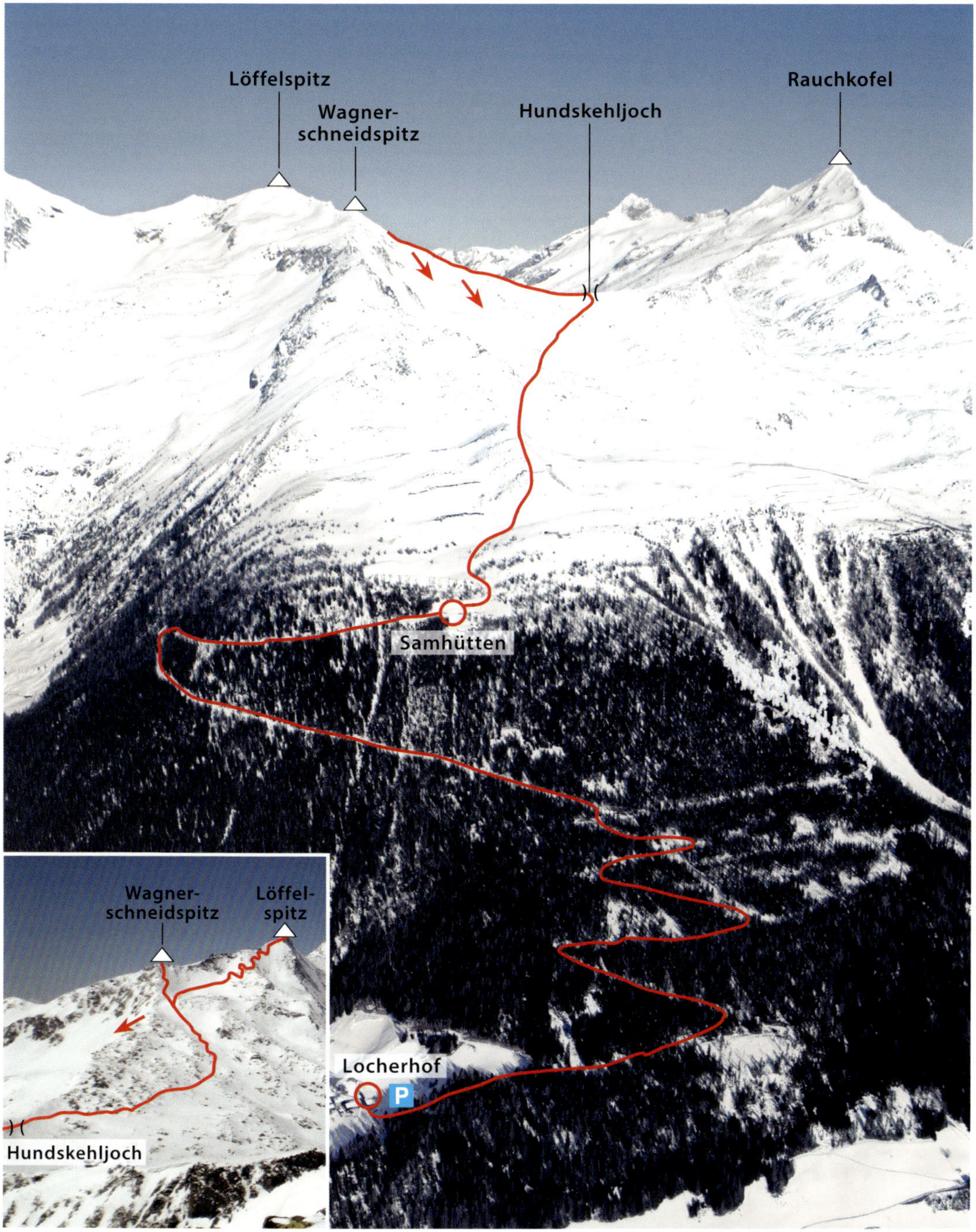

70 **Rauchkofel**, 3251 m

Hangrichtung	Süd – West
Skitechnisch	schwierig
Alpintechnisch	mäßig
Lawinengefahr	häufig
Höhenunterschied	1784 m | 1651 m
Aufstiegszeit	ca. 6 Std.
Ausgangspunkt	Parkplatz bei der Kirche von Prettau (1467 m) Alternativer Ausgangspunkt: Kasern (1600 m); knapp vor Kasern bei der Brücke links dem Wegweiser „Waldner Alm" und dem Sommerweg bis zum Forstweg folgen
Kartografie	Tabacco Nr. 035, Ahrntal – Rieserfernergruppe

Anfahrt: Pustertal – Bruneck – Sand in Taufers – Ahrntal – Prettau oder Kasern

Aufstieg: Vom Parkplatz in Prettau gleich links der Kirche zu einem großen Haus und links davon zum Weg hinauf. Rechts durch ein Zaungitter und schräg rechts zum alten Bauernhaus. Zwischen Haus und Stadel hindurch und gerade hinauf, der Markierung folgend bis zum Forstweg (1600 m). Dort steht ein Wegweiser. Gerade über den alten Weg steil durch den Wald bis zur Waldgrenze, wo man wieder auf den Forstweg trifft (1930 m; man kann auch dem Forstweg ca. 3 km folgen, wobei man bei einer Abzweigung links bleibt). Jetzt noch ein Stück über den Weg nach links bis zu einem Wegweiser. Rechts durch eine Ebene in Richtung eines runden Felskopfes. Links von diesem in einen flachen Kessel und durch diesen fast ganz hinein. Rechts steil bis unter einen Felsblock und dann links in flacheres Gelände (2220 m). Nun schräg links unterhalb von Felsblöcken in eine Mulde und zu einer Steinsäule (2360 m).

a) **Linker Aufstieg:** Gerade weiter in den oberen Kessel und dann nach links sehr steil in den tiefsten Sattel am Kamm (2619 m). Links steht ein Steinmann mit einer Stange. Ca. 20 Höhenmeter auf der anderen Seite hinab und schräg rechts an großen Steinen vorbei in die große Mulde auf der Zillertaler Seite. Diese bis 2820 m hinauf, wo man einen Rücken nach links überschreitet. Dann durch die jetzt immer steiler werdende Mulde und hinauf. Schräg rechts bis auf den Ostgrat (3150 m, Skidepot). Weiter über den Firngrat zum Gipfelkreuz. Achtung auf die Wechten!
Abfahrt wie Aufstieg, wobei man im unteren Teil am besten den Forstweg benützt.

b) **Rechter Anstieg:** Gerade weiter in den oberen Kessel: Durch diesen hinein und die erste markante Mulde rechts bis 2500 m hinauf. Immer schräg links bis auf den Kamm (2800 m). Nun gerade den immer steiler werdenden Hang bis auf den Ostgrat (3150 m) folgen (Skidepot). Links über den Grat zum Gipfelkreuz. Achtung auf die Wechten!
Abfahrt wie Aufstieg. Direkte Abfahrt bei sicheren Verhältnissen: ein Stück den Westhang, sich links haltend, hinab. Auf 2820 m über den Grat auf die Ostseite und über die steile Südostflanke abwärts.

Hinweis: Pickel und Steigeisen empfehlenswert.

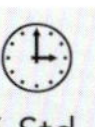
6 Std.

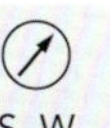
S–W

1784 m | 1651 m

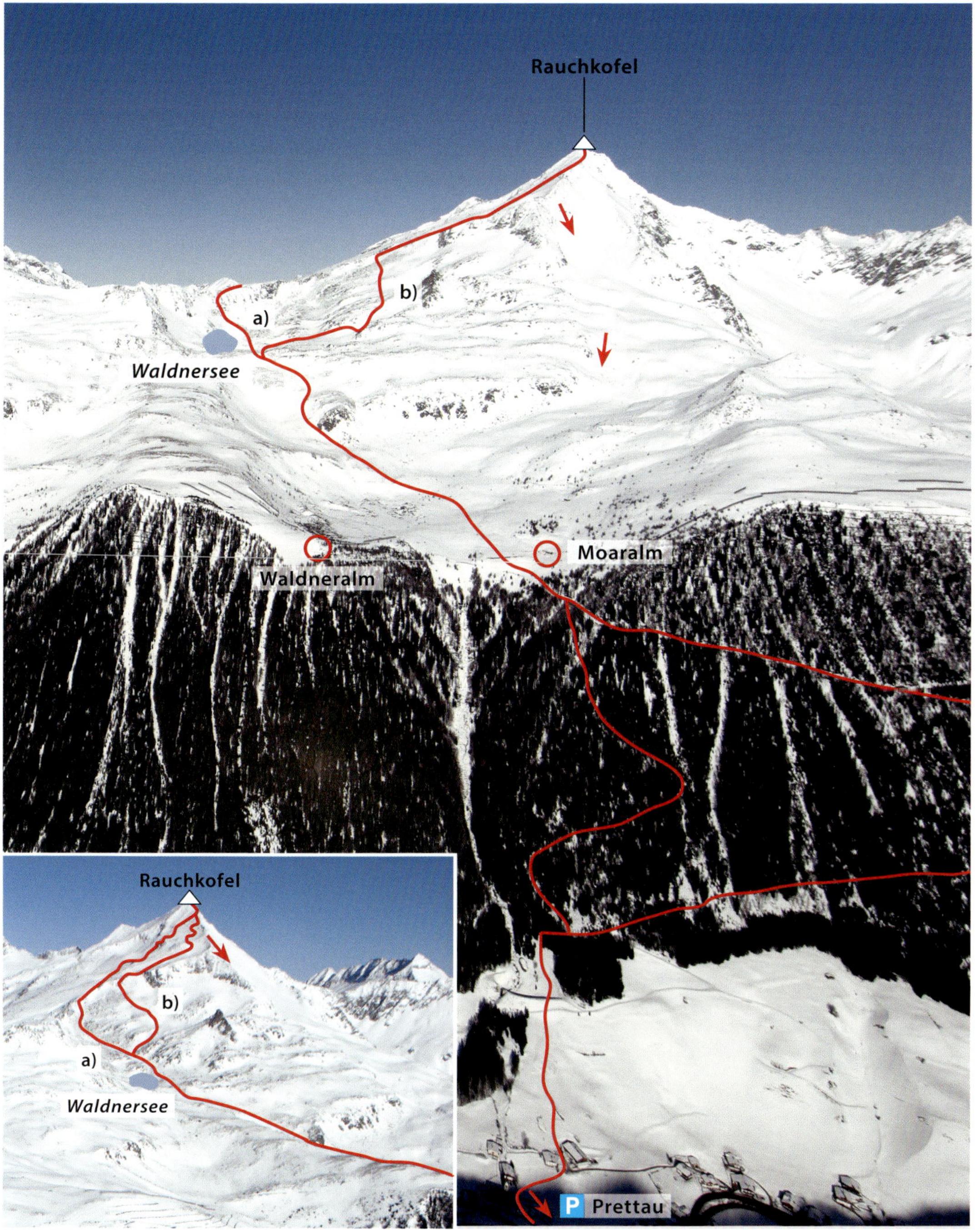

Rauchkofel
a)
b)
Waldnersee
Waldneralm
Moaralm
P Prettau

Rauchkofel
b)
a)
Waldnersee

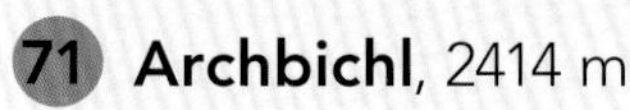

71 **Archbichl**, 2414 m

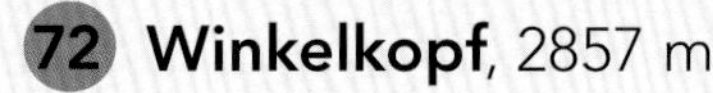

72 **Winkelkopf**, 2857 m

	71 Archbichl	72 Winkelkopf
Hangrichtung	Süd	Süd – Nordost
Skitechnisch	leicht	mäßig
Alpintechnisch	–	leicht
Lawinengefahr	gering	häufig
Höhenunterschied	947 m | 814 m	1390 m | 1257 m
Aufstiegszeit	ca. 3 Std.	ca. 5 Std.
Ausgangspunkt	Parkplatz bei der Kirche von Prettau (1467 m) Alternativer Ausgangspunkt: Kasern (1600 m); knapp vor Kasern bei der Brücke links dem Wegweiser „Waldner Alm" und dem Sommerweg bis zum Forstweg folgen	
Kartografie	Tabacco Nr. 035, Ahrntal – Rieserfernergruppe	

Anfahrt: Pustertal – Bruneck – Sand in Taufers – Ahrntal – Prettau oder Kasern

Gemeinsamer Aufstieg: Vom Parkplatz gleich links der Kirche zu einem großen Haus und links davon zum Weg hinauf. Rechts durch ein Zaungitter und schräg rechts zum alten Bauernhaus. Zwischen Haus und Stadel hindurch. Gerade aufwärts der Markierung folgen bis zum Forstweg (1600 m), wo man auf einen Wegweiser trifft. Dem Forstweg weiter folgen bis zur ersten Weggabelung. Von dort über den rechten Forstweg bis zur Kaserer Alm (2043 m), dann leicht abwärts bis zur Starklalm (5 km).

71 Zum Archbichl

Gleich nach der Starklalm links kurz durch eine Mulde hinauf, dann wieder links bis auf eine Ebene (2181 m). Hier schräg links hinauf auf einen Rücken. Weiter über den Ostrücken und zum Schluss über einige Felsblöcke aufwärts zum Steinmann mit kleinem Kreuz.
Abfahrt wie Aufstieg.

72 Zum Winkelkopf

Kurz nach der Starklalm beim Wegweiser „Lausitzer Weg" links hinauf und immer schräg rechts durch eine seichte Mulde (nicht zu hoch gehen) in eine kleine Ebene (2200 m). Oberhalb der Ebene kurz über einen steilen Hang und rechts in die große Mulde (2260 m). Durch diese gerade bis unter einen Felsriegel (2310 m) hinauf. Links von diesem steil in das obere Tal und durch die rechte Mulde bis unter das Heilig Geist Jöchl. Über einen steilen Hang in dieses hinauf (2662 m) zu einem kleinen Kreuz. Jetzt links zwischen großen Felsblöcken hindurch, wobei man auf der rechten Seite von diesen bleibt. Man gelangt so, sich immer etwas rechts haltend bis unter einen sehr steilen Grataufschwung (ca. 2720 m). Entweder hier Skidepot oder man nimmt die Ski mit zum Vorgipfel (2780 m); bis zu 45° steil ist der Aufstieg zum Vorgipfel. Von diesem kann man noch ein Stück mit den Skiern weitergehen. Etwas abwärts, dann wieder etwas steiler bis unter den Gipfel. Über einen schmalen Grat zum höchsten Punkt.
Abfahrt wie Aufstieg.

Hinweis: Pickel und Steigeisen empfehlenswert.

Prettau
Archbichl
Rauchkofel
Kaserer Alm
Kasern
Starklalm
Winkelkopf
Hl.-Geist-Jöchl

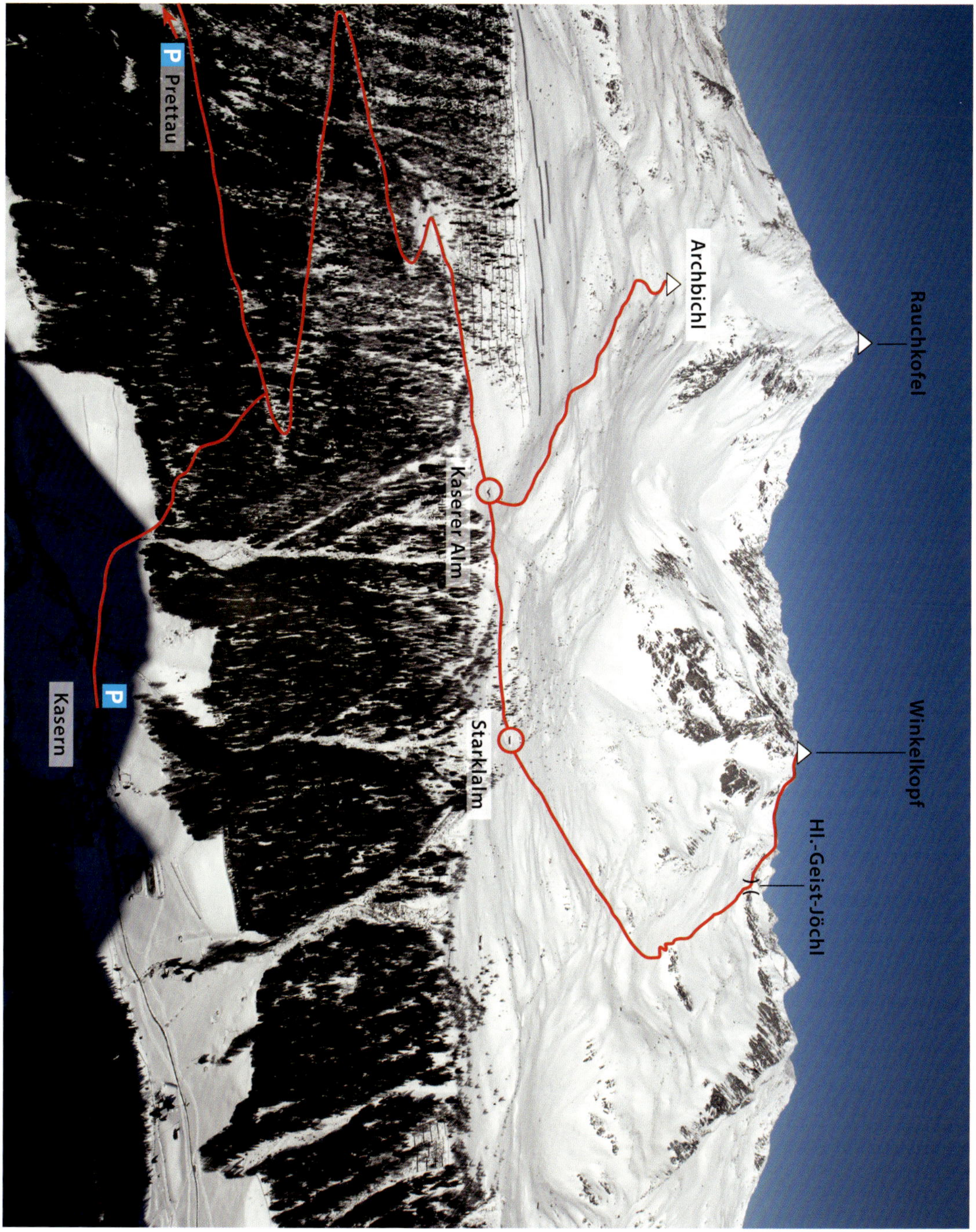

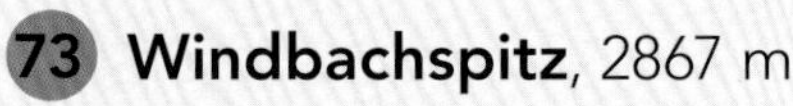

73 Windbachspitz, 2867 m 74 Dreiecker, 2892 m

	73	74
Hangrichtung	Süd	Süd
Skitechnisch	schwierig	schwierig
Alpintechnisch	–	leicht
Lawinengefahr	häufig	häufig
Höhenunterschied	1267 m	1292 m
Aufstiegszeit	ca. 4½ Std.	ca. 4½ Std.
Ausgangspunkt	Parkplatz (gebührenpflichtig) beim Naturparkhaus Kasern (1600 m)	
Kartografie	Tabacco Nr. 035, Ahrntal – Rieserfernergruppe	

Anfahrt: Pustertal – Bruneck – Sand in Taufers – Ahrntal – Kasern

Gemeinsamer Aufstieg: Dem Weg talein Richtung Trinkstein folgen, wobei man vor der Alm den linken Weg nimmt und bis vor die Brücke geht. Links oben steht ein Wegweiser und dort beginnt der Sommerweg zur Schüttal-Schöntal-Alm. Diesem Weg sehr steil rechts des Bachlaufes hinauf folgen, wobei man auf 1800 m eine Rechtsschleife durch den lichten Wald legt und dann links über einen Rücken gerade zu einem kleinen Unterstand auf 1900 m gelangt. Wieder links, unter einem Felsen vorbei in die Ebene links der Alm (2032 m). Gerade das breite Tal aufwärts bis unter eine steile, enge Stelle (2200 m). Den Hang hinauf und nach der engen Stelle rechts in weniger steiles Gelände. Über einen Rücken schräg links bis unter einen Felskopf (2480 m). Unter diesem, lange links aufwärts in die große Mulde rechts vom Südgrat der Windbachspitze. Diese Mulde, immer am rechten Rand bis unter den breiten Sattel zwischen Windbachspitze links und Dreiecker rechts hinauf. Der Ausstieg auf den Sattel (2830 m) liegt ganz rechts und ist sehr steil.

73 Zum Windbachspitz

Links über den breiten Rücken mit den Skiern bis zur Windbachspitze mit kleinem Kruzifix (im Gedenken an den Bergführer Luis Brugger).
Abfahrt wie Aufstieg.

74 Zum Dreiecker

Rechts, je nach Schneelage so weit wie möglich mit den Skiern über den Rücken hinauf. Dann im leichten Gelände zum nahen Gipfel mit kleinem Steinmann und Stange.
Abfahrt wie Aufstieg.

Tipp: Im Frühjahr kann man gut mit dem Bergrad bis zum Wegweiser fahren.

Windbachspitz
Dreiecker
Schüttal-
Schöntal-Alm
Trinkstein
P Kasern

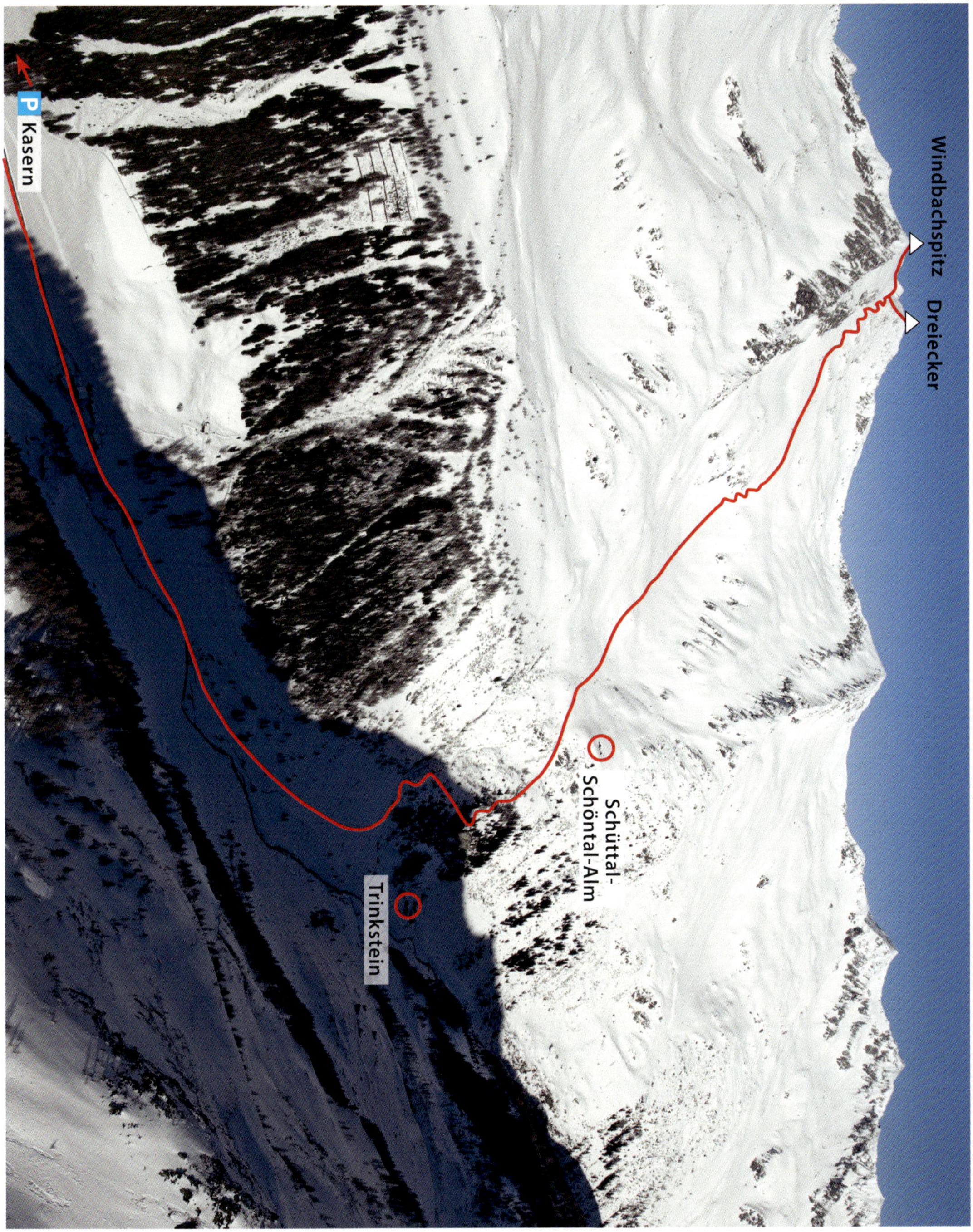

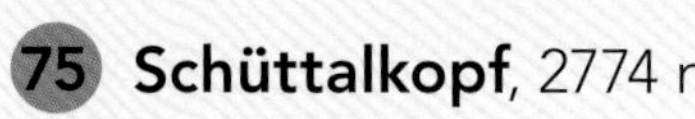

75 Schüttalkopf, 2774 m

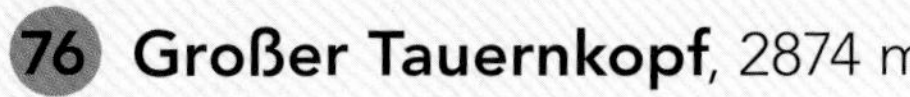

76 Großer Tauernkopf, 2874 m

	75	76
Hangrichtung	Südost	Südost – West
Skitechnisch	leicht	mäßig
Alpintechnisch	–	leicht
Lawinengefahr	mäßig	mäßig
Höhenunterschied	1174 m	1274 m
Aufstiegszeit	ca. 4 Std.	ca. 4½ Std.
Ausgangspunkt	Parkplatz (gebührenpflichtig) beim Naturparkhaus Kasern (1600 m)	
Kartografie	Tabacco Nr. 035, Ahrntal – Rieserfernergruppe	

Anfahrt: Pustertal – Bruneck – Sand in Taufers – Ahrntal – Kasern

Gemeinsamer Aufstieg: Auf der Straße (Loipe) bis zur Jausenstation Trinkstein, 2,5 km und dann noch 500 m durch das Tal weiter bis zum Wegweiser „Lausitzer Weg" (1700 m). Links aufwärts und dann schräg rechts in Richtung eines großen Felsblockes. Oberhalb von diesem gerade hinauf in Richtung von Felsen. Unter diesen über eine Rampe zur oberen Tauernalm (2018 m). Links weiter in eine große Mulde und rechts über einen Rücken bis unter das Krimmler-Tauern-Haus. Unterhalb von diesem in langer Linksquerung bis unter die Tauernscharte. Steil in die Scharte (2641 m) hinauf. Dort stehen ein Bildstock und Kreuz.

75 Zum Schüttalkopf

Hinter der Scharte links herum. Zuerst flach, dann steiler bis unter den Gipfelaufbau. Achtung, links im Sattel große Wechten! Zum Schluss über einen steiler werdenden Rücken gerade zum Gipfel mit Kreuz hinauf.

Abfahrt wie Aufstieg. Bei sicherer Schneelage kann man auch von der Tauernscharte direkt zur Oberen Tauernalm abfahren.

Tipp: Im Frühjahr kann man gut mit dem Bergrad bis zum Wegweiser „Lausitzer Weg" fahren.

76 Zum Großen Tauernkopf

Auf der hinteren Seite der Scharte ganz flach länger nach rechts bis zum Beginn des langen und immer steiler werdenden Gipfelhanges. Bei guten Verhältnissen zwischen großen Felsblöcken an der rechten Seite weit mit den Skiern hinauf. Zum Schluss kurz über den Grat nach links zum Gipfel.

Abfahrt wie Aufstieg.

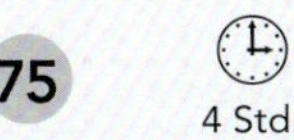
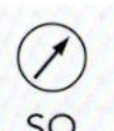
4 Std.
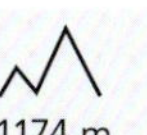
SO
1174 m
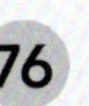
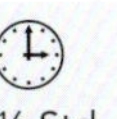
4 ½ Std.
SO–W
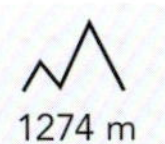
1274 m

Schüttalkopf
Großer Tauernkopf
Krimmler Tauern
Krimmler-Tauern-Haus
Tauernalm
Kasern

Großer Tauernkopf
Rauchkofel
Schüttalkopf
Krimmler Tauern

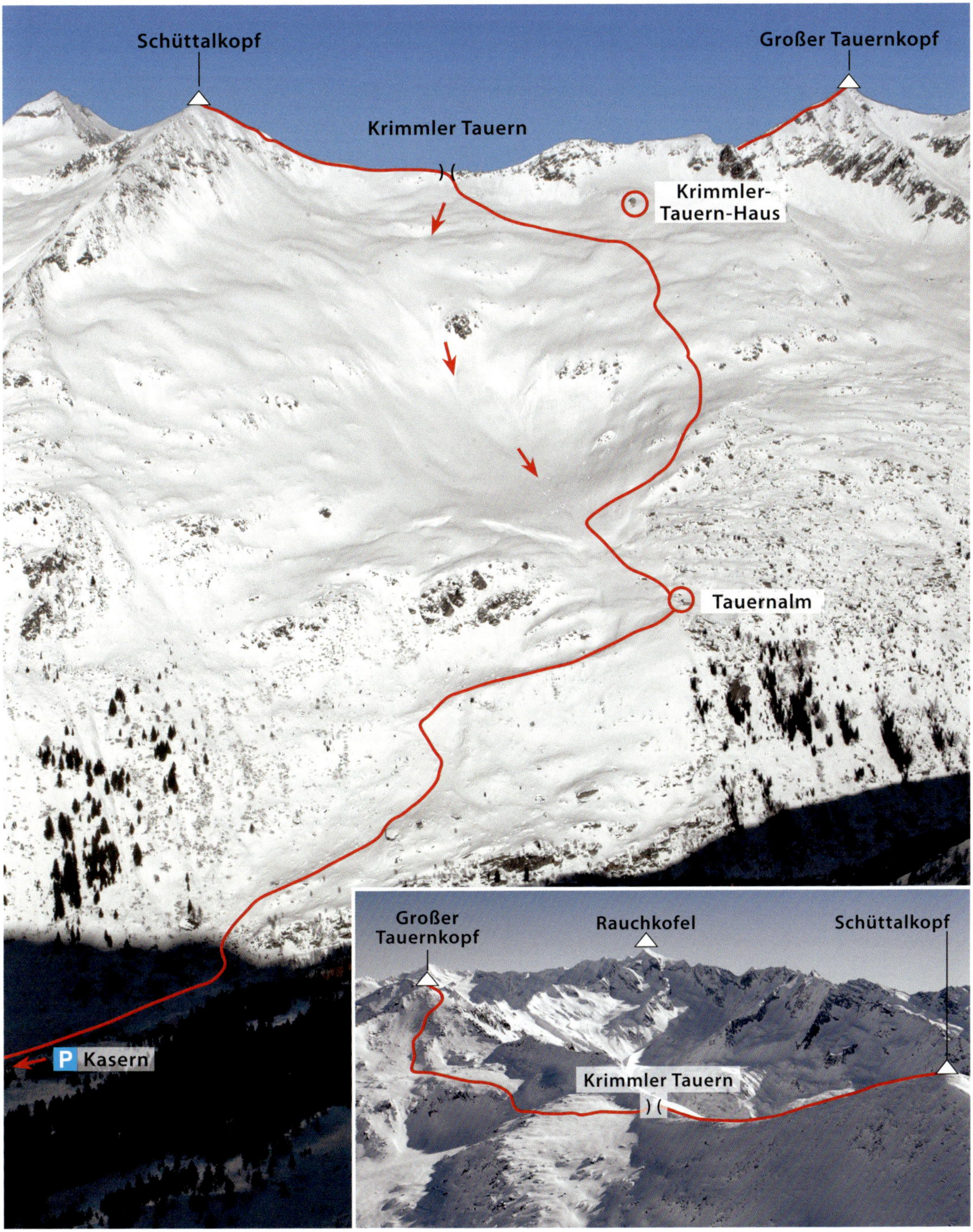

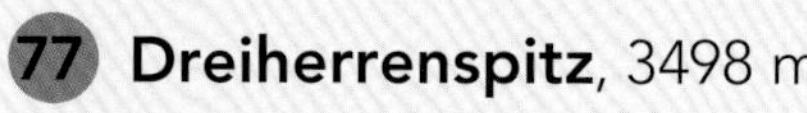

77 Dreiherrenspitz, 3498 m

Hangrichtung	West – Nord – West – Süd
Skitechnisch	schwierig
Alpintechnisch	leicht
Lawinengefahr	häufig
Höhenunterschied	1898 m
Aufstiegszeit	6–7 Std.
Ausgangspunkt	Parkplatz (gebührenpflichtig) beim Naturparkhaus Kasern (1600 m)
Kartografie	Tabacco Nr. 035, Ahrntal – Rieserfernergruppe

Anfahrt: Pustertal – Bruneck – Sand in Taufers – Ahrntal – Kasern

Aufstieg: Auf der Straße (Loipe) bis zur Jausenstation Trinkstein und durch das Tal weiter bis zur Kehreralm (1842 m), 5 km. Rechts der Schlucht steil zur Lahneralm (1986 m) hinauf. Über den flachen Boden talein, bis man rechts durch die erste Mulde gut ins obere flache Tal hinauf gelangt. Gerade in der Mitte des Tales und rechts der Moräne bis zu deren oberen Ende. Jetzt links in die Mulde unter den Felswänden der Lahnerschneide. Durch diese Mulde hinauf und nach rechts zum Beginn einer sehr steilen Rinne (3200 m). Zuerst durch die Rinne und dann über den darauffolgenden Hang schräg nach rechts in weniger steiles Gelände hinauf. Man geht jetzt fast bis zu den rechten Felsen und gelangt dann, sich links haltend auf die große flache Schulter (3300 m). Achtung, große Wechten auf der Ostseite! Schräg links unter dem Kamm in eine Ebene hinauf. Hier schräg links zum Nordwestgrat und über diesen kurz und steil zum Gipfel mit einem modernen Kreuz.

Abfahrt wie Aufstieg, wobei man sich wegen der Spalten im oberen Teil des Lahnerkees genau an die Aufstiegsspur halten sollte.

Hinweis: Pickel und Steigeisen empfehlenswert.

Tipp: Im Frühjahr kann man mit dem Bergrad auf gutem Weg bis zur Kehreralm fahren.

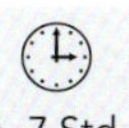
6–7 Std.

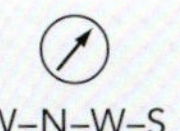
W–N–W–S

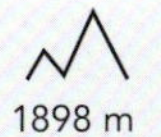
1898 m

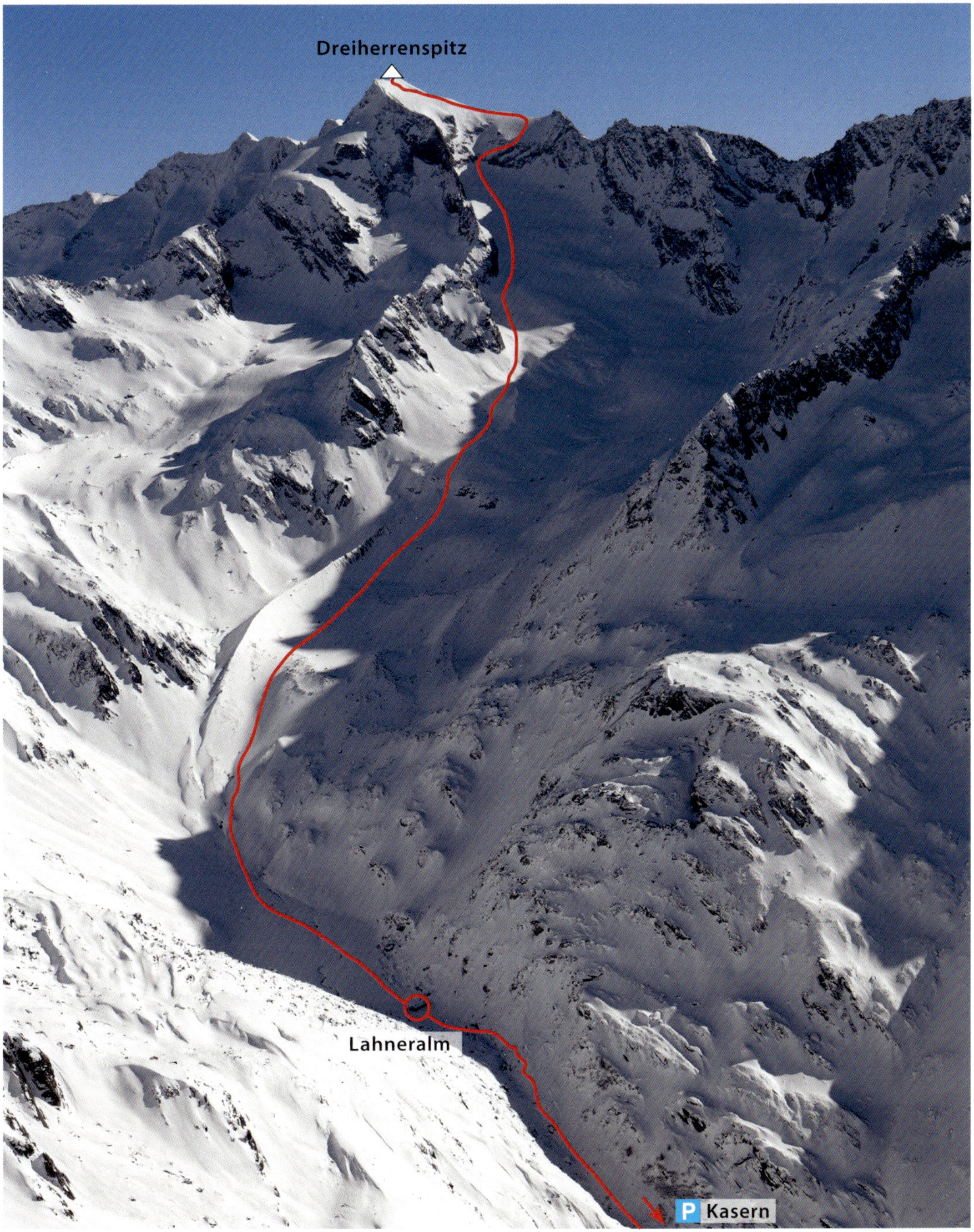

Dreiherrenspitz

Lahneralm

P Kasern

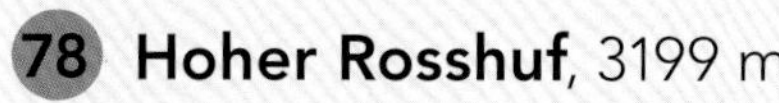

78 Hoher Rosshuf, 3199 m — 79 Ahrner Kopf, 3050 m

	78	79
Hangrichtung	Nord – West – Ost	Nord – West
Skitechnisch	schwierig	schwierig
Alpintechnisch	leicht	–
Lawinengefahr	häufig	häufig
Höhenunterschied	1600 m	1450 m
Aufstiegszeit	ca. 6 Std.	ca. 5 Std.
Ausgangspunkt	Parkplatz (gebührenpflichtig) beim Naturparkhaus Kasern (1600 m)	
Kartografie	Tabacco Nr. 035, Ahrntal – Rieserfernergruppe	

Anfahrt: Pustertal – Bruneck – Sand in Taufers – Ahrntal – Kasern

Gemeinsamer Aufstieg: Die Straße 1 km talein bis zur Prastmann-Jausenstation. Hier kurz rechts zum Heilig-Geist-Kirchlein hinab, dann rechts vom Bach talein zur Labesaualm hinauf. Nun durch das lange Windtal immer rechts vom Bach bis zum Talschluss. Vor dem Wasserfall auf 2100 m unter zwei Felsformationen, dem Sommerweg folgend am steilen rechten Hang entlang bis in flaches Gelände (bei Lawinengefahr oder Vereisung kann man schon vorher rechts hinauf und dann oberhalb einer Rinne ebenfalls in das flache Gelände gelangen). Durch flache Mulden geradeaus und auf 2270 m über einen Rücken und links auf eine kleine Moräne, wo ein kleiner Steinmann steht (2370 m). Dahinter einige Meter hinab zum Beginn einer engen, steilen Mulde.

78 Zum Hohen Rosshuf

Durch die Mulde bis auf 2500 m hinauf bis man gut nach links, leicht ansteigend, auf einen Rücken hinaus queren kann. Achtung, nicht zu hoch ansetzen! Auf 2570 m über den Rücken und einen steilen Hang leicht abwärts querend ins links Tal hinein. Durch dieses gerade zum hinteren Umbaltörl (2849 m) hinauf. Achtung, auf der Ostseite große Wechte! Am linken Rand sehr steil um eine Felsecke herum und zu einem Steinmann hinauf. Auf der hinteren Seite sehr steil und schräg an zwei Felszacken vorbei, rechts hinauf und dann in die große Mulde hinein. Durch diese bis unter einen steilen Hang. Über diesen an der rechten Seite hinauf in die nächste Mulde. Durch diese wieder rechts bis unter den nächsten Steilhang. Schräg rechts auf den Rücken hinauf, dann wieder rechts, um schließlich nach links gehend zum höchsten Punkt zu gelangen.
Abfahrt wie Aufstieg.
Hinweis: Pickel empfehlenswert.

79 Zum Ahrner Kopf

Durch die oben breiter werdende Mulde hinauf, bis man auf 2770 m links auf eine Schulter gelangt. Jetzt schräg rechts wieder durch eine Mulde in Richtung Westgrat. Drei Viertel der Mulde hinauf, dann rechts auf den Rücken zu einem großen Steinmann (2870 m). Über den Rücken, der zunehmend steiler wird, hinauf und dann links zum Gipfel mit Kreuz.
Abfahrt wie Aufstieg.

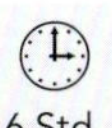 6 Std. | 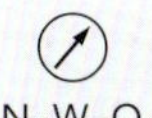 N–W–O | 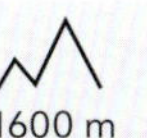 1600 m

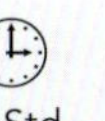 5 Std. |  N–W | 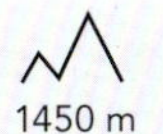 1450 m

Hoher Rosshuf
Hinteres Umbaltörl
Ahrner Kopf
Sattelspitz
Labesaualm
Heilig-Geist-Kirchlein
P Kasern
Hoher Rosshuf
Hinteres Umbaltörl

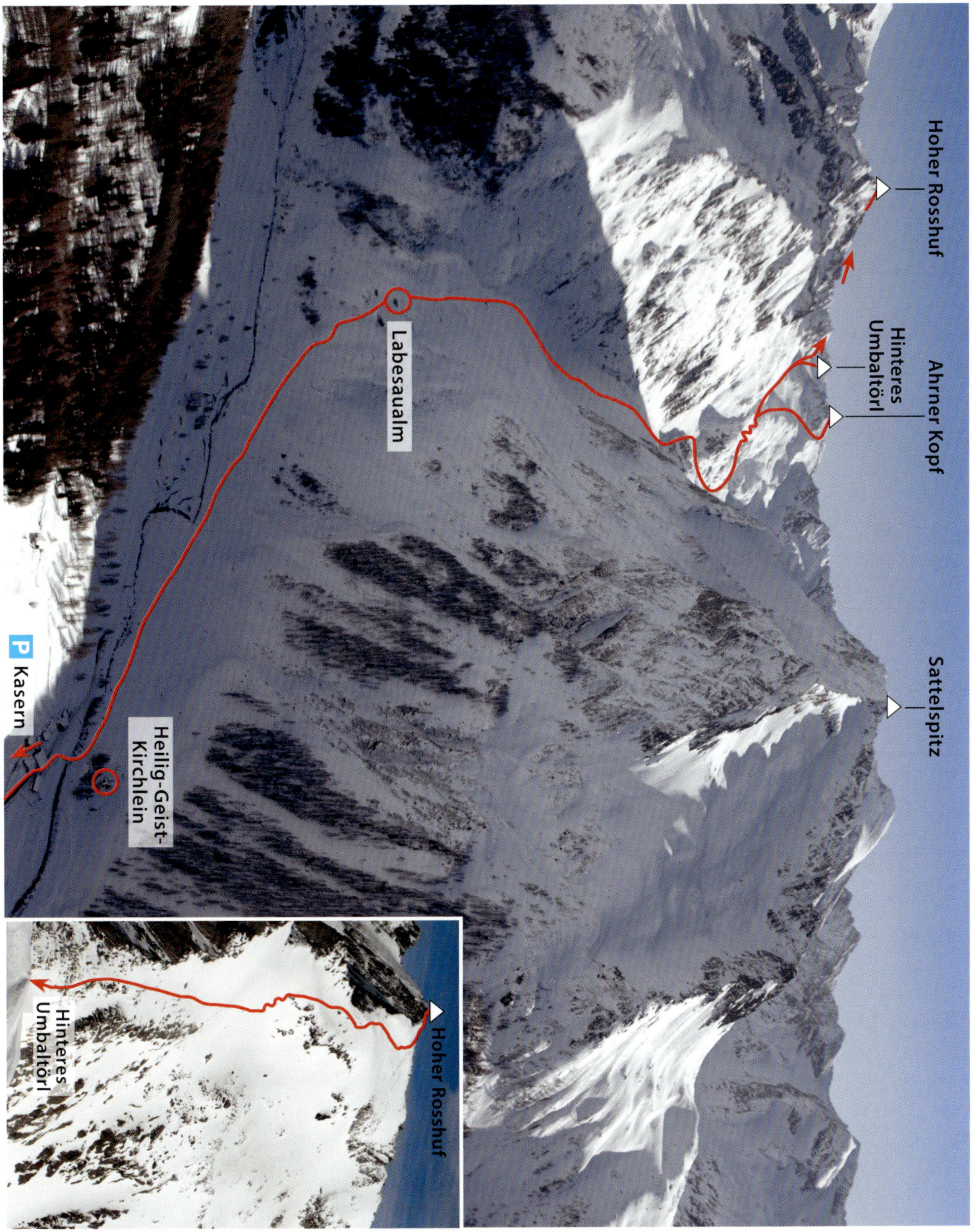

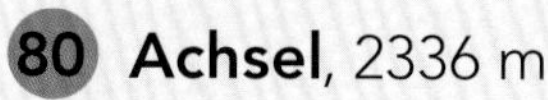

80 Achsel, 2336 m

81 Untere Rötspitze, 3290 m

Hangrichtung	Süd – Nord	Nord – West
Skitechnisch	mäßig	mäßig
Alpintechnisch	–	–
Lawinengefahr	mäßig	mäßig
Höhenunterschied	736 m	1690 m
Aufstiegszeit	ca. 3 Std.	ca. 5 ½ Std.
Ausgangspunkt	Parkplatz (gebührenpflichtig) beim Naturparkhaus Kasern (1600 m)	
Kartografie	Tabacco Nr. 035, Ahrntal – Rieserfernergruppe	

Anfahrt: Pustertal – Bruneck – Sand in Taufers – Ahrntal – Kasern

80 Zur Achsel

Auf der Straße bis zur Jausenstation Trinkstein (1667 m), 2,5 km. Unterhalb der Alm über die Brücke, kurz neben dem Bach talein, durch eine kleine Mulde rechts von einem Waldhügel und in eine Ebene. Gerade weiter, dann durch eine kleine Waldschneise rechts hinauf. und wieder gerade weiter durch den lichten Wald steil auf den Kamm hinauf (1940 m). Über diesen, oder etwas rechts davon bis unter den felsigen Gipfelaufbau der Achsel. Nach links über einen steilen Hang auf den Kamm und dann rechts zum flachen Gipfel.

Abfahrt wie Aufstieg.

Abfahrtsvariante: Bei sicherer Schneelage durch die Südwestmulde. Ab 2200 m links vom Kamm durch steile Mulden hinab. Ganz unten hält man sich rechts und gelangt so wieder zur Brücke.

81 Zur Unteren Rötspitze

Die Straße 1 km talein bis zur Jausenstation Prastmann. Hier kurz rechts zum Heilig-Geist-Kirchlein hinab. Rechts vom Bach talein und zur Labesaualm hinauf. Jetzt durch das lange Windtal, immer rechts vom Bach bis zum Talschluss. Vor dem Wasserfall auf 2100 m unter zwei Felsformationen, dem Sommerweg folgend und am steilen rechten Hang entlang bis in flaches Gelände (bei Lawinengefahr oder Vereisung kann man schon vorher rechts hinauf, um dann oberhalb einer Rinne ebenfalls in das flache Gelände zu gelangen). Durch eine Mulde zum Lenkjöchl hinauf (2550 m). Die Hütte bleibt rechts oben liegen. Direkt vom Jöchl links über einen kurzen, steilen Hang. Dann schräg rechts aufwärts in die Mulde des Rötkees hinein. Durch diese Mulde lange in mäßiger Steigung, bis man den links oben gelegenen Sattel (3200 m) erreicht. Große Wechten! Je nach Schneelage mit oder ohne Skier schräg rechts Richtung einer Felsformation am Grat. Links oder rechts dieser Felsen hinauf auf die Schulter, die den Namen Untere Rötspitz oder Rötschulter trägt.

Abfahrt wie Aufstieg.

Direkte Abfahrt bei sicherer Schneelage: Auf dem Rötkees bis zum Punkt 2773 m auf der Karte abfahren. Hier über einen steilen Hang rechts zu einem Rücken hinab und rechts zu zwei Steinmännern. Nun wieder rechts und zur Aufstiegsspur hinunter.

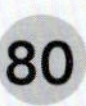
80

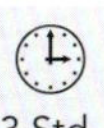
3 Std.

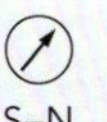
S–N

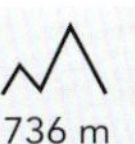
736 m

81

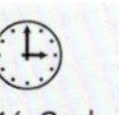
5 ½ Std.

N–W

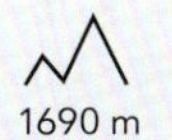
1690 m

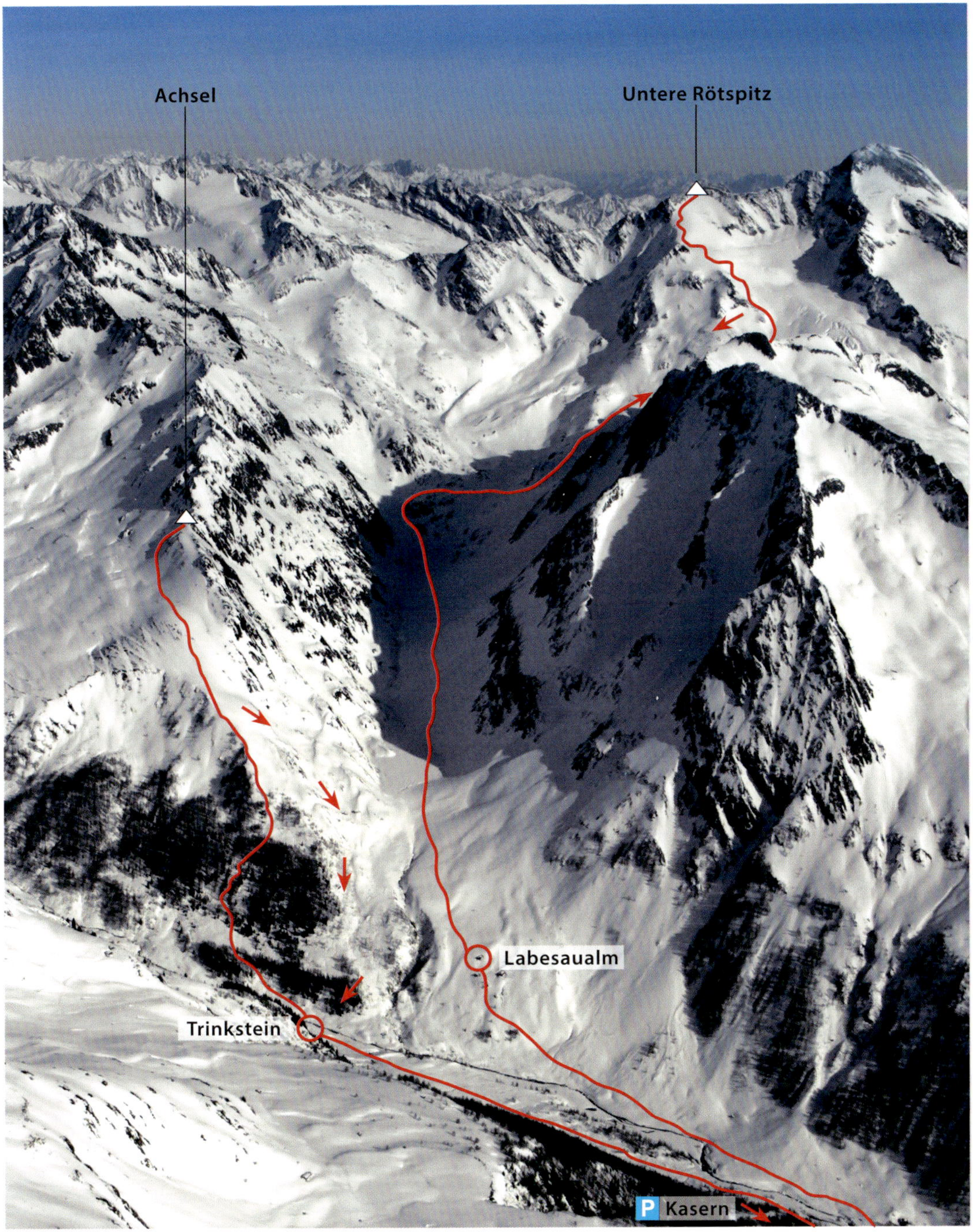

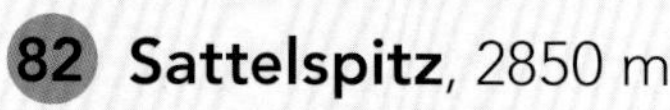

82 Sattelspitz, 2850 m

83 Hüttenkopf, 2302 m

	82 Sattelspitz	83 Hüttenkopf
Hangrichtung	Nord	Nord
Skitechnisch	mäßig	mäßig
Alpintechnisch	mäßig	–
Lawinengefahr	mäßig	gering
Höhenunterschied	1250 m	702 m
Aufstiegszeit	ca. 4 Std.	ca. 2 Std.
Ausgangspunkt	Parkplatz (gebührenpflichtig) beim Naturparkhaus Kasern (1600 m)	
Kartografie	Tabacco Nr. 035, Ahrntal – Rieserfernergruppe	

Anfahrt: Pustertal – Bruneck – Sand in Taufers – Ahrntal – Kasern

Gemeinsamer Aufstieg: Gleich beim Berghotel Kasern zum Bach hinab und über die Brücke. Ein Stück dem Weg Richtung Lenkjöchlhütte bis vor die Rötbachbrücke folgen. Bei einem Wegweiser links die Wiese bis zum oberen linken Ende hinauf. Jetzt einem kleinen Weg schräg links hinauf folgen, der durch den Wald bis in eine flache Waldlichtung führt (1650 m). Diese schräg links durchgehen bis man zur Mündung eines kleinen Tälchens gelangt, das von rechts kommt. Jetzt wieder links bis zum unteren Ende einer Waldschneise (1720 m). Durch diese gerade bis fast zur Waldgrenze aufwärts, wo sich auf 1930 m rechts an einem kleinen Baum ein Wegweiser befindet.

82 Zum Sattelspitz

Den Wegweiser lässt man rechts liegen und geht eher flach links durch den lichten Wald bis unter eine schwarze Felswand (1970 m). Links von dieser steil hinauf, um dann auf 2140 m das Tal „Pförra" zu erreichen. Durch dieses über Mulden und Rücken in mäßiger Steigung bis auf 2700 m hinauf. Hier sieht man schon den großen Gipfelsteinmann links oben. Nun zum Beginn der zweiten Rinne von links. Achtung, nicht durch die dritte, etwas breitere Rinne! Die zweite Rinne bis auf ca. 2770 m hinauf. Dort Skidepot. Weiter sehr steil hinauf zum Grat. Über diesen nach links, etwas exponiert zum Steinmann und dem dahinter stehenden Gipfelkreuz.
Abfahrt wie Aufstieg.
Hinweis: Pickel und Steigeisen empfehlenswert.

83 Zum Hüttenkopf

Über die freie Fläche schräg rechts bis zum Beginn einer steilen Rinne hinauf (1990 m). Zwischen zwei Felsen und Bäumen gerade bis auf einen Rücken auf 2040 m. Über diesen zuerst rechts, dann links und durch Mulden zum höchsten Punkt mit einzelnen Felsen.
Abfahrt wie Aufstieg.

82

4 Std.

N

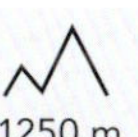
1250 m

83

2 Std.

N

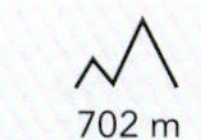
702 m

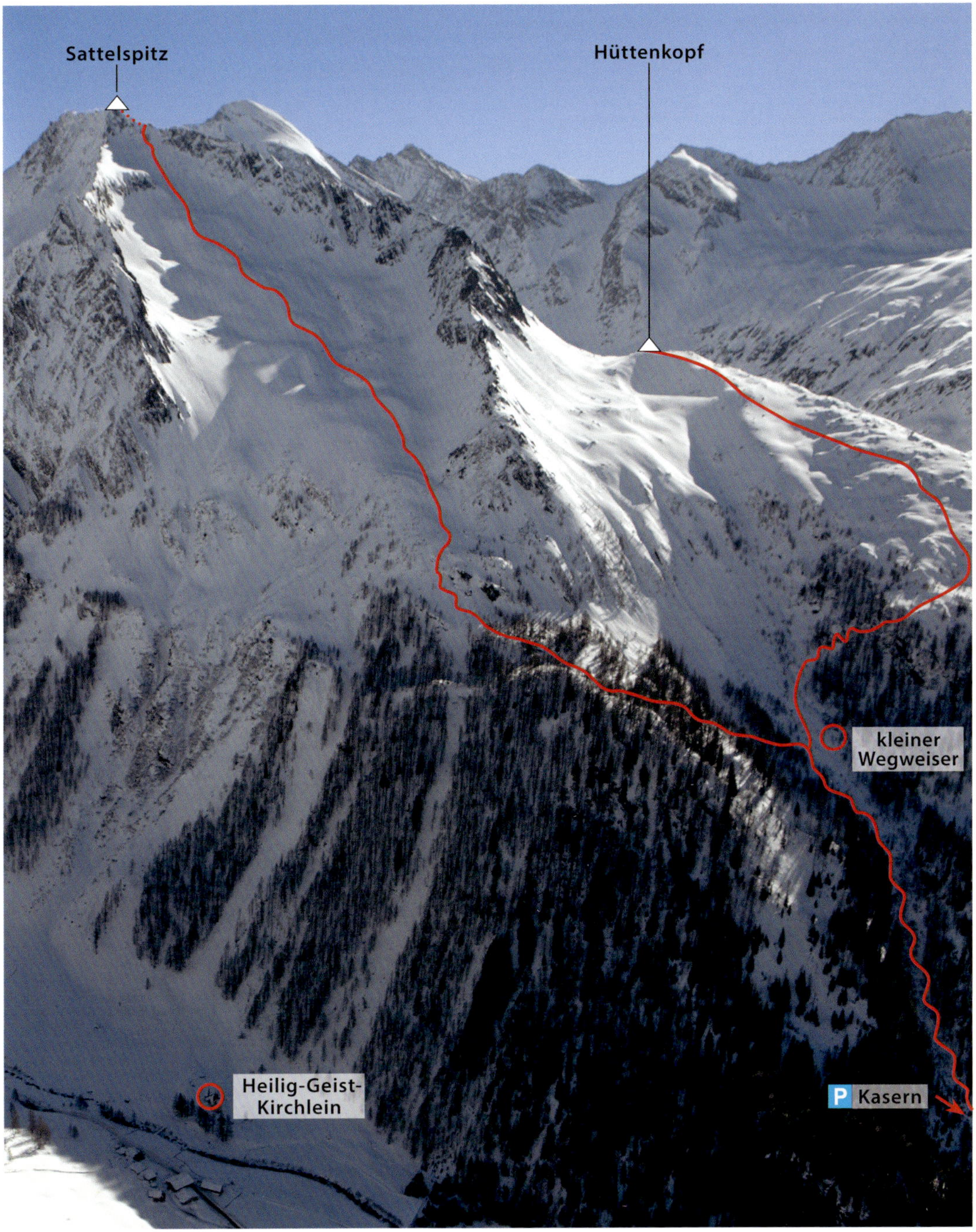

Sattelspitz

Hüttenkopf

kleiner Wegweiser

Heilig-Geist-Kirchlein

P Kasern

84 **Merbjoch**, 2826 m

Hangrichtung	Nord
Skitechnisch	mäßig
Alpintechnisch	–
Lawinengefahr	häufig
Höhenunterschied	1359 m
Aufstiegszeit	ca. 4 ½ Std.
Ausgangspunkt	Parkplatz bei der Kirche von Prettau (1467 m); oder weiter oben beim Falkensteiner Hof (1590 m, begrenzter Parkplatz)
Kartografie	Tabacco Nr. 035, Ahrntal – Rieserfernergruppe

Anfahrt: Pustertal – Bruneck – Sand in Taufers – Ahrntal – Prettau

Aufstieg: Kurz zurück zum Gemeindehaus, dann über die Brücke, wo eine steile Straße zum Falkensteiner Hof hinaufführt. Vom Hof gerade zu einer Zaunlücke hinauf und der Markierung 20 Minuten lang folgen. Dann rechts ein kleines Tal durch den lichten Wald bis zu einem Wegweiser hinauf. Rechts dahinter ist die Wetterstation und die Merbalm (2006 m). Weiter durch eine Ebene und um eine Ecke ins Tal hinein. In der Mitte zwischen einigen Felsköpfen gerade hinauf und über den breiten Rücken und durch Mulden in mäßiger Steigung bis in den großen Kessel auf 2300 m. Durch die große Mulde weiter bis unter das Merbjoch. Den letzten steilen Hang von rechts nach links hinauf, wo ein kleines Kruzifix steht.

Abfahrt wie Aufstieg.

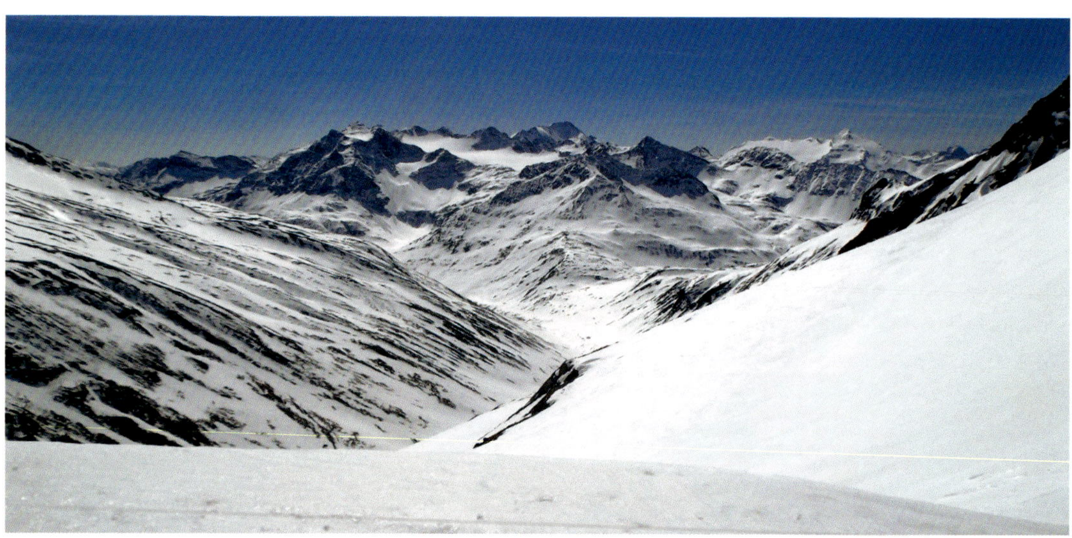

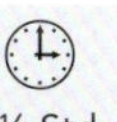
4 ½ Std.

N

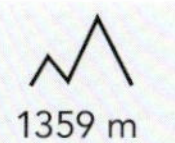
1359 m

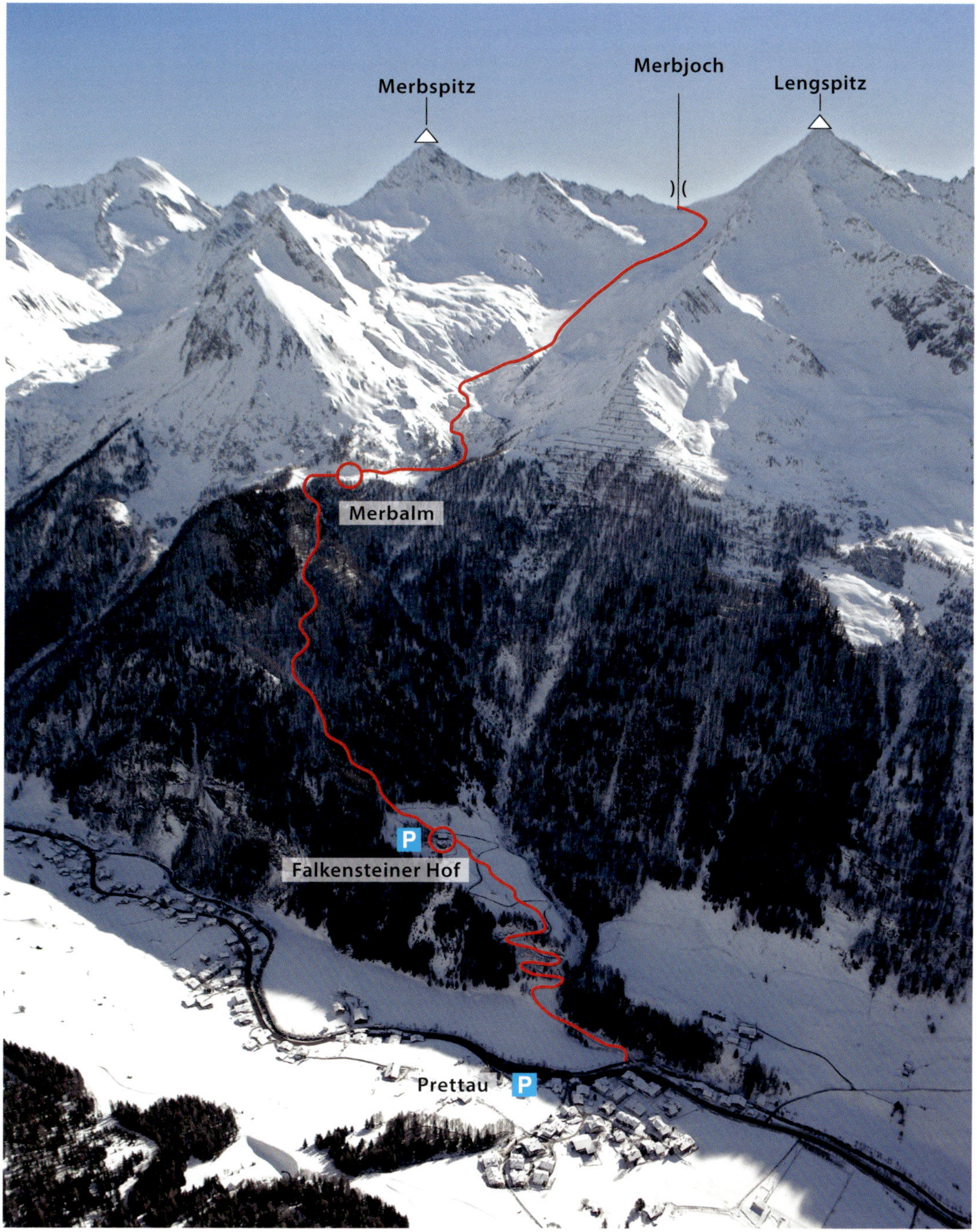

Merbspitz
Merbjoch
Lengspitz
Merbalm
Falkensteiner Hof
Prettau

85 **Blauspitz**, 2558 m

Hangrichtung	Nord – West – Süd
Skitechnisch	mäßig
Alpintechnisch	–
Lawinengefahr	häufig
Höhenunterschied	1158 m
Aufstiegszeit	ca. 4 Std.
Ausgangspunkt	Hof Ahrnstein (1400 m, begrenzter Parkplatz)
Kartografie	Tabacco Nr. 035, Ahrntal – Rieserfernergruppe

Anfahrt: Pustertal – Bruneck – Sand in Taufers – Ahrntal bis zwischen St. Jakob und St. Peter, wo links die Einfahrt zum Ortsteil „In der Marche" abzweigt. Kurz danach rechts über die Brücke (Wegweiser „Blauspitz"). Über diese Bergstraße bis zum letzten Hof „Ahrnstein", wo die Straße wieder abwärts führt.

Aufstieg: Rechts auf dem Weg zum oberen Rand der Wiese bis zu einem Wegweiser hinauf. Hier beginnt der Forstweg. Diesem ca. 3 km folgen, wobei der Weg einmal etwa 30 Höhenmeter abwärts führt und danach wieder ansteigt. Kurz nach der zweiten Brücke, bei einem Wegweiser (1600 m) links durch den lichten Wald bis zur neuen Hofer-Unterhütte (1750 m). Man kann auch dem Forstweg bis hierher folgen. Nun gerade weiter, einige Male den Forstweg kreuzend bis zur Waldgrenze (2020 m). Durch die große Talmulde hinein und gerade zur sichtbaren Pareiner Alm (2137 m). Oberhalb der Alm in die große Mulde und links bis 50 Höhenmeter unterhalb des 2437 m hohen Jochs hinauf. Links durch Mulden bis auf den Kamm und über diesen je nach Schneelage mit oder ohne Skier steil zum höchsten Punkt.

Abfahrt wie Aufstieg.

Hinweis: Auf dem Forstweg ist auf einige Lawinenrinnen zu achten.

4 Std.

N–W–S

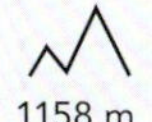
1158 m

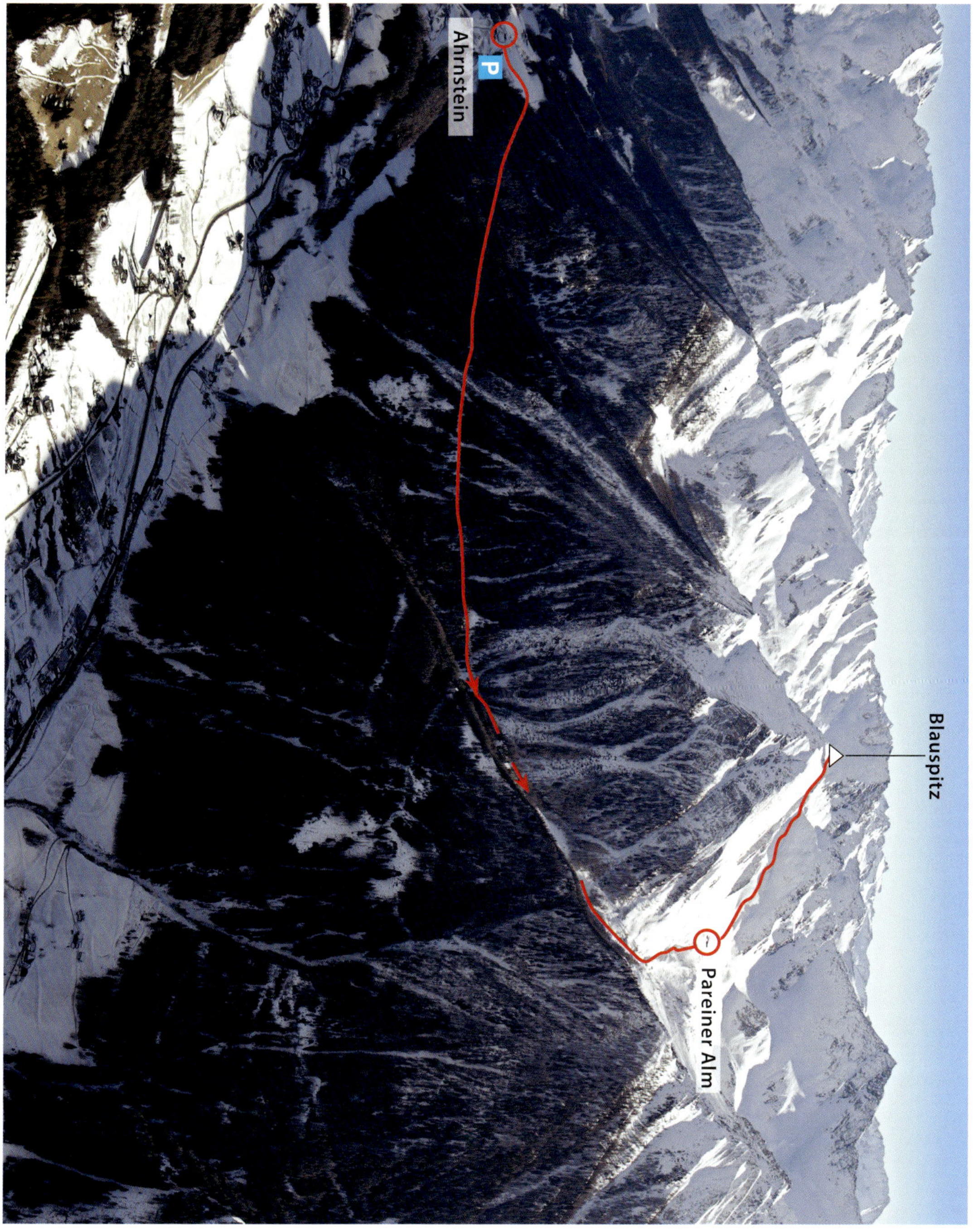

Ahrnstein

P

Blauspitz

Pareiner Alm

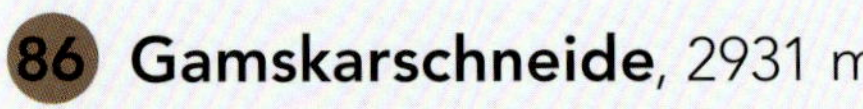

86 **Gamskarschneide**, 2931 m

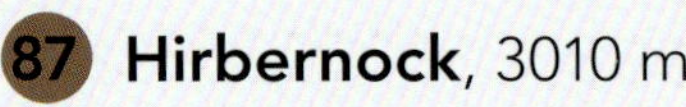

87 **Hirbernock**, 3010 m

	86	87
Hangrichtung	Süd – Ost	Südost
Skitechnisch	schwierig	schwierig
Alpintechnisch	–	–
Lawinengefahr	häufig	häufig
Höhenunterschied	1295 m	1414 m
Aufstiegszeit	ca. 4 Std.	ca. 4 ½ Std.
Ausgangspunkt	Pichlerhof (1636 m)	
Kartografie	Tabacco Nr. 035, Ahrntal – Rieserfernergruppe	

Anfahrt: Pustertal – Bruneck – Sand in Taufers – Rein; zur Kirche hinauf und rechts weiter bis zum Pichlerhof.

Gemeinsamer Aufstieg: Über die Piste aufwärts bis zur Bergstation (1834 m). Oberhalb der Hütte führt ein Weg rechts in den Wald hinein. Bevor dieser aufhört, leitet eine rote Markierung an den Bäumen schräg links hinauf. Bei 1980 m jetzt rechts haltend steil hinauf und dann links bis zur Hirberalm (2096 m). Von der Alm gerade bis auf einem Hügel, dann rechts durch eine Mulde weiter. Nach dieser links in die große Mulde und dann über einen steilen Hang in flacheres Gelände (2500 m).

86 Zur Gamskarschneide

Gerade weiter bis unter eine Felswand. Knapp unterhalb der Wand auf 2750 m links sehr steil (40°) in eine breite Mulde hinauf. Durch diese bis unter den zackigen Felsgrat, dann rechts wieder steil auf eine Ecke hinauf und zum Westgipfel, wo ein Felszacken steht.
Abfahrt wie Aufstieg.

87 Zum Hirbernock

Nach rechts in einen großen Kessel (2650 m). Durch diesen ca. drei Viertel hinauf, um dann sehr steil (40–45°) in eine Scharte rechts oben am Grat zu gelangen (2840 m). Von hier schräg links in mäßiger Steigung an einem Steinmann und einer Stange vorbei, dann schräg rechts in den breiten Sattel, 2949 m. Über den Rücken rechts zum Gipfel mit kleinem Kreuz.
Abfahrt wie Aufstieg.

Pichlerhof

P

Bergstation

Hirberalm

Gamskarschneide

Hirbernock

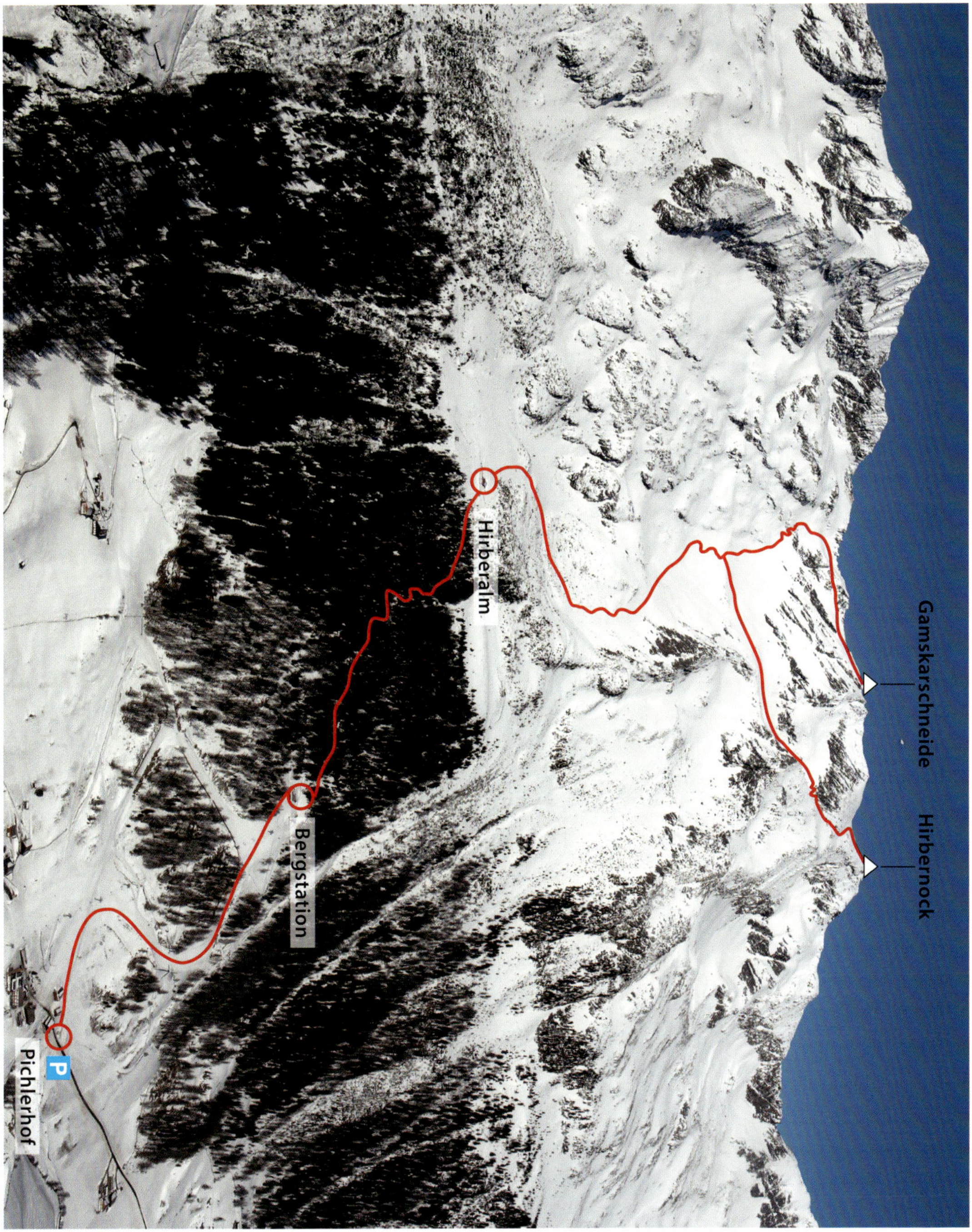

88 **Schneespitz**, 2925 m

Hangrichtung	Süd
Skitechnisch	mäßig
Alpintechnisch	–
Lawinengefahr	häufig
Höhenunterschied	1225 m
Aufstiegszeit	ca. 4 ½ Std.
Ausgangspunkt	Parkplatz am Beginn des Knuttentals (1700 m)
Kartografie	Tabacco Nr. 035, Ahrntal – Rieserfernergruppe

Anfahrt: Pustertal – Bruneck – Sand in Taufers – Rein; an der Kirche vorbei bis zum Parkplatz Knuttental.

Aufstieg: Über den Almweg (Rodelbahn) 3,2 km bis zur Knuttenalm (1911 m, bewirtschaftet). Kurz den Weg weiter und dann links leicht abwärts, an einer Alm vorbei und über die Brücke. Rechts über den rechts der Schlucht gelegenen Rücken aufwärts. Auf 2030 m eine flache Mulde nach links ausgehen und flach weiter, bis man gut das Tal nach links überqueren kann. Jetzt über mäßig steile Hänge zur Brunnerhütte (2300 m) hinauf. Etwas oberhalb flach links ins Tal hinein. Durch dieses bis unter den Steilhang. Über diesen in den Sattel (2792 m) hinauf. Nun links, immer etwas unter dem Grat bleibend zum ziemlich weit hinten liegenden Schneespitz mit Kreuz.

Abfahrt wie Aufstieg.

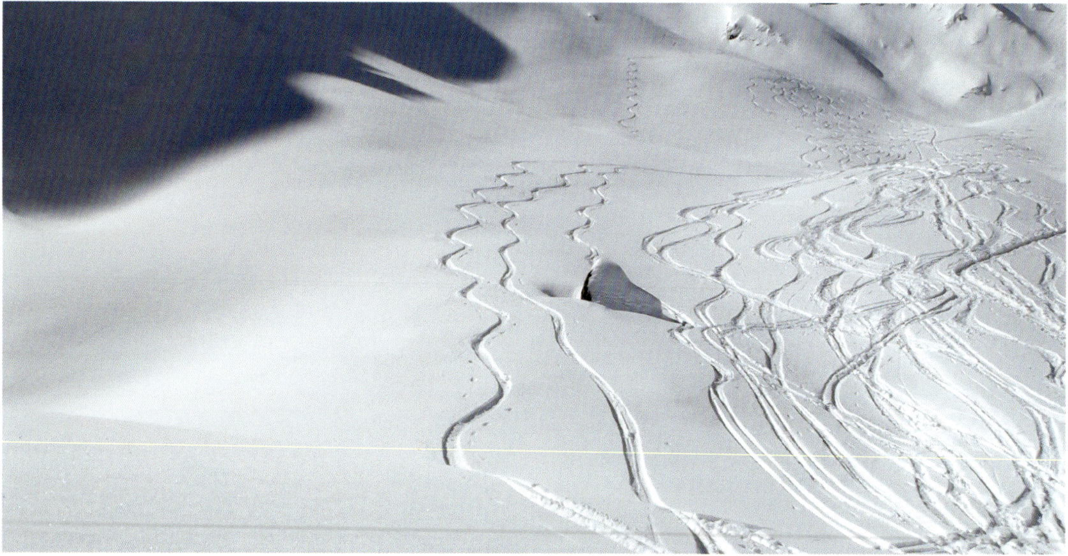

4 ½ Std. S 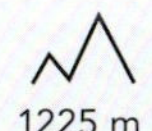 1225 m

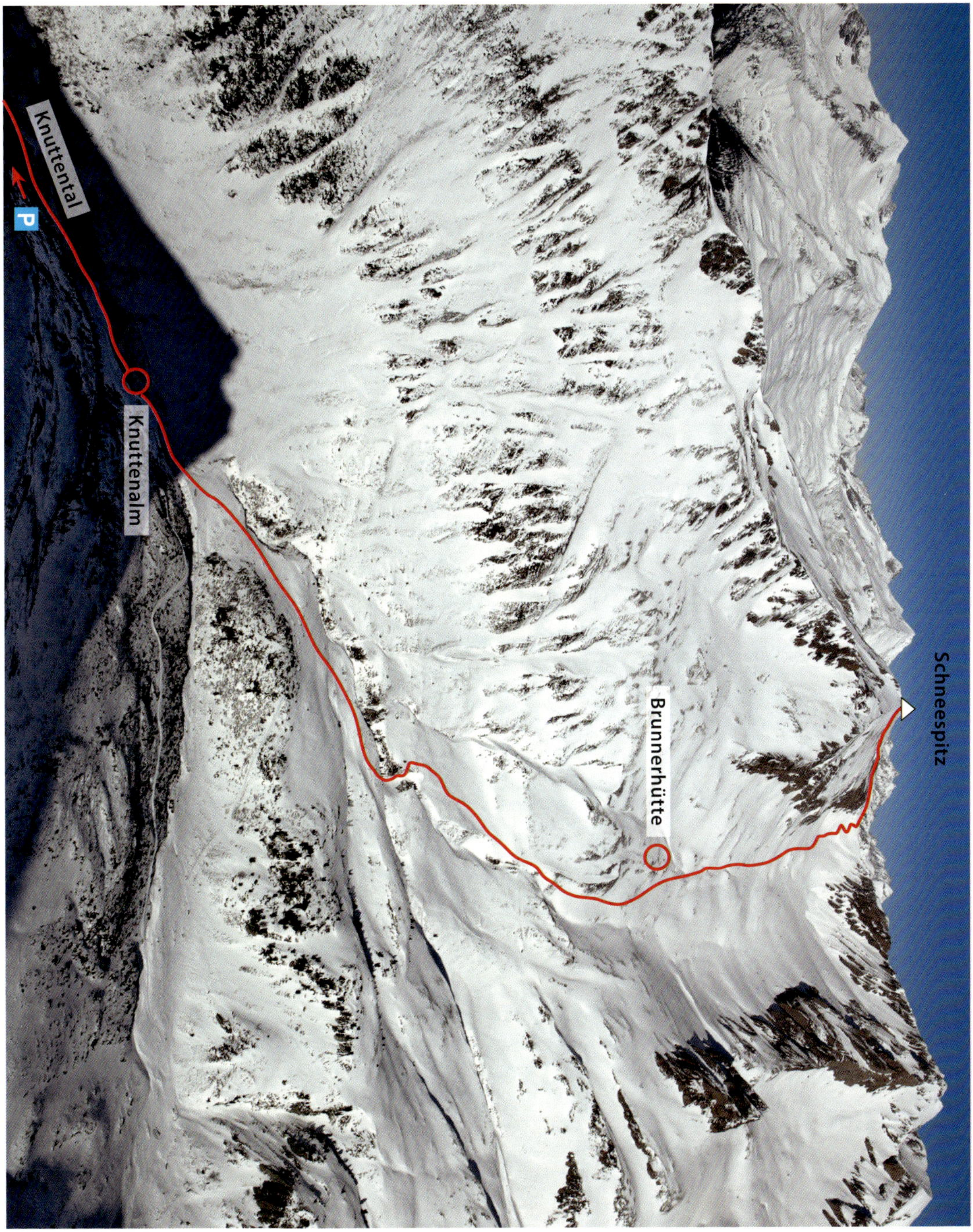

Knuttental
P
Knuttenalm
Brunnerhütte
Schneespitz

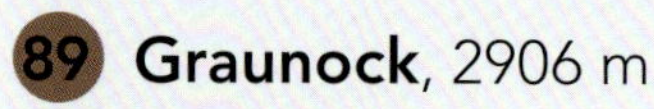

89 Graunock, 2906 m

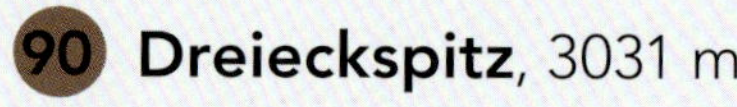

90 Dreieckspitz, 3031 m

	89	90
Hangrichtung	Süd – Nord	Süd – Nord – West
Skitechnisch	mäßig	mäßig
Alpintechnisch	–	–
Lawinengefahr	häufig	häufig
Höhenunterschied	1206 m	1331 m
Aufstiegszeit	ca. 4 ½ Std.	ca. 5 Std.
Ausgangspunkt	Parkplatz am Beginn des Knuttentals (1700 m)	
Kartografie	Tabacco Nr. 035, Ahrntal – Rieserfernergruppe	

Anfahrt: Pustertal – Bruneck – Sand in Taufers – Rein; an der Kirche vorbei bis zum Parkplatz Knuttental.

Gemeinsamer Aufstieg: Über den Almweg (Rodelbahn) 3,2 km bis zur Knuttenalm (1911 m, bewirtschaftet). Ein Stück dem Weg Richtung Klammljoch folgen. Jetzt gibt es zwei Möglichkeiten, um ins Napfental zu gelangen:

a) Bald rechts durch eine Mulde und durch Latschenfelder am rechten Hang entlang ins Talbecken hinauf.

b) Über den Weg weiter bis zu einem Wegweiser (2030 m), 1,2 km von der Alm. Knapp nach dem Wegweiser rechts durch eine Mulde. Dann rechts hinauf und eine steile Mulde querend gelangt man in flacheres Gelände. Rechts weiter bis vor das große Talbecken. Nun links über einen Rücken bis auf 2300 m hinauf und dann schräg rechts in die obere Mulde. Durch diese immer in dieselbe Richtung bis auf 2500 m. Rechts unter dem „Napfen" einige Meter abwärts in eine große Mulde und zwischen zwei Hügeln hindurch.

89 Zum Graunock (Südgipfel)

Flach weiter durch die Mulde, sich etwas links haltend, um dann rechts auf die obere Fläche zu gelangen. Immer in mäßiger Steigung bis in das Joch (2841 m) zwischen Dreieckspitz rechts und dem Graunock-Südgipfel. Auf der Südseite über einen kurzen Rücken zum höchsten Punkt mit schönem Rundblick auf die Zillertaler Alpen.
Abfahrt wie Aufstieg.

90 Zum Dreieckspitz (von Norden)

Hinter dem rechten Hügel flach zum Beginn einer engen Mulde. Durch diese und dann rechts aufwärts ins untere Joch (2910 m). Über einen Rücken oder etwas links davon bis knapp unter den Gipfel und in einem Rechts-Links-Bogen zum Gipfelkreuz.
Abfahrt wie Aufstieg.
Abfahrtsvariante: Bei sicherer Schneelage kann man vom unteren Ende der engen Mulde links durch eine Rinne kurz abfahren. Dann eine hohe Querung ansetzen (gerade so, dass die Skier noch „laufen") und links auf eine Ecke hinaus (2500 m). Von dort den großen, steilen Hang bis auf 2250 m hinab und dann der Aufstiegsspur folgen.

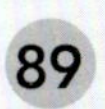

4 ½ Std.
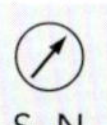
S–N
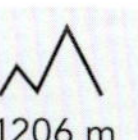
1206 m

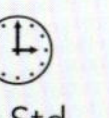
5 Std.
S–N–W
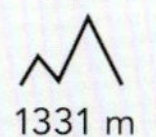
1331 m

Graunock
Dreieckspitz
b)
Wegweiser
a)
Knuttenalm
P

Dreieckspitz
Bärenlueg-
scharte
Knuttenalm

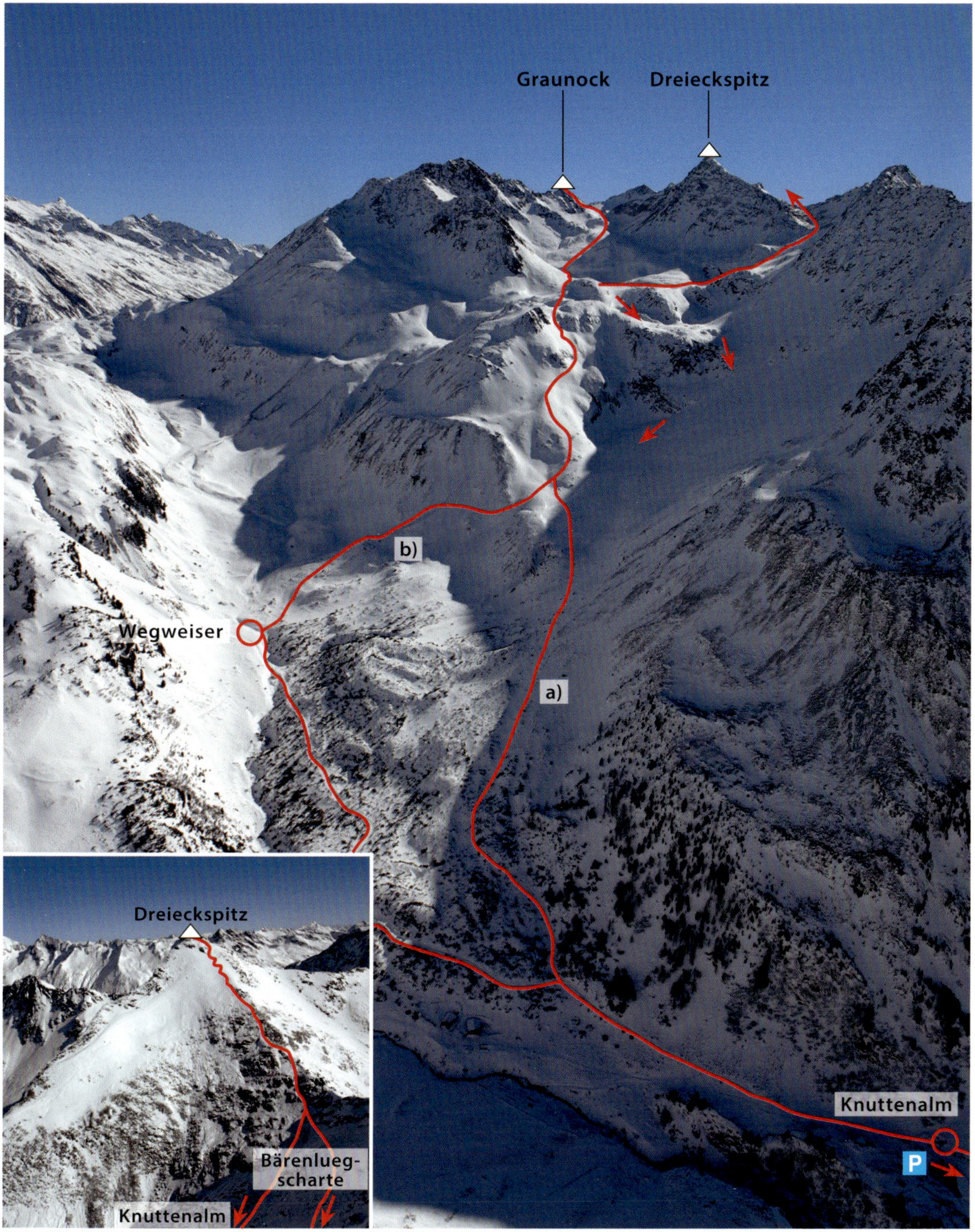

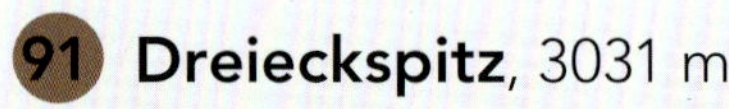

91 Dreieckspitz, 3031 m

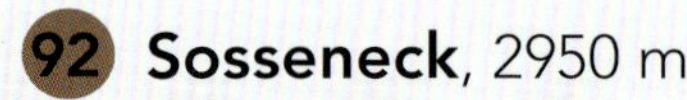

92 Sosseneck, 2950 m

Hangrichtung	Südwest	Süd
Skitechnisch	mäßig	mäßig
Alpintechnisch	–	leicht
Lawinengefahr	mäßig	mäßig
Höhenunterschied	1300 m (mit Gegenanstieg)	1165 m
Aufstiegszeit	ca. 4 ½ Std.	ca. 4 Std.
Ausgangspunkt	Koflerhof (1765 m)	
Kartografie	Tabacco Nr. 035, Ahrntal – Rieserfernergruppe	

Anfahrt: Pustertal – Bruneck – Sand in Taufers – Rein; an der Kirche vorbei bis zum Parkplatz Knuttental. Knapp davor rechts zum Ebnerhof und dann weiter bis zum letzten Hof, dem Koflerhof (begrenzter Parkplatz – den Wendeplatz freihalten!)

Gemeinsamer Aufstieg: Vom Hof schräg links zum oberen Ende der Wiese und durch ein Gitter zum Forstweg. Diesem kurz folgen, dann den linken Weg hinauf und in einer Rechtskurve weiter, bis links ein kleiner Weg abzweigt. Diesem folgt man zu seinem Ende. Nun geht man auf dem Sommerweg schräg rechts bis zur Unteren Kofleralm hinauf (2034 m). Man kann auch dem Forstweg folgen und erreicht so ebenfalls die Alm. Beim Wegweiser rechts über den Sommerweg steil zur Oberen Kofleralm (2192 m). Die Alm bleibt rechts liegen. Weiter durch eine Mulde in flaches Gelände und rechts Richtung Brunnleitenspitz. Vor dieser links das breite Tal und über Rücken aufwärts. Auf 2480 m zieht rechts eine versteckte Mulde zu einem kleinen Sattel (2720 m) hinauf. Hier links durch die Mulde in die ziemlich weit hinten liegende Bärenluegscharte (2848 m).

91 Zum Dreieckspitz (von Süden)

Noch etwas höher hinauf und auf der Nordseite ca. 20 Hm leicht abwärts. Hinein in die große Mulde und dann links hinauf auf den Kamm. Über den Rücken, dann weiter oben rechts über den Hang und links zum Gipfel mit Kreuz.
Abfahrt wie Aufstieg, wobei man die 20 Hm wieder in die Scharte aufsteigen muss. Die Abfahrt ins Knuttental ist nur bei sicherer Schneelage und guter Sicht zu empfehlen.

92 Zum Sosseneck

Noch ein Stück links mit den Skiern zu den ersten Felsen hinauf. Jetzt über den schmalen Grat zum höchsten Punkt.
Abfahrt wie Aufstieg.
Hinweis: Pickel empfehlenswert.

91	4 ½ Std.	SW	1300 m	92	4 Std.	S	1165 m

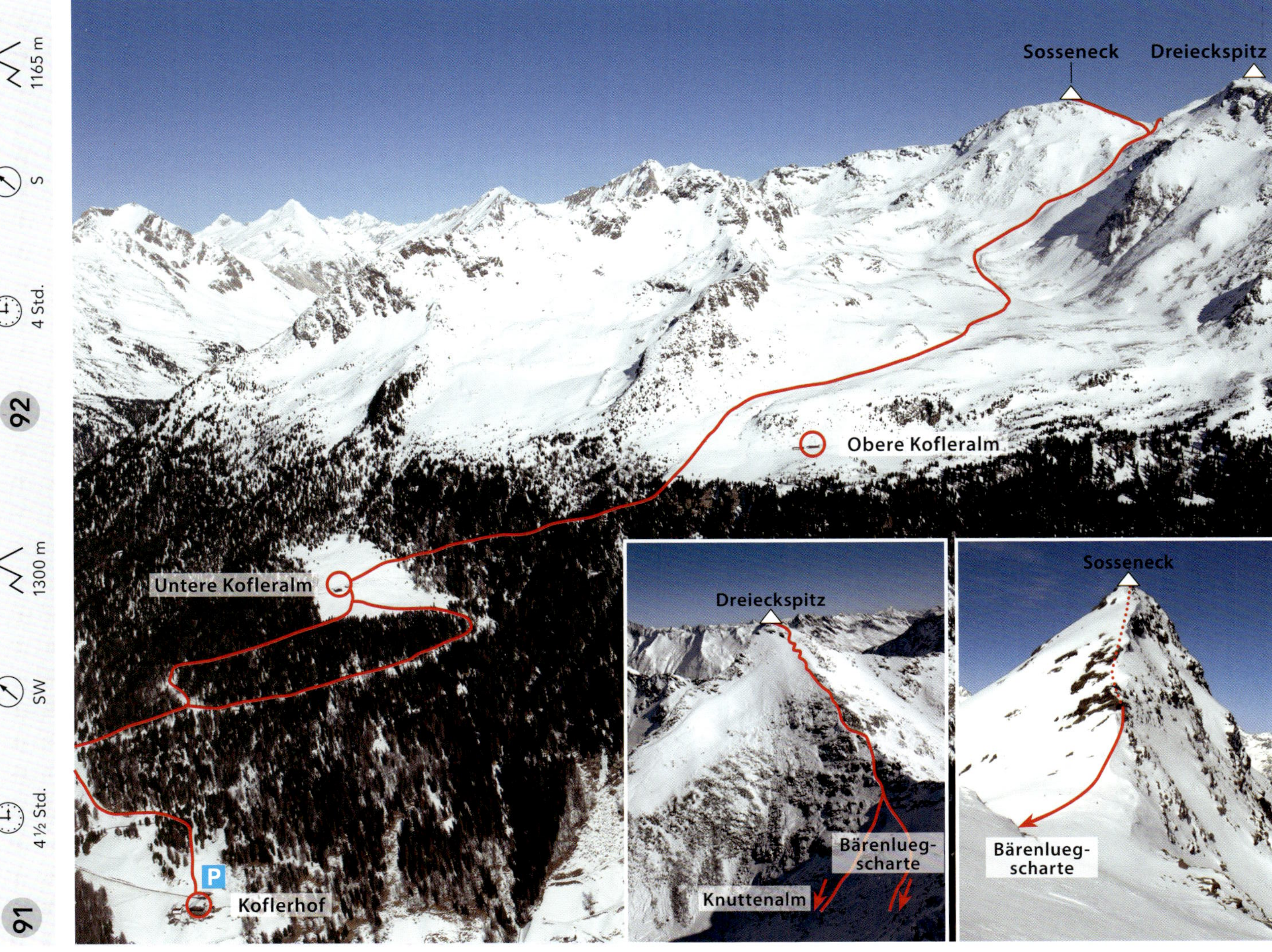

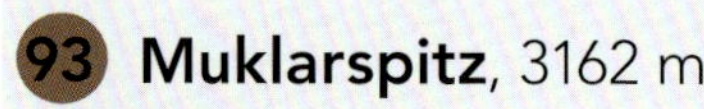

93 Muklarspitz, 3162 m

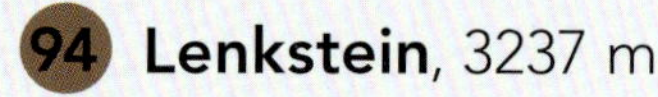

94 Lenkstein, 3237 m

	93 Muklarspitz	94 Lenkstein
Hangrichtung	West – Süd	West
Skitechnisch	schwierig	mäßig
Alpintechnisch	–	leicht
Lawinengefahr	häufig	mäßig
Höhenunterschied	1571 m	1646 m
Aufstiegszeit	ca. 5½ Std.	ca. 6 Std.
Ausgangspunkt	Jausenstation Säge im Bachertal (1591 m)	
Kartografie	Tabacco Nr. 035, Ahrntal – Rieserfernergruppe	

Anfahrt: Pustertal – Bruneck – Sand in Taufers – Rein; am Langlaufzentrum vorbei und links bis zur Jausenstation Säge.

Gemeinsamer Aufstieg: Über die Brücke und ca. 300 m dem Weg links bis zum Wegweiser „Furtalm" folgen und rechts vom Bach weiter entlang der Markierung. Über eine kleine Brücke, die über einen Murengraben führt und neben dem Bach bis zur Furtalm (1787 m). Links von dieser durch lichten Wald und durch Mulden, sich immer leicht links haltend bis in einen Kessel unter einer Felswand (2000 m). Jetzt links davon durch eine lange Mulde bis zu deren Ende und bis zu einem Wegweiser auf 2324 m hinauf. Hier leicht abwärts in die große Ebene. Durch diese und über Rücken und Mulden in südöstlicher Richtung in die nächste Ebene (2440 m).

93 Zum Muklarspitz

Links weiter bis unter kleine Felsen hinauf und wo diese rechts aufhören links durch eine Mulde. Dann, sich immer schräg links haltend bis auf 2750 m hinauf. Dort links über einen Rücken und in eine Ebene (2840 m, Holzstange), dann nach einer langen, flachen Querung nach links bis unter den Steilhang, der in den oberen Kessel bis auf 2980 m hinaufführt. Gerade weiter und in das Joch auf 3120 m hinauf. Hier rechts über den Rücken zum höchsten Punkt mit kleinem Kreuz und Buch.
Abfahrt wie Aufstieg.

94 Zum Lenkstein

Links durch Mulden in Richtung zweier großer Felsformationen (die rechte ist rund) hinauf. Auf 2880 m zwischen den Felsen hindurch und oberhalb des rechten Felsens auf einen Sattel (2950 m). Unter dem oberen Felsen herum und rechts über steile Hänge weiter bis man wieder in flacheres Gelände kommt. Nun sieht man schon den Gipfel. Rechts zum Sattel hinauf; dort steht ein großer Steinmann. So weit wie möglich links den Hang mit Skiern hinauf und über den kurzen Grat zum Gipfel mit Kreuz.
Abfahrt wie Aufstieg.

Tipp: Im späten Frühjahr kann man vom Indereder Hof (1700 m) gut mit dem Bergrad über einen 1,5 m langen Forstweg zur Furtalm (1787 m) fahren.

93	5 ½ Std.	W–S	1571 m	94	6 Std.	W	1646 m

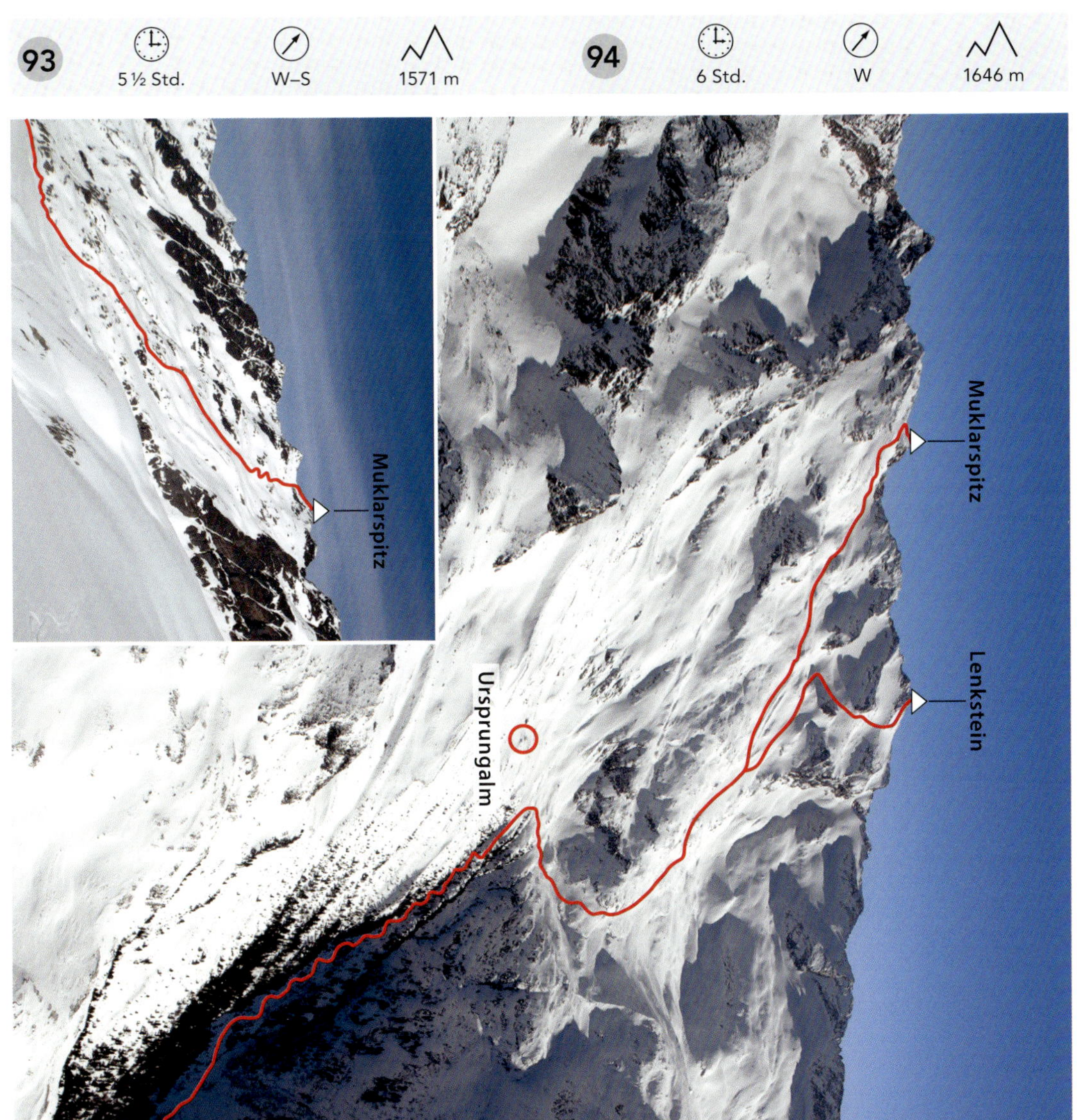

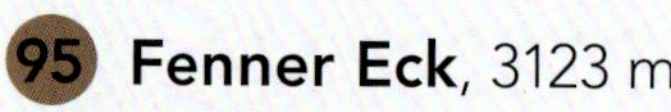

95 Fenner Eck, 3123 m

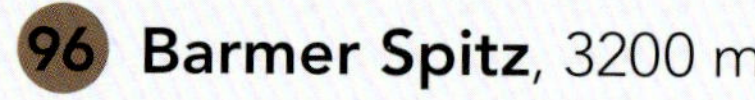

96 Barmer Spitz, 3200 m

	95 Fenner Eck	96 Barmer Spitz
Hangrichtung	West	West
Skitechnisch	mäßig	mäßig
Alpintechnisch	–	mäßig
Lawinengefahr	häufig	mäßig
Höhenunterschied	1532 m	1609 m
Aufstiegszeit	ca. 5 ½ Std.	ca. 6 Std.
Ausgangspunkt	Jausenstation Säge im Bachertal (1591 m)	
Kartografie	Tabacco Nr. 035, Ahrntal – Rieserfernergruppe	

Anfahrt: Pustertal – Bruneck – Sand in Taufers – Rein; am Langlaufzentrum vorbei und links bis zur Jausenstation Säge.

Gemeinsamer Aufstieg: Über die Brücke und ca. 300 m dem Weg links bis zum Wegweiser „Furtalm" folgen und rechts vom Bach weiter entlang der Markierung. Über eine kleine Brücke, die über einen Murengraben führt und neben dem Bach bis zur Furtalm (1787 m). Links von dieser durch lichten Wald und durch Mulden, sich immer leicht links haltend bis in einen Kessel unter einer Felswand (2000 m). Jetzt links davon durch eine lange Mulde bis zu deren Ende hinauf und bis zu einem Wegweiser auf 2324 m. Hier leicht abwärts in die große Ebene. Durch diese und über Rücken und Mulden in südöstlicher Richtung in die nächste Ebene (2440 m).

95 Zum Fenner Eck

Die Ebene ganz hinein und dann schräg rechts in Richtung eines Moränenhügels hinauf. Auf 2630 m links von diesem immer gerade weiter bis 2900 m. Jetzt links und zum Schluss durch eine kurze, steile Rinne links des Gipfels auf das Lenksteinjoch (3084 m) hinauf. Rechts über den breiten Rücken zum höchsten Punkt mit Stange.
Abfahrt wie Aufstieg.

96 Zum Barmer Spitz

Am rechten Rand der Ebene taleinwärts gehend gelangt man in eine weitere Ebene (2550 m). Gerade weiter bis unter den Lenksteinferner (2600 m) hinein. Jetzt gibt es zwei Möglichkeiten:

a) Rechts eines Felsriegels hinauf und dann links auf den oberen Gletscher.
b) Am linken Rand steil über den Hang ebenfalls zum oberen Gletscher hinauf. Über diesen immer schräg rechts in mäßiger Steigung bis unter den Felsaufbau der Barmer Spitze. Auf 2140 m Skidepot. Zuerst etwas rechts, dann direkt über den Blockgrat zum Gipfel mit großem Kreuz.

Abfahrt wie Aufstieg.

Hinweis: Steigeisen empfehlenswert. Auf der Karte ist die rechte, 3322 m hohe Erhebung am Nordost-Grat des Hochgall als Barmer Spitze angegeben. Diese Erhebung ist mit Skiern zu erreichen.

Tipp: Im späten Frühjahr kann man vom Inderederhof (1700 m) gut mit dem Bergrad über einen 1,5 km langen Forstweg zur Furtalm (1787 m) fahren.

Ursprungalm

Fenner Eck

Furtalm

b)

a)

Barmer Spitz

Punkt 3322 m

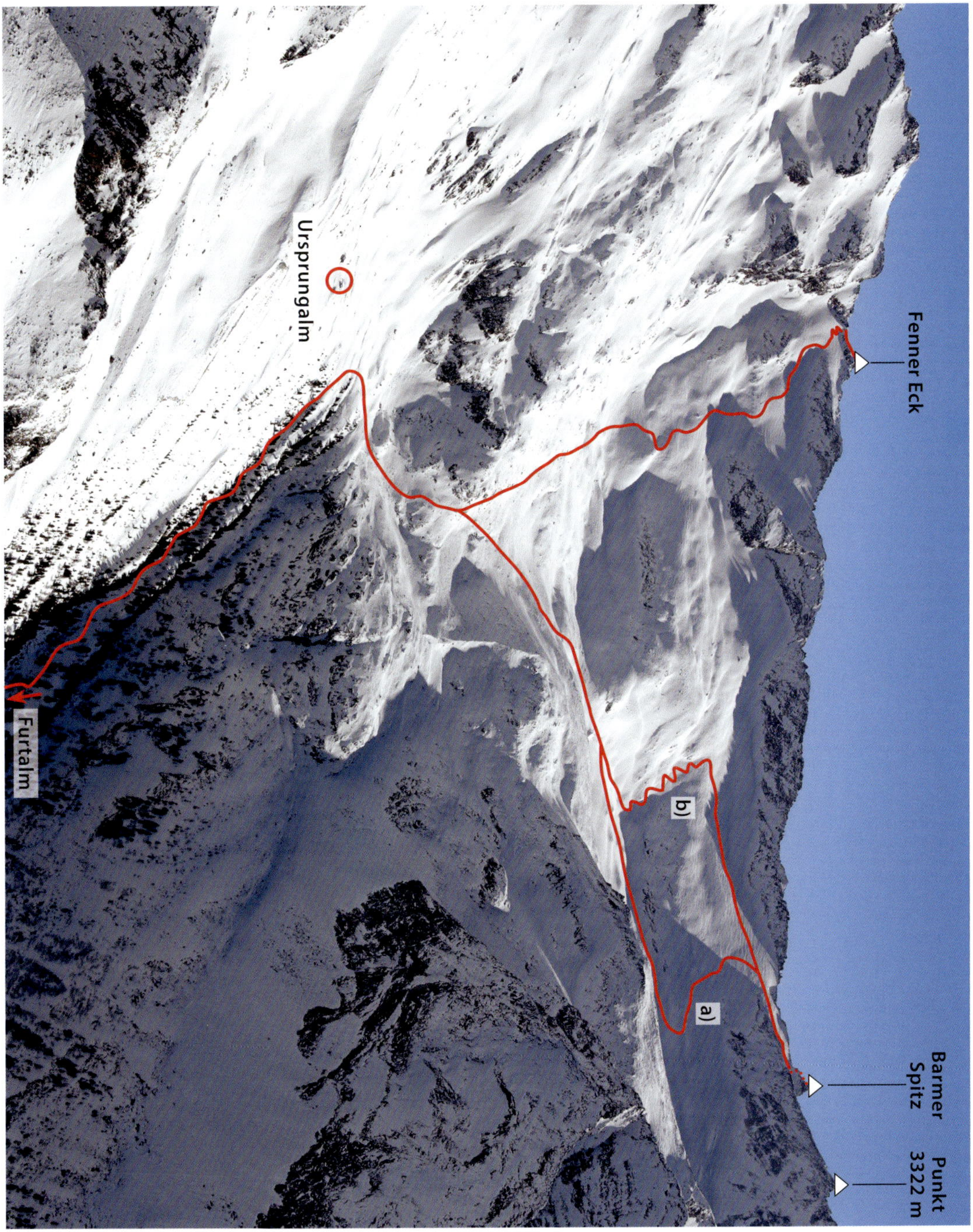

97 **Magerstein**, 3273 m — 98 **Schneebiger Nock**, 3358 m

	97 Magerstein	98 Schneebiger Nock
Hangrichtung	Nord	Nord
Skitechnisch	mäßig	schwierig
Alpintechnisch	–	mäßig
Lawinengefahr	gering	mäßig
Höhenunterschied	1682 m	1767 m
Aufstiegszeit	ca. 5 ½ Std.	5–6 Std.
Ausgangspunkt	Jausenstation Säge im Bachertal (1591 m) Zwischenstützpunkt: Kasseler Hütte (2276 m, geöffnet von März bis Anfang Mai)	
Kartografie	Tabacco Nr. 035, Ahrntal – Rieserfernergruppe	

Anfahrt: Pustertal – Bruneck – Sand in Taufers – Rein; am Langlaufzentrum vorbei und links bis zur Jausenstation Säge.

Gemeinsamer Aufstieg: Über die Brücke und entlang einer Wiese gerade hinauf, wo rechts ein Forstweg beginnt. Diesem Weg ca. eine halbe Stunde folgen, bis er bei einem Wegkreuz auf 1800 m endet. Jetzt der Markierung Nr. 8 folgend in den Wald und sehr steil (teilweise Stufen) bis ca. 2100 m hinauf. Nun flach links in offenes Gelände, wo der Weg über eine Brücke links über den Bach zur Kasseler Hütte führt, 2246 m.

97 Zum Magerstein

Über den kurzen, steilen Hang oberhalb der Hütte zu einem Bildstöckl hinauf. Durch ein Tal links unter dem Tristennöckl in eine Ebene (2433 m). Jetzt links über den Rücken, an einem Niederschlagsmesser vorbei zum linken Rand des Gletschers. Immer gerade in südliche, später in südwestliche Richtung bis unter den Ostkamm des Magerstein. Unter einigen Felszacken steigt man schräg rechts bis unter den Gipfelhang. In einem Rechtsbogen über diesen zum Gipfel mit Kreuz.
Abfahrt wie Aufstieg.
Hinweis: Bei sicherer Schneelage und guter Sicht kann man auch direkt über den Gletscher abfahren. Achtung auf Spalten!

98 Zum Schneebigen Nock (von Norden)

Vor der kleinen Brücke rechts über mäßig steile Hänge und Absätze hinauf, um dann links in die große Mulde zu gelangen, die direkt unter die Nordflanke des Schneebiger Nock hinaufführt. Diese bis rechts bis unter den ersten Steilhang, den Hang nun hinauf und auf 2850 m etwas flacher rechts bis unter den zweiten Steilhang. Dieser führt immer steiler werdend in den rechten Sattel auf 3120 m hinauf. Jetzt schräg rechts über den Gletscher und dann links bis unter eine Gratschulter (3320 m). Hier Skidepot. Über den etwas ausgesetzten Grat in 10 Minuten zum nahen Gipfel mit Kreuz.
Abfahrt wie Aufstieg.
Hinweis: Steigeisen empfehlenswert.

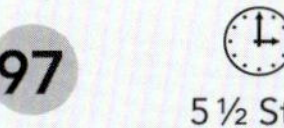
97

5 ½ Std.

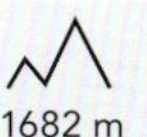
N

1682 m

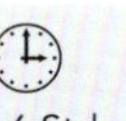
98

5–6 Std.

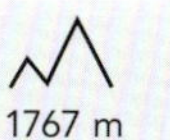
N

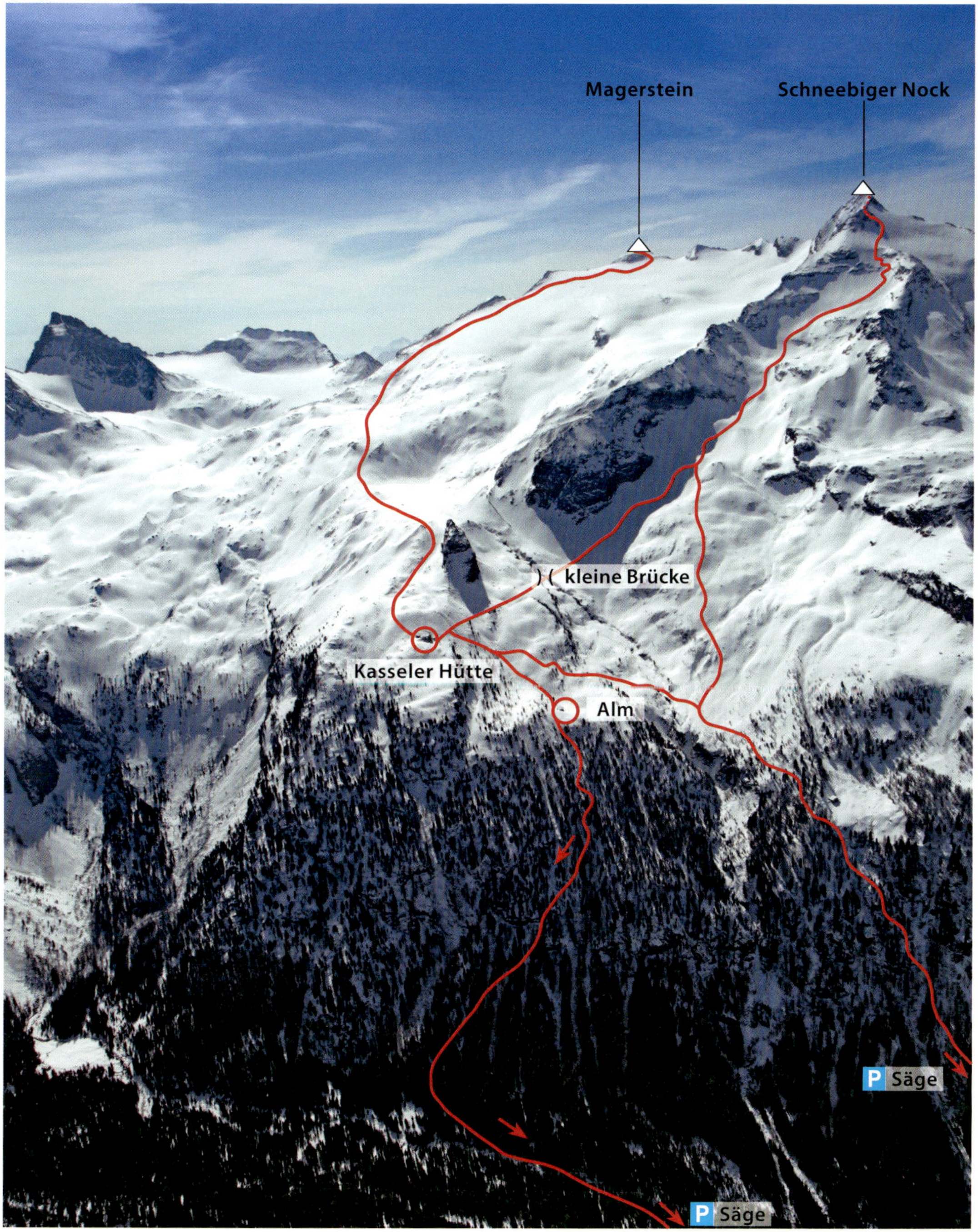

1767 m

Magerstein

Schneebiger Nock

)(kleine Brücke

Kasseler Hütte

Alm

P Säge

P Säge

 Schneebiger Nock, 3358 m (von Nordwesten)

Hangrichtung	Nordwest
Skitechnisch	schwierig
Alpintechnisch	mäßig
Lawinengefahr	häufig
Höhenunterschied	1822 m
Aufstiegszeit	ca. 6 Std.
Ausgangspunkt	Parkplatz beim Gasthof Bacher am Dorfanfang (1536 m)
Kartografie	Tabacco Nr. 035, Ahrntal – Rieserfernergruppe

Anfahrt: Pustertal – Bruneck – Sand in Taufers – Rein

Aufstieg: Beim Langlaufzentrum über die Brücke und gerade zu einem Wegweiser. Dem Sommerweg Nr. 1 Richtung Kasseler Hütte folgen. Zuerst gerade hinauf, dann unter Felsen schräg nach links aufwärts. Einige Lawinenrinnen querend bis unter die Untere Terneralm (1874 m), die man links liegen lässt. Noch 500 m weiter und dann rechts ins Tal hinein. Immer rechts vom Terner Bach durch lichten Wald aufwärts, wobei man die Obere Terneralm links vom Bach liegen lässt. Man gelangt jetzt in einen flachen Kessel (2160 m). Auf der linken Seite unter Felsen über eine kurze Steilstufe in flaches Gelände, wo dann eine markante Mulde genau in südlicher Richtung hinaufzieht. Durch diese bis unter die steilen Hänge hinauf. Nun über diese Hänge, sich immer etwas links haltend (durchaus sehr steil – bis zu 40°), bis man auf 2900 m auf den etwas weniger steilen nordwestlichen Gletscher gelangt. Über diesen am rechten Rand weiter und dann schräg links zum Nordgrat des Schneebigen Nock, wo man bei 3320 m die Skier stehen lässt. Über den zum Teil etwas ausgesetzten Grat in etwa 10 Minuten zum Gipfel mit Kreuz.

Abfahrt wie Aufstieg, wobei man auf der Höhe des Dorfes rechts durch eine Waldschneise/Rinne gut zur Langlaufloipe abfahren kann. Über diese weiter zurück zum Ausgangspunkt.

Hinweis: Pickel und Steigeisen empfehlenswert. Diese Tour sollte man nur bei absolut sicherer Schneelage begehen.

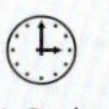
6 Std.

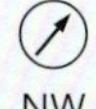
NW

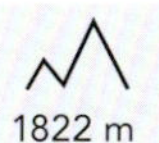
1822 m

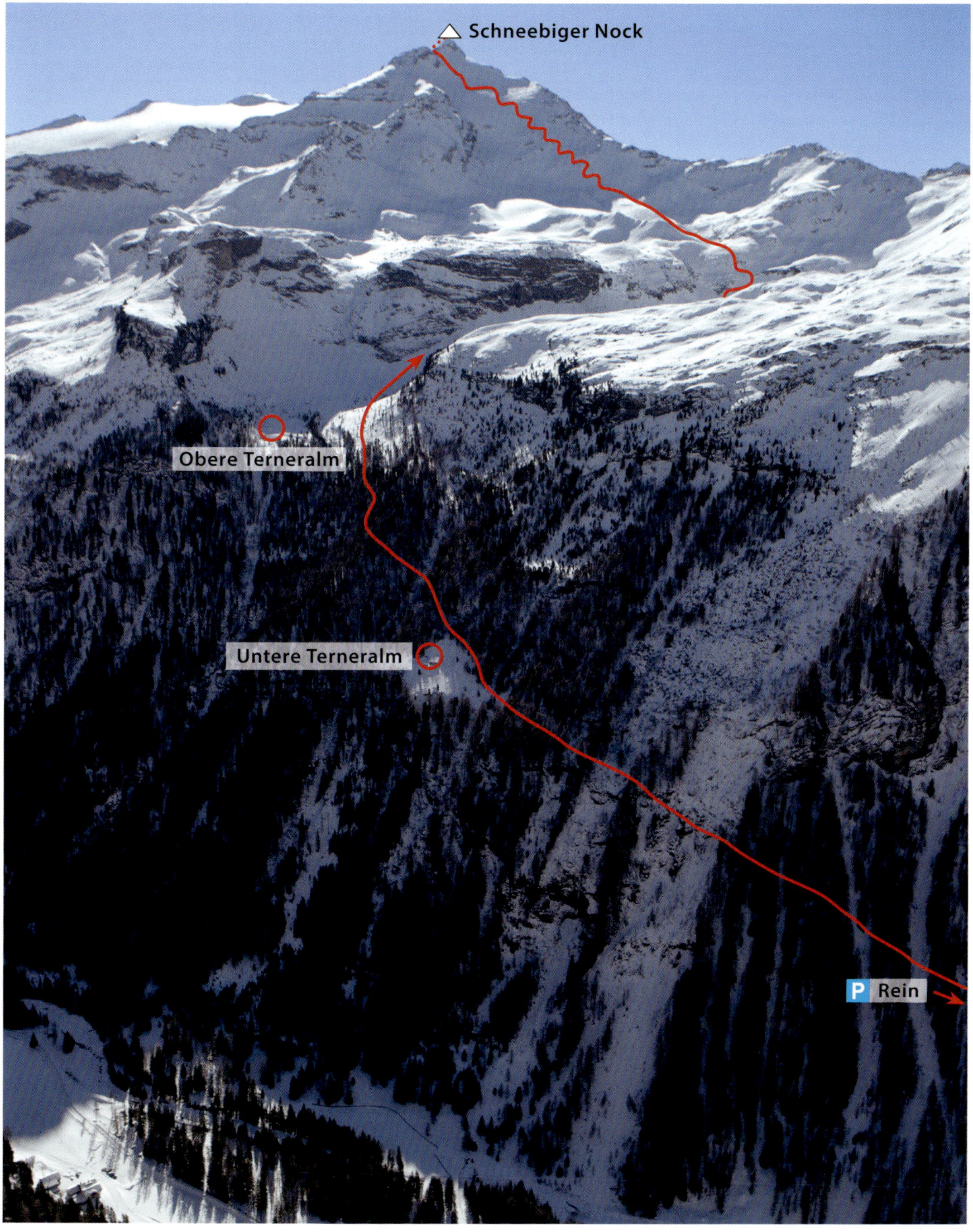

Schneebiger Nock

Obere Terneralm

Untere Terneralm

P Rein

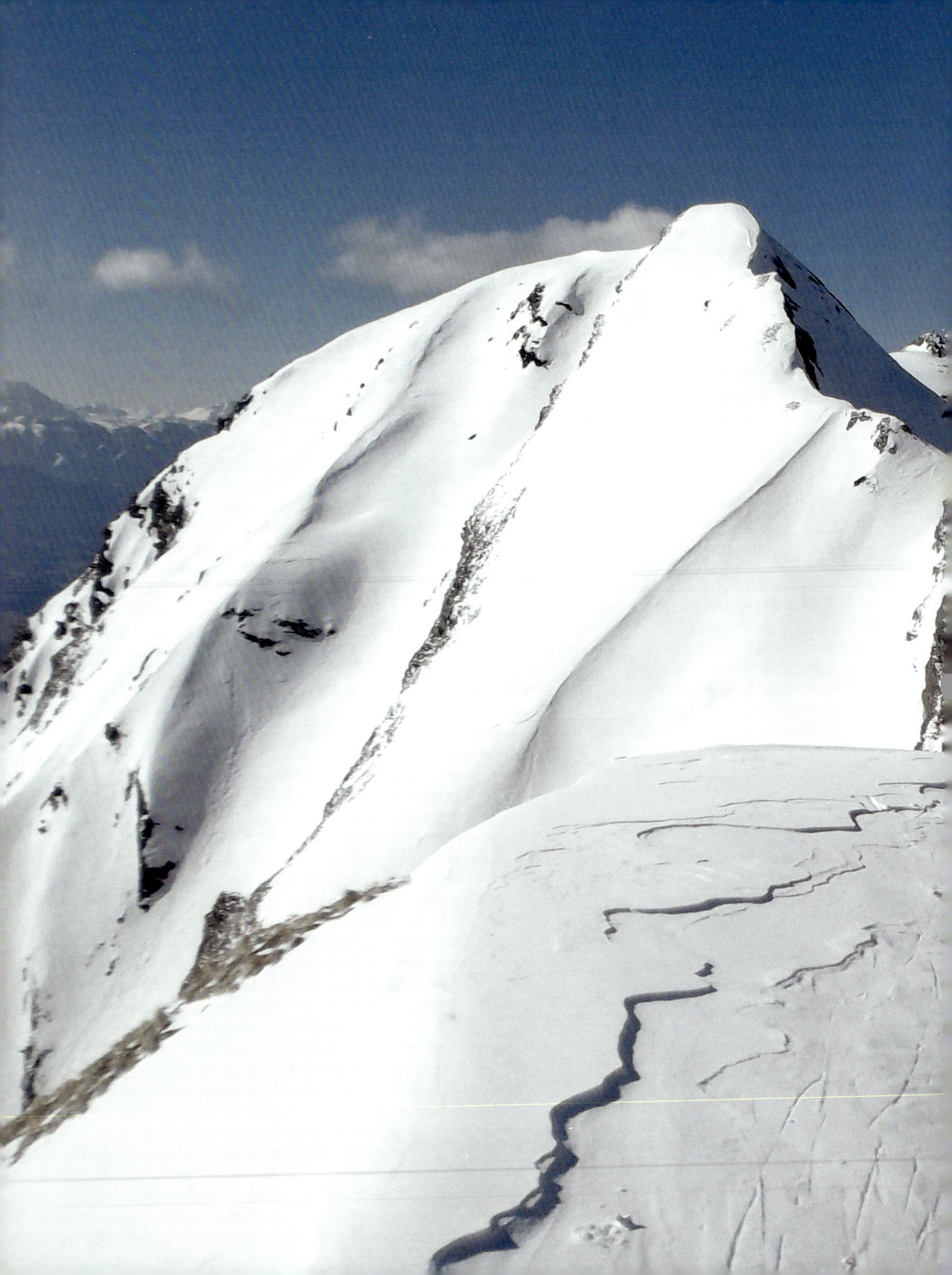

EMPFEHLUNGEN

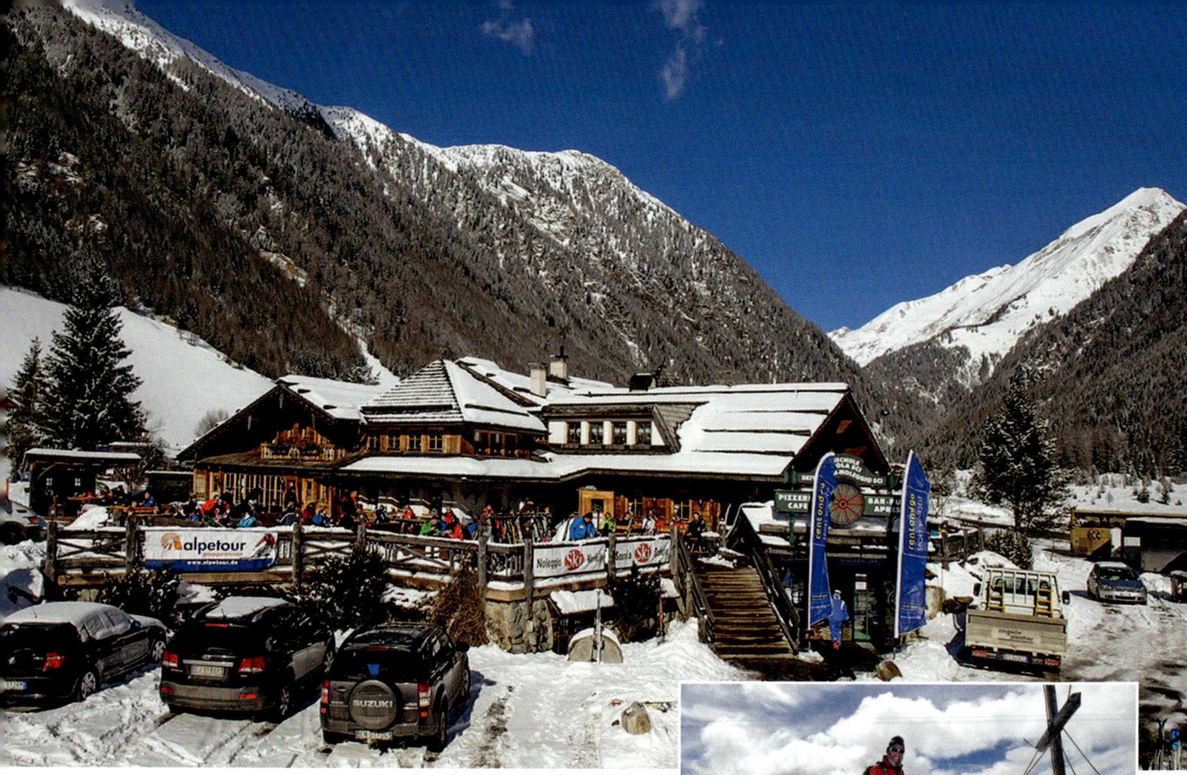

Bar Pizzeria Mühle und Ski Rental Leitner – Vals (1375 m)

Das Valser Tal ist für Skitourengeher ein absoluter Geheimtipp! Was gibt es Schöneres, als die weißen Hänge hinauf zu spuren und die Schwünge im unberührten Pulver zu zeichnen ... Wer die Gipfel der Pfunderer Berge nicht kennt, für den ist es höchste Zeit, dies nachzuholen. Lassen Sie Ihren Erlebnis-Berg-Tag in unseren Stuben in netter Gemeinschaft fröhlich ausklingen. Sie finden uns direkt an der Talstation der Jochtal-Seilbahn. Hier gibt's leckere Pizzas, Südtiroler Gerichte, italienische Pasta, hausgemachte Kuchen und, und, und ...
Sollte das Wetter einmal nicht mitspielen, dann locken Skipisten, Rodelbahnen, Loipen oder der Eislaufplatz direkt vor unserer Haustür. Kinder kommen besonders gerne zum Winterspaß in die „Mühle". Hier ist immer was los!

Im SKIRENTAL LEITNER finden Sie alles, was Ihr Wintersport-Herz begehrt. Kurz-Skier für die Tour und die aktuellsten Skier für die Piste. Auch Langlauf-Skier und Rodeln gibt es im Verleih. In unmittelbarer Nähe starten Sie zur Skitour, auf die Skipiste oder zur Rodelbahn. Die Langlaufloipe ist direkt am Haus, wo Sie auch unsere täglich präparierte Eisbahn finden.

SKIRENTAL LEITNER

PIZZERIA MÜHLE und SKIRENTAL LEITNER

Familie Leitner
Jochtalstraße 4 – I-39037 Mühlbach/Vals
Tel. +39 0472 547221 – info@die-muehle.it – www.die-muehle.it

Öffnungszeiten: ganzjährig geöffnet, außer von Mitte Juni bis Mitte Juli geschlossen

Ausgangspunkt für alle Skitouren im Valser Tal

Bergrestaurant Jochtal, Vals (2006 m)

In Südtirol wird das Beste aus Nord und Süd harmonisch vereint. Im Bergrestaurant Jochtal kommt noch die Höhe dazu ... Auf 2006 Metern erklimmen Sie nicht nur Berge, sondern kulinarische Gipfel.
Die schönste Zeit verbringt man am Berg.
Es eignet sich für Jahrgangs- und Familienfeiern, für Vereinsausflüge und frohe Feste.
Die Familie Weissteiner freut sich auf Ihren Besuch!

Familie Weissteiner
Jochtalstraße 23
I-39037 Mühlbach/Vals
Tel. +39 0472 671345
info@jochtal.info
www.jochtal.info

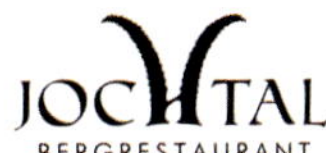

Öffnungszeiten: Anfang Dezember bis Ende April und von Mitte Mai bis Mitte Oktober

Ausgangspunkt für die Skitour auf die Plattspitze

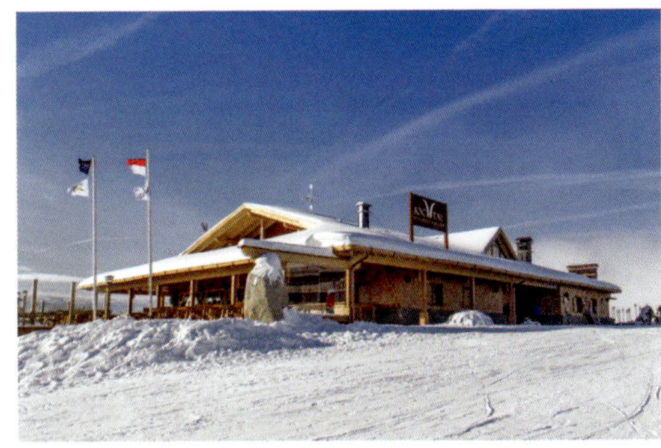

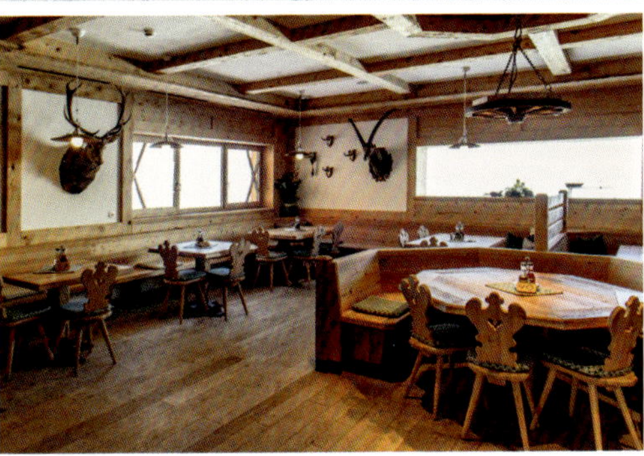

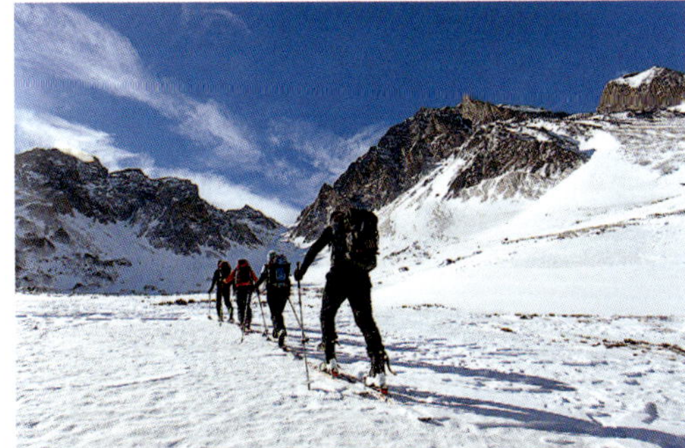

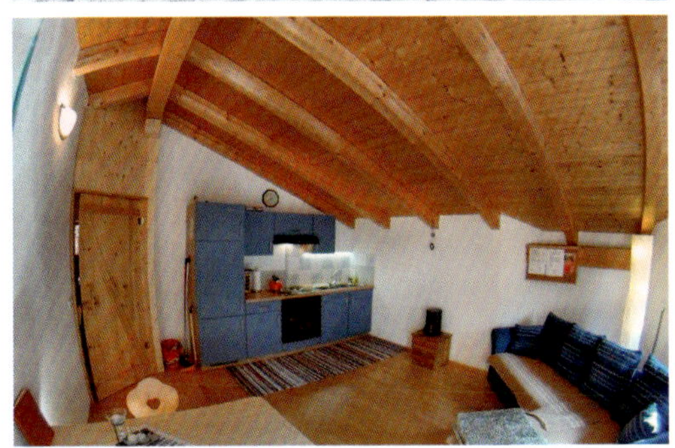

„Duner Heuschupfe"– Wegscheiderhof, Dun/Pfunders bei Vintl

Der Wegscheiderhof im hintersten Pfunderer Tal bietet zwei komfortable Ferienwohnungen für 2 bis 6 Personen, welche zur Selbstverpflegung bestens ausgestattet sind. Direkt vor unserer Haustür führen sieben rassige Skitouren in die Einsamkeit der Pfunderer Berge an der Südseite der Zillertaler Alpen. Skitourengeher, welche hier ihr Basislager aufschlagen, werden von den Hausleuten Gabi und Burkhard mit besonderer Herzlichkeit umsorgt.

Familie Volgger
Dunerstraße 12
I-39030 Vintl/Pfunders
Tel. +39 0472 549246
info@duner-heuschupfe.com
www.duner-heuschupfe.com

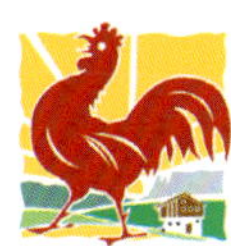

Öffnungszeiten: ganzjährig geöffnet

Ausgangspunkt für alle Skitouren im Pfunderer Tal

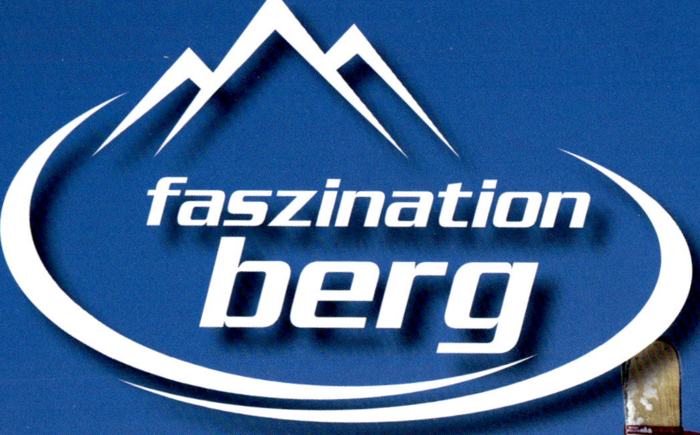

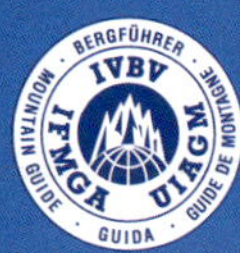

Günther Ausserhofer
Berg- und Skiführer

Tel. +39 347 4138336 · www.faszination-berg.com

Aktivhotel Lodenwirt, Vintl

Naturfreunde und Skitourenfans sind bei uns willkommen. Von unserem Hotel aus erreichen Sie in Kürze Ihre Skitourenziele im Pustertal. Für Pistenfreaks sind die Skigebiete Jochtal, Gitschberg und Kronplatz in unmittelbarer Nähe. Unser Haus bietet Ihnen gemütliche Stuben, alle Köstlichkeiten einer gepflegten Küche und Entspannung im Wellnessbereich. Die Familie Profanter und ihr Team verwöhnen Sie gerne. Bis bald!

Familie Profanter
Pustertaler Straße 1
I-39030 Vintl
Tel. +39 0472 867000
info@lodenwirt.it
www.lodenwirt.it

Öffnungszeiten: ganzjährig geöffnet

Ausgangspunkt für alle Skitouren im Pustertal

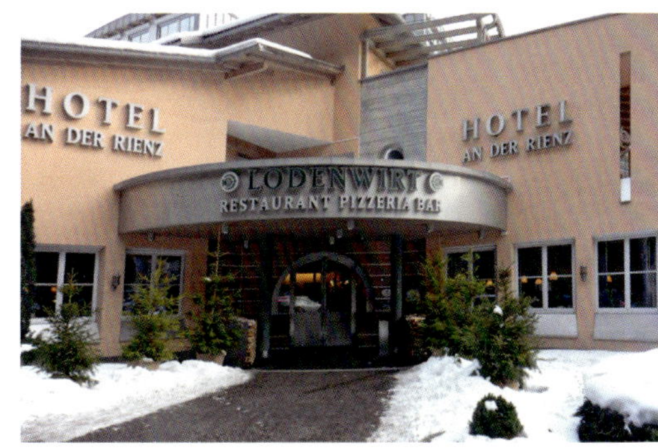

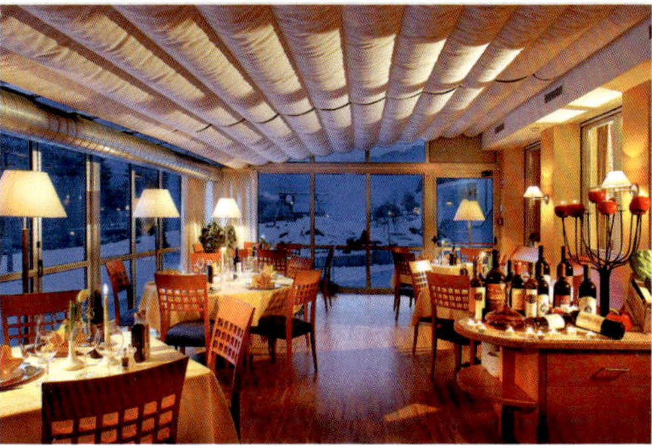

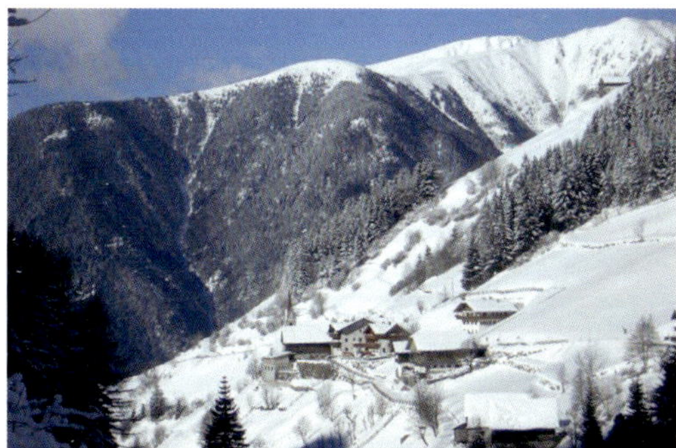

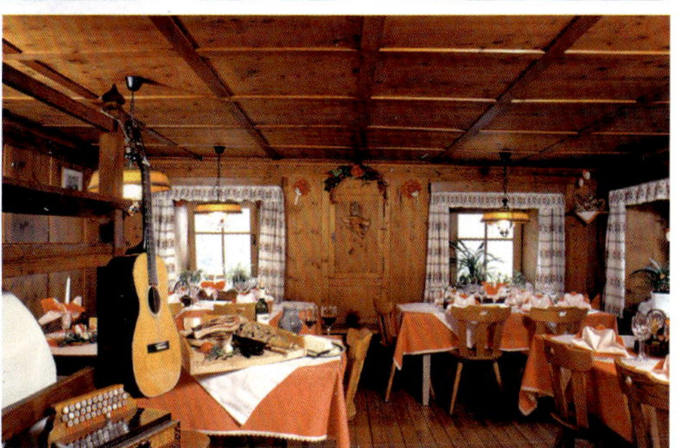

Berggasthof Huber, Mühlbach/Gais

Entdecken Sie die winterlichen Berge an der Südseite des Naturparks Rieserferner-Ahrn und kehren Sie bei uns ein. Nehmen Sie Platz in der alten Bauernstube, wir verwöhnen Sie mit traditionellen Produkten aus eigener Herstellung wie Milch, Butter und Käse von der eigenen Alm. Genießen Sie hausgemachten Speck mit Bauernbrot aus dem Backofen. Zwei unserer Männer sind die Meister der Küche: sie ist sagenhaft ... Herzlich willkommen!

Familie Wolfsgruber
Huber 20
I-39030 Gais/Mühlbach
Tel. +39 0474 504120
info@gasthof-huber.com
www.gasthof-huber.com

Öffnungszeiten: ganzjährig geöffnet

Ausgangspunkt für die Skitouren ab Mühlbach, Tesselberg

Berghotel Alpenfrieden, Weißenbach

Erleben Sie die Energie der Dreitausender … Direkt vor unserem Hotel können Sie zu sieben eindrucksvollen Skitouren aufbrechen. Nach nur einer halben Autostunde haben Sie die Qual der Wahl und haben die Möglichkeit auf weitere 40 Touren. Unser Berghotel ist wie geschaffen für Skitourengeher. Wir sorgen für Sie vor und nach Ihrer Bergtour. Gaumenfreuden und heimelige Stuben werden bei uns sehr geschätzt, Ihr Besuch wird zum Erlebnis werden!

Familie Andreas Huf
I-39030 Weißenbach
Tel. +39 0474 680070
info@alpenfrieden.com – www.alpenfrieden.com

Öffnungszeiten: Anfang Dezember bis Ostern und von Mitte Mai bis Mitte Oktober

Ausgangspunkt für alle Skitouren im Ahrntal

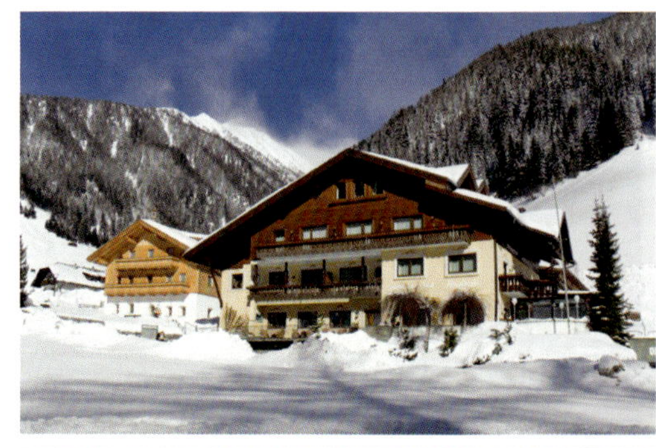

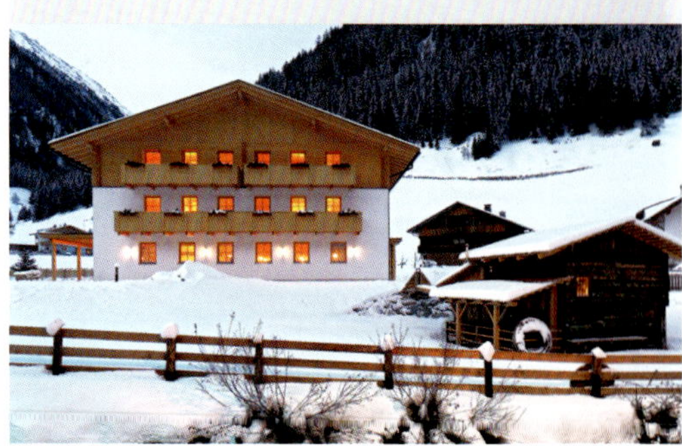

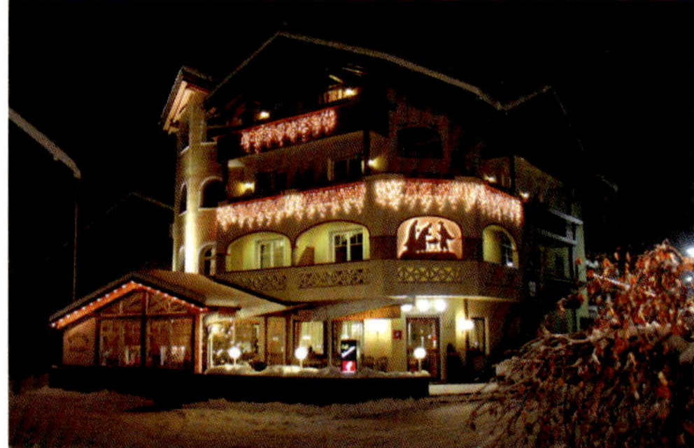

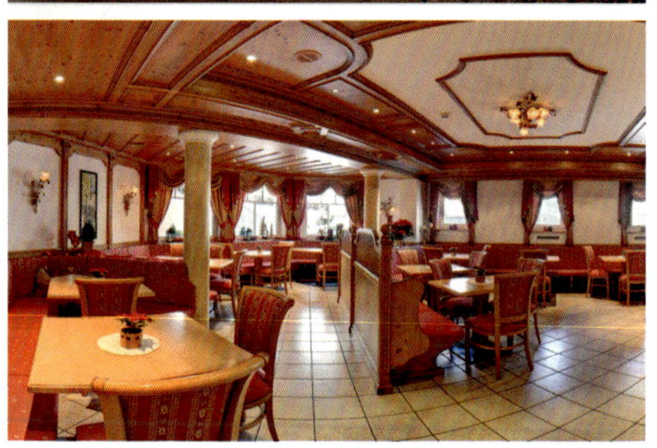

Hotel Garni Schneider, Luttach

Unser Gastbetrieb liegt im Zentrum des Ahrntales. Von hier aus erreichen Sie die schönsten Skitourengipfel des Tales. Und wenn's der Wettergott mal nicht so gut meint, dann locken in der Nähe die Skigebiete Klausberg und Speikboden mit rassigen und gepflegten Pisten.
Wir verwöhnen Sie mit Ahrntaler Gastlichkeit, Tiroler Jausen, gepflegten Spezialitäten, Kuchen, Torten und unseren bekannten Eisspezialitäten.

Hopfgartner Sabine
Dorfstraße 35
I-39030 Luttach/Ahrntal
Tel. +39 0474 671321
info@hotel-garni-schneider.com
www.hotel-garni-schneider.com

Öffnungszeiten: Anfang Dezember bis Ende April und von Mitte Mai bis Ende Oktober

Ausgangspunkt für alle Skitouren im Ahrntal

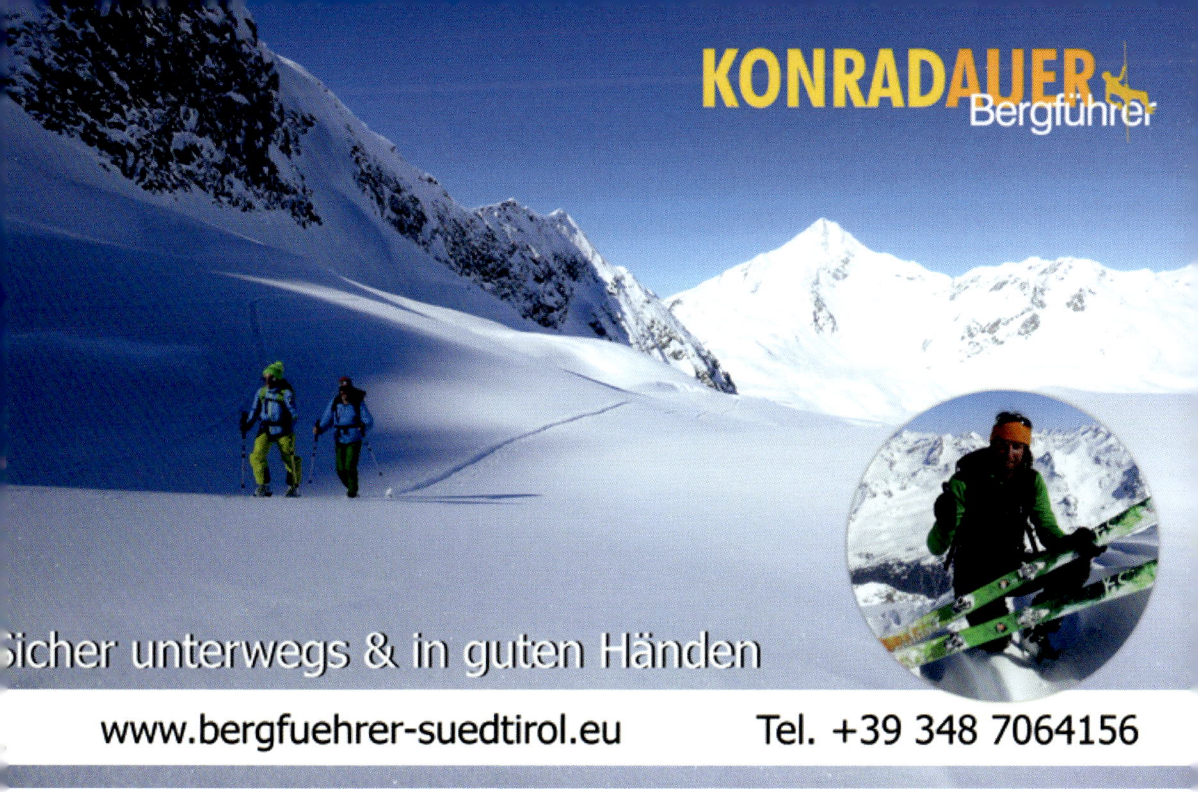

KONRADAUER
Bergführer

Sicher unterwegs & in guten Händen

www.bergfuehrer-suedtirol.eu Tel. +39 348 7064156

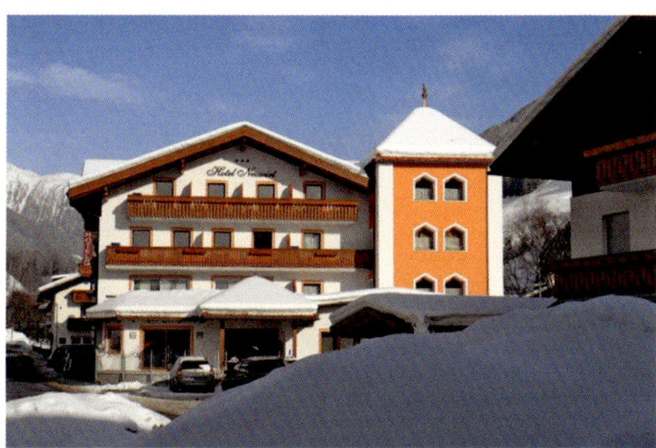

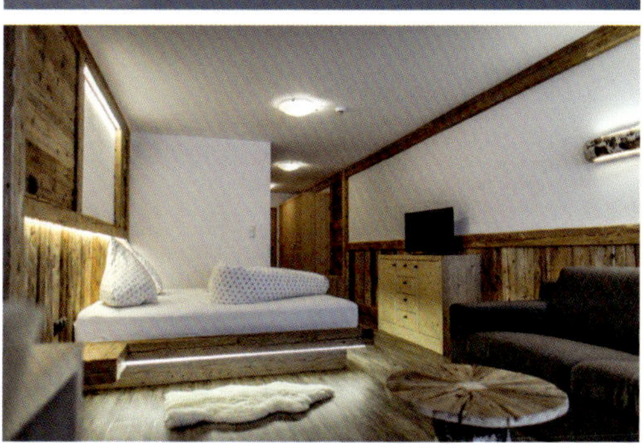

Hotel Neuwirt, Steinhaus im Ahrntal

Ein herzliches Grüß Gott! Skitourengäste sind uns besonders willkommen. Genießen Sie den Winter und die klare Bergluft im Ahrntal, einem der schönsten Gebiete der Alpen. Sie finden bei uns familiäre Atmosphäre und persönliche Betreuung, eine exzellente bodenständige Küche, Hallenbad, Sauna und Solarium mit allem was dazu gehört. Das Skigebiet Klausberg mit seinen rassigen Abfahrten liegt direkt vor unserer Haustür.

Alexander Mairhofer
Steinhaus
I-39030 Steinhaus/Ahrntal
Tel. +39 0474 652266
info@neuwirt.it
www.neuwirt.it

Öffnungszeiten: Weihnachten bis Ende April und Anfang Mai bis Ende November

Ausgangspunkt für alle Skitouren im Ahrntal

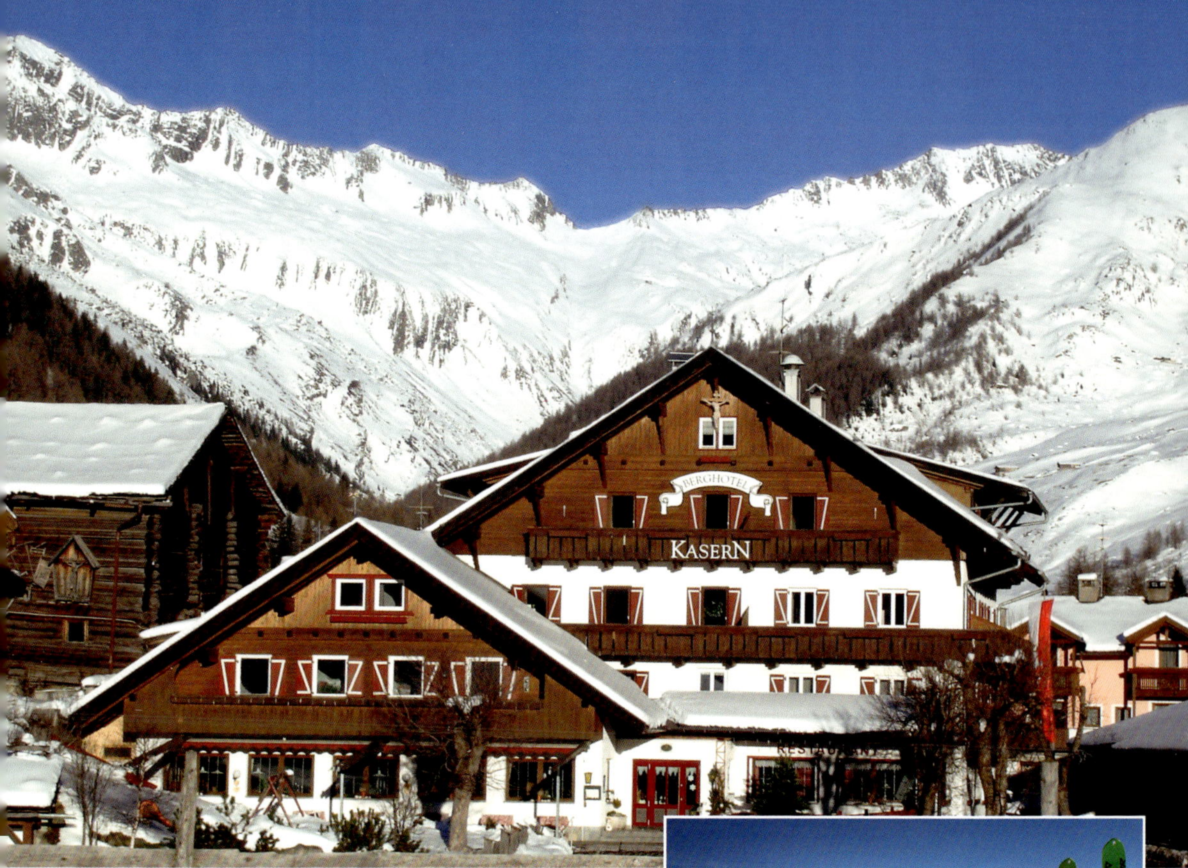

Berghotel Kasern, Prettau (1600 m)

Das Tauferer-Ahrntal ist umgeben von 84 Dreitausendern. Am autofreien Talschluss, am Fuße der „Zillertaler Alpen" und der „Venedigergruppe" liegt unser Berghotel Kasern. Bereits vor über 500 Jahren diente es schon als „Basislager" für die Überquerung des „Krimmler-Tauern-Passes". Direkt vom Haus starten Sie mit den Skiern zu den traumhaften Skitouren und gewaltigen Gipfelmöglichkeiten des umliegenden Naturparks „Rieserferner-Ahrn". Unsere Lage auf Almhöhe garantiert eine Top-Schneelage bis normalerweise Anfang-Mitte April. Auf der Rückkehr von Ihren Touren erwarten Sie unsere finnische- und eine Gesundheits-Wärme-Sauna, die Massagewanne und unser Solarium. Den Abend können Sie dann bei einem guten Tröpfchen aus unserem Weinkeller ausklingen lassen. Und sollte das Wetter mal nicht gipfelfähig sein, so locken vor der Haustür die schönsten Langlaufloipen.
Genießen Sie unsere gepflegte Küche und lernen Sie die unverwechselbare Südtiroler Lebensart kennen.
Wir freuen uns auf Ihren Besuch!

Familie Steger
Kasern 10
I-39030 Prettau
Tel. +39 0474 654185
info@kasern.com
www.kasern.com

Öffnungszeiten: vom 26. Dezember bis Anfang Mai und von Ende Juni bis Anfang November.
Ruhetag: Mittwoch

Ausgangspunkt für alle Skitouren im Ahrntal

Jausenstation Säge, Rein in Taufers (1580 m)

Inmitten des Naturparks Rieserferner-Ahrn liegt unsere Jausenstation als Ausgangspunkt in die Welt der Dreitausender sowie als Einkehrmöglichkeit nach einer gelungenen Skitour.
In unseren gemütlichen Stuben bieten wir Ihnen erfrischende Getränke, das Beste aus Küche und Keller sowie exzellente heimische Wildgerichte. Hans Auer, der Wirt, ist selbst leidenschaftlicher Jäger und Koch und freut sich über jeden Besuch.

Johann Auer
Rein in Taufers 79
I-39032 Rein in Taufers
Tel. +39 0474 672601
Mobil +39 346 5796153
info@saege.it – www.saege.it

Öffnungszeiten: Weihnachten bis Ende April und von Anfang Juni bis Ende Oktober

Ausgangspunkt für alle Skitouren in Rein in Taufers

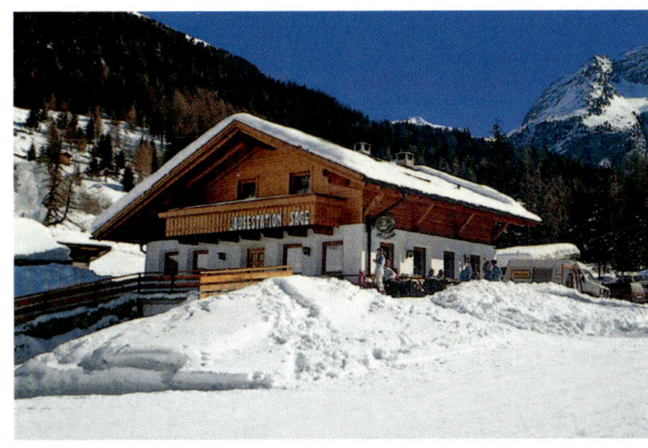

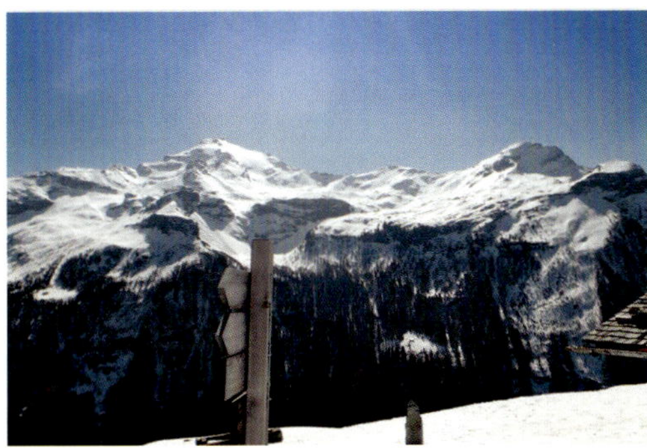

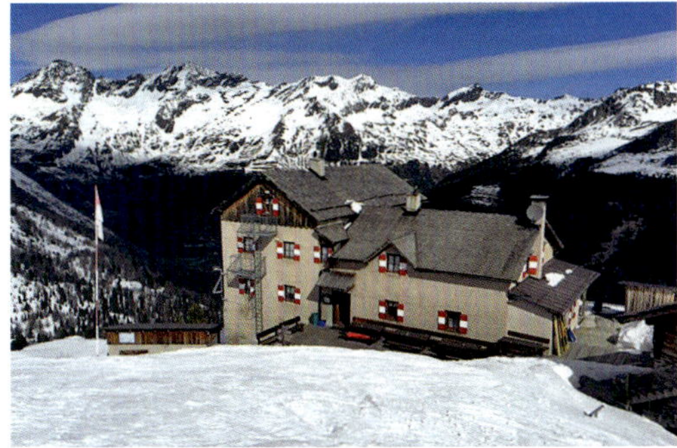

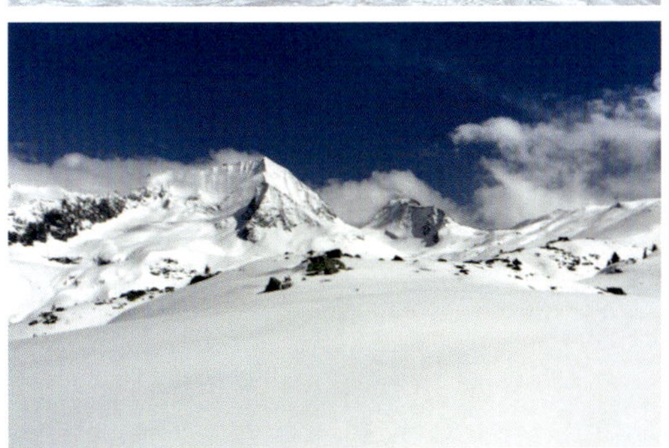

Kasseler Hütte, Rein in Taufers (2274 m)

Rundherum die Einsamkeit der Gletscher, im Inneren der Hütte herrscht Wohligkeit und Wärme. Unsere Schutzhütte ist idealer Ausgangspunkt für die lockenden Skitourenziele im Naturpark Rieserferner-Ahrn. Erleben Sie bei uns echte Hüttenatmosphäre bei zünftiger Ahrntaler Kost und der sprichwörtlichen Gastlichkeit unserer Berge. Wir freuen uns auf Sie!

Familie Seeber
I-39030 Rein in Taufers
Tel. +39 0474 672550
Mobil +39 333 7238426
info@kasseler-huette.com
www.kasseler-huette.com

Öffnungszeiten: Anfang März bis Mitte Mai und von Mitte Juni bis Mitte Oktober

Ausgangspunkt für alle Skitouren in der Rieserfernergruppe

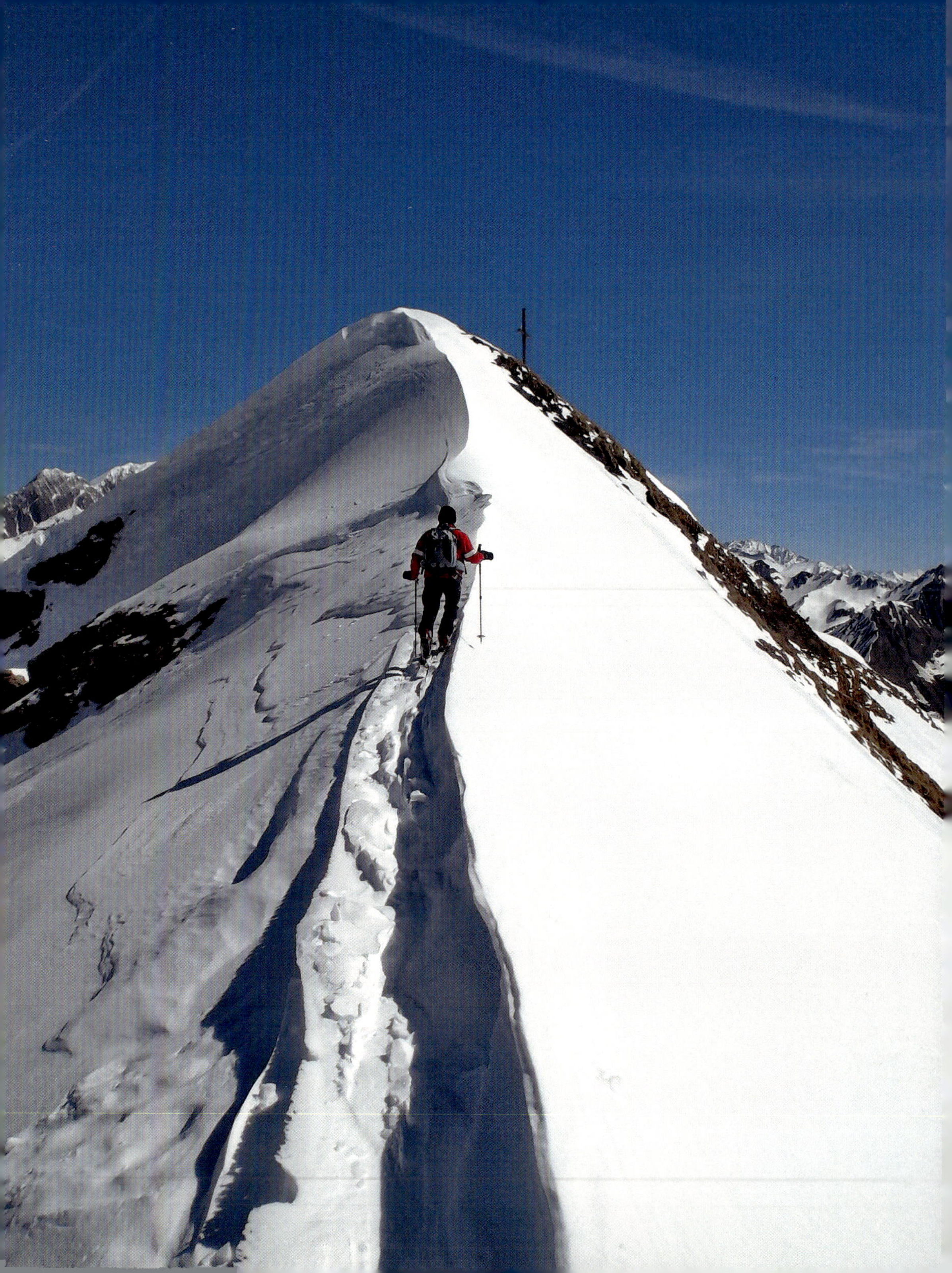

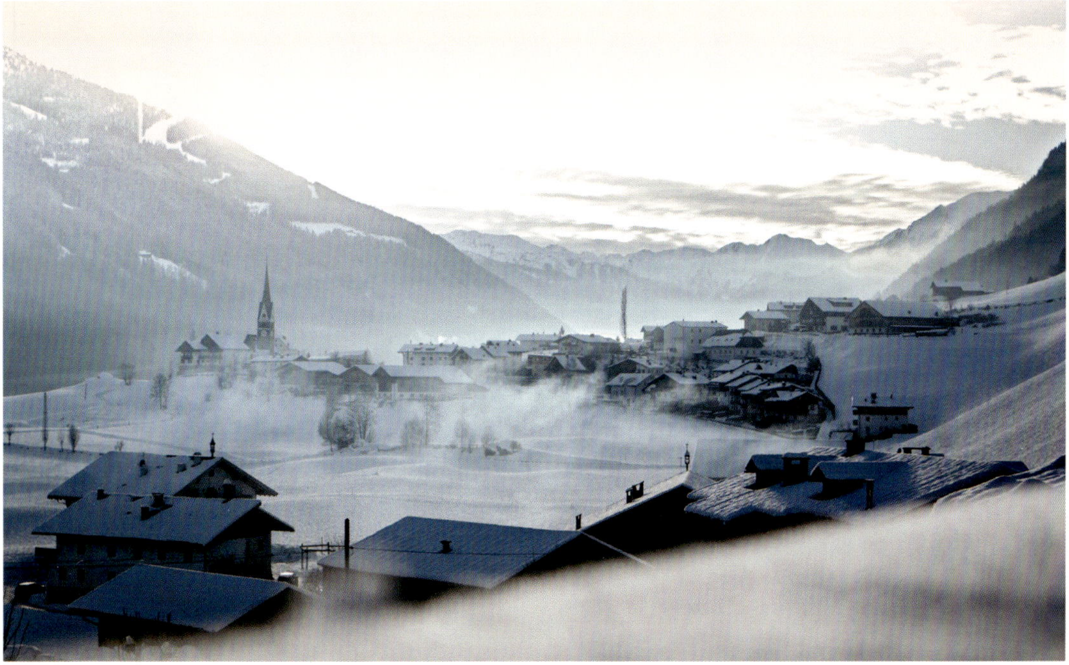

St. Jakob im Ahrntal, vom Hotel Markus aus gesehen

Hotel Markus, St. Jakob im Ahrntal

Wenn im Spätwinter die Hänge der Dreitausender firnen, dann ist bei uns Skitourentreff. Alpenvereins- und andere Gruppen wissen unser Haus zu schätzen. Wir sind die Gruppenspezialisten. Ab 5 Uhr morgens erhalten Sie bei uns Ihr Frühstück, abends verwöhnen wir Sie mit erstklassiger Küche, mit hausgemachten Kuchen und Torten. Schöne Zimmer mit bester Ausstattung stehen in verschiedenen Größen zur Verfügung. Willkommen bei uns im Ahrntal!

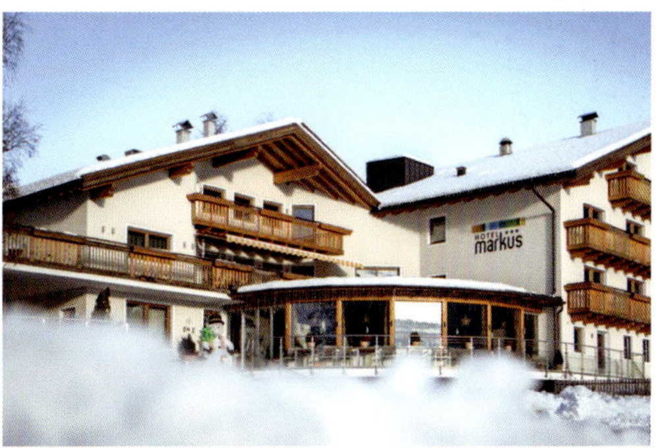

Hotel Markus
Antratt 10
I-39030 St. Jakob im Ahrntal
Tel. +39 0474 650193
info@hotel-markus.com – www.hotel-markus.com

Öffnungszeiten: Anfang Dezember bis Ende April und von Mitte Mai bis Mitte Oktober

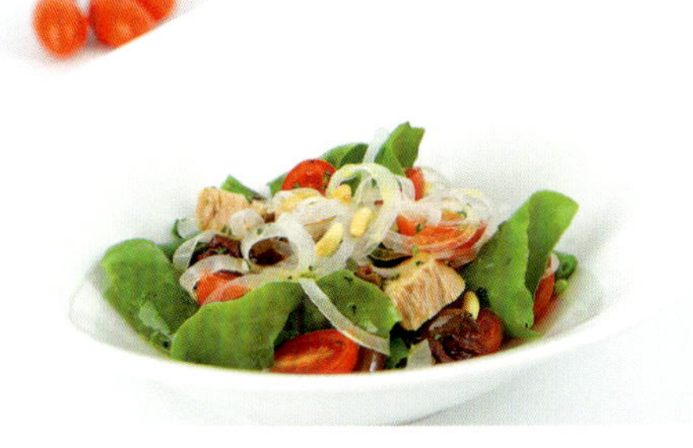

Ausgangspunkt für alle Skitouren im Ahrntal

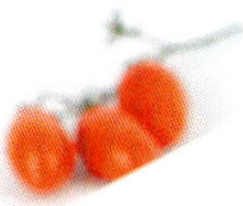

Hinweis: Alle Angaben in diesem Skitourenführer wurden vom Autor sorgfältig recherchiert. Sollten Sie bei Ihren Touren dennoch Unstimmigkeiten bemerken, nimmt der Verlag Ihre Hinweise gerne entgegen (buchverlag@athesia.it). Die Benutzung dieses Führers erfolgt auf eigenes Risiko. Eine Haftung für etwaige Unfälle und Schäden wird weder vom Autor noch vom Verlag übernommen.

Das Werk, einschließlich aller seiner Teile, ist urheberrechtlich geschützt. Jede Verwertung außerhalb der engen Grenzen des Urheberrechtsgesetzes ist ohne Zustimmung des Verlages unzulässig und strafbar. Das gilt insbesondere für Vervielfältigungen, Übersetzungen, Mikroverfilmungen und die Einspeicherung und Verarbeitung in elektronischen Systemen.

Titelbild: die Dreiherrenspitze, ©faszination-berg.com

Bildnachweis: Airphoto Tappeiner, Athesia-Tappeiner Verlag, Christjan Ladurner, Ulrich Kössler, www.stadler-markus.de, Josef Gorfer, Fischer Sports sowie Bilder aus dem Privatbesitz der Inserenten.

2015
Alle Rechte vorbehalten
© by Athesia AG, Bozen
Design & Layout: Athesia-Tappeiner Verlag
Druck: Athesia Druck, Bozen

ISBN 978-88-7073-832-2

www.athesiabuch.it
buchverlag@athesia.it

TAPPEINER